DANTE
DIE GÖTTLICHE KOMÖDIE

DANTE ALIGHIERI

DIE GÖTTLICHE KOMÖDIE

ITALIENISCH UND DEUTSCH

ÜBERSETZT VON HERMANN GMELIN

III. TEIL

DAS PARADIES

ERNST KLETT VERLAG

STUTTGART

Dritte, unveränderte Auflage 1991
Verlagsgemeinschaft Ernst Klett Verlag –
J. G. Cotta'sche Buchhandlung
Alle Rechte vorbehalten
Fotomechanische Wiedergabe nur mit Genehmigung
des Verlages
© Ernst Klett Verlag, Stuttgart 1951
Printed in Germany
Druck: Gutmann & Co., Heilbronn
ISBN 3-12-901830-1

PARADISO

DAS PARADIES

CANTO PRIMO

La gloria di colui che tutto muove,
 Per l'universo penetra, e risplende
 In una parte più, e meno altrove.
Nel ciel che più della sua luce prende
 Fu' io, e vidi cose che ridire
 Nè sa nè può chi di lassù discende;
Perchè appressando sè al suo disire,
 Nostro intelletto si profonda tanto,
 Che dietro la memoria non può ire.
Veramente quant' io del regno santo
 Nella mia mente potei far tesoro,
 Sarà ora materia del mio canto.
O buono Apollo, all'ultimo lavoro
 Fammi del tuo valor sì fatto vaso,
 Come domandi a dar l'amato alloro.
Infino a qui l'un giogo di Parnaso
 Assai mi fu; ma or con ambedue
 M'è uopo entrar nell'aringo rimaso.

ERSTER GESANG

Die Glorie des Bewegers aller Dinge
    Dringt durch das Weltall, und von ihr erstrahlen
    Mehr oder minder die verschiednen Sphären.
Im Himmel, der das meiste Licht empfangen,
    War ich, und ich sah Dinge, die kann keiner
    Verkünden, der von dort herniedersteiget.
Denn unser Geist, der dem ersehnten Ziele
    Sich naht, muß sich darein so tief versenken,
    Daß das Gedächtnis ihm nicht Folge leistet.
Gewiß, soviel ich aus dem heiligen Reiche
    In meinem Geiste Schätze sammeln konnte,
    Will ich sie nun in meinem Liede singen.
Apollo, gütiger, zum letzten Werke
    Laß mich solch Werkzeug deiner Künste werden,
    Wie du's für den geliebten Lorbeer forderst.
Bis hierher konnte mir ein Joch genügen
    Von dem Parnaß, doch nun muß ich mit beiden
    Zu dem mir noch verbliebnen Kampfe treten.

Entra nel petto mio, e spira tue,
  Sì come quando Marsia traesti
  Della vagina delle membra sue.
O divina virtù, se mi ti presti
  Tanto che l'ombra del beato regno
  Segnata nel mio capo io manifesti,
Venir vedra' mi al tuo diletto legno,
  E coronarmi allor di quelle foglie
  Che la materia e tu mi farai degno.
Sì rade volte, padre, se ne coglie
  Per trionfare o cesare o poeta,
  Colpa e vergogna dell'umane voglie,
Che partorir letizia in su la lieta
  Delfica deità dovria la fronda
  Peneia, quando alcun di sè asseta.
Poca favilla gran fiamma seconda:
  Forse diretro a me con miglior voci
  Si pregherà perchè Cirra risponda.
Surge ai mortali per diverse foci
  La lucerna del mondo; ma da quella
  Che quattro cerchi giunge con tre croci,
Con miglior corso e con migliore stella
  Esce congiunta, e la mondana cera
  Più a suo modo tempera e suggella.
Fatto avea di là mane e di qua sera
  Tal foce quasi, e tutto era là bianco
  Quello emisperio, e l'altra parte nera,

Füll meine Brust und gib mir deinen Atem,
  Wie einst, da du den Marsyas zur Strafe
  Gezogen aus der Hülle seiner Glieder.
O göttliche Gewalt, wenn ich mit deiner
  Hilfe den Schatten des glückseligen Reiches,
  Den ich im Haupte trage, künden könnte,
So würd ich dein geliebtes Holz erreichen
  Und mich mit jenen Blättern kränzen dürfen,
  Die ich um dich und um den Stoff verdiente.
So selten, Vater, pflegt man sie zu pflücken
  Bei dem Triumph von Dichtern oder Kaisern,
  O Schuld und Schande menschlichen Bestrebens!
Daß auf der frohen Stirn des delphischen Gottes
  Der Daphne Blätter Freude zeugen müßten,
  Wenn einer noch nach ihnen Durst empfindet.
Auf kleine Funken folgen große Flammen;
  Vielleicht wird man nach mir mit beßrer Stimme
  Noch bitten, so daß Cirrha Antwort gebe.
Es geht den Menschen an verschiednen Orten
  Das Licht der Welt auf, doch an jener Stelle,
  Wo sich vier Kreise zu drei Kreuzen fügen,
Kommt es mit bester Bahn und besten Sternen
  Verbunden und vermag das Wachs der Menschen
  Am besten auch nach seiner Art zu prägen.
Es hatte drüben Morgen und hier Abend
  Dies Licht gemacht, und jene Himmelshälfte
  War dort ganz hell, die andre Hälfte dunkel,

Quando Beatrice in sul sinistro fianco
   Vidi rivolta, e riguardar nel sole:
   Aquila sì non gli s'affisse unquanco.
E sì come secondo raggio suole
   Uscir del primo e risalire in suso,
   Pur come pellegrin che tornar vuole;
Così dell'atto suo, per gli occhi infuso
   Nell'immagine mia, il mio si fece;
   E fissi gli occhi al sole oltre nostr'uso.
Molto è licito là, che qui non lece
   Alle nostre virtù, mercè del loco
   Fatto per proprio dell'umana spece.
Io nol soffersi molto, nè sì poco
   Ch'io nol vedessi sfavillar dintorno,
   Com ferro che bogliente esce del fuoco;
E di subito parve giorno a giorno
   Essere aggiunto, come quei che puote
   Avesse il ciel d'un altro sole adorno.
Beatrice tutta nell'eterne ruote
   Fissa con gli occhi stava; ed io in lei
   Le luci fissi, di lassù rimote.
Nel suo aspetto tal dentro mi fei,
   Qual si fè Glauco nel gustar dell'erba
   Che il fè consorto in mar degli altri dei.
Trasumanar significar per verba
   Non si poria; però l'esempio basti
   A cui esperienza grazia serba.

Als ich Beatrice nach der linken Seite
  Gewendet sah, das Auge hin zur Sonne;
  Nie war ein Adler so darein versunken.
Und so wie oft ein zweiter Strahl vom ersten
  Ausbricht und seine Bahn nach oben wendet,
  Gleich einem Pilger, der den Heimweg suchet,
So folgte ihrem Blick, der durch die Augen
  Zu meinem Geist gedrungen, nun der meine;
  Ich schaute mehr als jemals in die Sonne.
Gar viel ist dort erlaubt, was unsern Kräften
  Hier nicht gestattet, dank der Gunst des Ortes,
  Der eigens für die Menschheit ward erschaffen.
Nicht lang ertrug ichs, aber es genügte,
  Zu sehn, wie rings herum die Funken sprühten,
  Wie Eisen, das des Feuers Glut entrissen.
Und alsbald war's, als wär ein Licht dem Lichte
  Hinzugefügt, als hätte der Allmächtige
  Die Welt geschmückt mit einer zweiten Sonne.
Beatrice hatte in die ewigen Kreise
  Den Blick versenkt; ich hatte meine Augen
  Auf sie geheftet, nicht mehr nach dort oben.
Ich war von ihrem Anblick so verwandelt
  Wie Glaucus vom Genuß des Wunderkrautes,
  Als er Gefährte ward der Meeresgötter.
Verklärung kann man nicht mit Worten sagen,
  Darum muß dem das Gleichnis schon genügen,
  Dem Gnade das Erleben vorbehalten.

S'io era sol di me quel che creasti
   Novellamente, amor che il ciel governi,
   Tu il sai, che col tuo lume mi levasti.
Quando la ruota che tu sempiterni
   Desiderato, a sè mi fece atteso
   Con l'armonia che temperi e discerni,
Parvemi tanto allor del cielo acceso
   Della fiamma del sol, che pioggia o fiume
   Lago non fece mai tanto disteso.
La novità del suono e il grande lume
   Di lor cagion m'accesero un disio
   Mai non sentito di cotanto acume.
Ond'ella, che vedea me sì com'io,
   A quietarmi l'animo commosso,
   Pria ch'io a dimandar, la bocca aprío,
E cominciò: « Tu stesso ti fai grosso
   Col falso immaginar, sì che non vedi
   Ciò che vedresti, se l'avessi scosso.
Tu non se' in terra, sì come tu credi;
   Ma folgore, fuggendo il proprio sito,
   Non corse come tu ch'ad esso riedi.»
S'io fui del primo dubbio disvestito
   Per le sorrise parolette brevi,
   Dentro ad un nuovo più fu' irretito;
E dissi: « Già contento requievi
   Di grande ammirazion, ma ora ammiro
   Com' io trascenda questi corpi lievi. »

Ob ich nur das war, was du neu geschaffen,
  Das weißt du, Liebe, die den Himmel leitet,
  Da du mich ja erhobst mit deinem Lichte.
Als mich das Rad, das du in Ewigkeiten,
  Ersehnte, dort bewegst, ergriffen hatte
  Mit seinem Wohllaut, den du selber anstimmst,
Erschien mir soviel von dem Himmel, glühend
  Im Licht der Sonne, daß nicht Regenschauer,
  Nicht Fluß noch See mir je so groß erschienen.
Des Klanges Schönheit und das große Leuchten
  Entflammten mich mit Sehnsucht nach dem Grunde,
  Wie ich sie nie mit solcher Schärfe fühlte.
Drum hat, die wie ich selber mich durchschaute,
  Um meinen tiefbewegten Geist zu stillen,
  Vor meiner Frage schon den Mund geöffnet,
Und sie begann: «Du selber nur verwirrst dich
  In deinem Wahn, so daß dir noch verborgen
  Das, was dir offen, wenn du dich befreitest.
Du bist nicht, wie du wähnst, noch auf der Erde.
  Ein Blitz, der von dem eignen Ursprung flüchtet,
  Ist nie so schnell wie du dorthin geflogen.»
Wenn ich des ersten Zweifels war entkleidet
  Durch jene Worte, die sie lächelnd sagte,
  Verfing ich mich doch schon in einem neuen
Und sprach: «Ich hatte Ruhe schon gefunden
  Vor der Verwundrung; jetzt muß ich erstaunen,
  Wie ich durch diese leichten Körper dringe.»

Ond'ella, appresso d'un pio sospiro,
Gli occhi drizzò ver me con quel sembiante
Che madre fa sopra figliuol deliro,
E cominciò: « Le cose tutte quante
Hanno ordine tra loro, e questo è forma
Che l'universo a Dio fa somigliante.
Qui veggion l'alte creature l'orma
Dell'eterno valore, il quale è fine,
Al quale è fatta la toccata norma.
Nell'ordine ch'io dico sono accline
Tutte nature, per diverse sorti,
Più al principio loro e men vicine;
Onde si muovono a diversi porti
Per lo gran mar dell'essere, e ciascuna
Con istìnto a lei dato che la porti.
Questi ne porta il fuoco inver la Luna;
Questi nei cuor mortali è permotore;
Questi la terra in sè stringe e aduna.
Nè pur le creature che son fuore
D'intelligenza quest'arco saetta,
Ma quelle c'hanno intelletto e amore.
La provvidenza, che cotanto assetta,
Del suo lume fa il ciel sempre quieto,
Nel qual si volge quel c'ha maggior fretta;
Ed ora lì, come a sito decreto,
Cen porta la virtù di quella corda,
Che ciò che scocca drizza in segno lieto.

Da wandte sie nach einem frommen Seufzer
  Die Augen zu mir her mit einem Blicke,
  Wie eine Mutter auf ein Kind, das fiebert,
Und sprach: «Es stehen allesamt die Dinge
  In einer Ordnung unter sich, und diese
  Ist es, durch die das All Gott zu vergleichen.
Hier sehn die hohen Wesen alle Spuren
  Der ewigen Kraft, die selber dient zum Ziele,
  Zu dem die obige Ordnung ward geschaffen.
Zu dieser Ordnung, wie ich sage, neigen
  Nun alle Wesen nach verschiednen Losen,
  .Und ihrem Ursprung näher oder ferner.
Darum ziehn sie auch nach verschiednen Häfen
  Im großen Meer des Seins, und jedes Wesen
  Von einem angebornen Trieb getragen.
Der muß das Feuer nach dem Monde treiben,
  Der ist die Triebkraft in der Menschen Herzen,
  Der zwingt die Erde in sich selbst zusammen.
Nicht nur die Wesen, die da ferne leben
  Von dem Verstande, schleudert dieser Bogen,
  Vielmehr auch die, die Geist und Liebe haben.
Die Vorsehung, die diese Ordnung leitet,
  Macht ewig still mit ihrem Licht den Himmel,
  In dessen Schoß der schnellste Himmel kreiset.
Nun wird uns dorthin, nach bestimmtem Orte
  Die Kraft aus jenes Bogens Saite tragen,
  Die alles schleudern muß zum frohen Ziele.

Vero è che, come forma non s'accorda
 Molte fiate all'intenzion dell'arte,
  Perchè a risponder la materia è sorda;
Così da questo corso si diparte
 Talor la creatura, c'ha podere
  Di piegar, così pinta, in altra parte;
E sì come veder si può cadere
 Fuoco di nube, se l'impeto primo
  L'atterra, torto da falso piacere.
Non dei più ammirar, se bene stimo,
 Lo tuo salir, se non come d'un rivo
  Se d'alto monte scende giuso ad imo.
Maraviglia sarebbe in te, se, privo
 D'impedimento, giù ti fossi assiso,
  Come a terra quiete in fuoco vivo.»
Quinci rivolse inver lo cielo il viso.

Gewiß, wie oftmals nach dem innern Willen
   Der Kunst die Formen sich nicht fügen mögen,
   Dieweil die Stoffe keine Antwort geben,
So können auch von diesem Lauf die Wesen
   Bisweilen weichen, denn mit solchem Triebe
   Sind sie noch fähig, seitwärts abzubiegen.
So kann man Feuer niederfallen sehen
   Aus einer Wolke, wenn der erste Antrieb
   Aus falscher Lust zur Erde sich gewendet.
Daß du emporsteigst, darf dich, möcht ich glauben,
   Nicht mehr verwundern als der Lauf des Bächleins,
   Das talwärts fließt von einem hohen Berge;
Zu wundern wär an dir, wenn du, entbunden
   Von Hindernissen, drunten bleiben würdest,
   Wie Feuer, das am Boden stille hielte.»
Dann wandte sie ihr Antlitz auf zum Himmel.

CANTO SECONDO

O voi che siete in piccioletta barca,
   Desiderosi d'ascoltar, seguiti
   Dietro al mio legno che cantando varca,
Tornate a riveder li vostri liti:
   Non vi mettete in pelago, chè forse,
   Perdendo me, rimarreste smarriti.
L'acqua ch'io prendo giammai non si corse:
   Minerva spira, e conducemi Apollo,
   E nove Muse mi dimostran l'Orse.
Voi altri pochi che drizzaste il collo
   Per tempo al pan degli angeli, del quale
   Vivesi qui, ma non sen vien satollo,
Metter potete ben per l'alto sale
   Vostro navigio, servando mio solco
   Dinanzi all'acqua, che ritorna eguale.
Quei gloriosi che passaro a Colco,
   Non s'ammiraron come voi farete,
   Quando Giason vider fatto bifolco.

ZWEITER GESANG

O ihr, die ihr in einem kleinen Kahne
   Voll Sehnsucht, zuzuhören, auf den Spuren
   Mein Boot verfolgt, das hinzieht im Gesange,
Kehrt heim zu eurem eigenen Gestade,
   Treibt nicht aufs Meer hinaus, ihr könntet draußen,
   Indem ihr mich verliert, verlorengehen.
Das Wasser, das mich trägt, ward nie befahren.
   Minerva bläst, Apollo ist der Führer,
   Neun Musen zeigen mir das Bild des Bären.
Ihr andern wenigen, die ihre Häupter
   Beizeiten nach dem Brot der Engel kehrten,
   Von dem man hier, doch ohne Sattheit, lebet,
Ihr möget gerne eure Segel wenden
   Zum hohen Meer und meinen Spuren folgen,
   Bevor die Wasser wiederum sich schließen.
Die Ruhmesvollen, die nach Kolchos kamen,
   Die waren nicht so sehr wie ihr verwundert,
   Als sie den Jason hinterm Pfluge sahen.

La concreata e perpetua sete
   Del deiforme regno cen portava
   Veloci quasi come il ciel vedete.
Beatrice in suso, ed io in lei guardava;
   E forse in tanto in quanto un quadrel posa
   E vola e dalla noce si dischiava,
Giunto mi vidi ove mirabil cosa
   Mi torse il viso a sè; e però quella
   Cui non potea mia cura essere ascosa,
Volta ver me sì lieta come bella,
   « *Drizza la mente in Dio grata* », *mi disse,*
   « *Che n'ha congiunti con la prima stella.* »
Pareva a me che nube ne coprisse
   Lucida, spessa, solida e pulita,
   Quasi adamante che lo sol ferisse.
Per entro sè l'eterna margarita
   Ne ricevette, com'acqua recepe
   Raggio di luce permanendo unita.
S'io era corpo, e qui non si concepe
   Com' una dimensione altra patio,
   Ch'esser convien se corpo in corpo repe,
Accender ne dovria più il disio
   Di veder quella essenza in che si vede
   Come nostra natura e Dio s'unio.
Lì si vedrà ciò che tenem per fede,
   Non dimostrato, ma fia per sè noto,
   A guisa del ver primo che l'uom crede.

Das eingeborne, unstillbare Dürsten
  Nach jenem gottgestalten Reiche jagte
  Uns schnell dahin, so schnell fast wie die Himmel.
Beatrice sah empor, ich auf Beatrice.
  Und wohl so schnell als schon ein Pfeil getroffen,
  Wenn er im Flug sich losreißt von dem Bogen,
Sah ich mich dort, wo wunderbare Dinge
  Das Auge auf sich lenkten, weshalb jene,
  Der keine meiner Regungen verborgen,
Sich zu mir wandte, also schön wie fröhlich:
  «Richt deinen Geist voll Dank zu Gott», so sprach sie,
  «Er hat zum ersten Sterne uns geleitet.»
Es schien als ob uns eine Wolke deckte,
  Glänzend und dicht und fest und glattgeschliffen
  Wie Diamant im hellen Sonnenlichte.
In ihrem Innern nahm die ewige Perle
  Uns auf, so wie in seinem Schoß das Wasser
  Den Lichtstrahl aufnimmt, ohne sich zu teilen.
Wenn ich noch Leib war, und hier bleibt ein Rätsel,
  Wie eine Ausdehnung die andre faßte,
  Daß Körper ineinander kriechen mußten,
Dann sollte uns nur immer mehr entflammen
  Die Sehnsucht, jenen Stoff zu sehn, in welchem
  Unsre Natur mit Gott vereinigt wurde.
Dort wird man sehn, was wir hier unten glauben
  Ohne Beweis; es wird sich offenbaren
  Gleich der von uns geglaubten ersten Wahrheit.

Io risposi: « Madonna, sì devoto
   Com'esser posso più, ringrazio lui
   Lo qual dal mortal mondo m'ha rimoto.
Ma ditemi: che son li segni bui
   Di questo corpo, che laggiuso in terra
   Fan di Cain favoleggiare altrui? »
Ella sorrise alquanto, e poi: « S'egli erra
   L'opinion » mi disse *« dei mortali,*
   Dove chiave di senso non disserra,
Certo non ti dovrien punger gli strali
   D'ammirazione omai, poi dietro ai sensi
   Vedi che la ragione ha corte l'ali.
Ma dimmi quel che tu da te ne pensi. »
   Ed io: « Ciò che n'appar quassù diverso,
   Credo che fanno i corpi rari e densi. »
Ed ella: « Certo assai vedrai sommerso
   Nel falso il creder tuo, se bene ascolti
   L'argomentar ch'io gli farò avverso.
La spera ottava vi dimostra molti
   Lumi, li quali e nel quale e nel quanto
   Notar si posson di diversi volti.
Se raro e denso ciò facesser tanto,
   Una sola virtù sarebbe in tutti
   Più e men distributa ed altrettanto.
Virtù diverse esser convengon frutti
   Di principi formali; e quei, fuor ch'uno,
   Seguiterieno a tua ragion distrutti.

Ich gab zur Antwort: «Herrin, also gläubig,
   Wie sehr ich nur vermag, will ich ihm danken,
   Der von der Erdenwelt mich aufgehoben.
Doch sagt mir, was sind das für dunkle Flecken
   In diesem Körper, daß auf Erden drunten
   Man von dem Bilde Kains fabeln möchte?»
Sie lächelte ein wenig und: «Dieweilen
   Der Menschen Meinung», sprach sie, «irre gehet,
   Wo unsre Sinne nicht als Schlüssel dienen,
So dürften dich nun der Verwundrung Pfeile
   Gewiß nicht treffen, wenn den Sinnen folgend
   Dir kurz erscheinen des Verstandes Flügel.
Doch sag mir, was du selber davon dachtest.»
   Und ich: «Was uns hier unten fleckig scheinet,
   Kommt, glaube ich, von der verschiednen Dichte.»
Und sie: «Gewiß wirst du als falsch erkennen,
   Was du gedacht, wenn du erst gut vernommen
   Die Gründe, die ich dem entgegenhalte.
Die achte Sphäre zeigt euch viele Lichter,
   Von denen man die Art und auch die Menge
   Auf sehr verschiedne Weise deuten könnte.
Wenn dicht und lose dies bewirken würden,
   So wäre eine einzige Kraft in allen
   Mehr oder weniger oder gleich verbreitet.
Verschiedne Kräfte müssen aus verschiednen
   Formgründen wachsen, und die alle würden
   Vor deinem Schluß verschwinden bis auf einen.

Ancor, se raro fosse di quel bruno
  Cagion che tu dimandi, od oltre in parte
  Fòra di sua materia sì digiuno
Esto pianeta, o sì come comparte
  Lo grasso e il magro un corpo, così questo
  Nel suo volume cangerebbe carte.
Se il primo fosse, fora manifesto
  Nell'eclissi del sol, per trasparere
  Lo lume, come in altro raro ingesto.
Questo non è: però è da vedere
  Dell'altro; e s'egli avvien ch'io l'altro cassi,
  Falsificato fia lo tuo parere.
S'egli è che questo raro non trapassi,
  Esser conviene un termine da onde
  Lo suo contrario più passar non lassi;
Ed indi l'altrui raggio si rifonde
  Così come color torna per vetro,
  Lo qual diretro a sè piombo nasconde.
Or dirai tu ch'ei si dimostra tetro
  Ivi lo raggio più che in altre parti,
  Per esser lì refratto più a retro:
Da questa instanza può deliberarti
  Esperienza, se giammai la provi,
  Ch'esser suol fonte ai rivi di vostr'arti.
Tre specchi prenderai; e i due rimovi
  Da te d'un modo, e l'altro, più rimosso,
  Tr'ambo li primi gli occhi tuoi ritrovi.

Entweder wäre, wenn die lose Fügung
  Der Grund, nach dem du suchst, sein würde, dieser
  Planet so hungrig nach dem eignen Stoffe
In manchen Teilen, oder so wie manchmal
  Sich fett und dürr in einem Körper teilen,
  Würd er in seinem Band die Blätter wechseln.
Im ersten Falle würde es sich zeigen,
  Wenn eine Sonnenfinsternis die Helle,
  Wie sonst in dünnem Stoff, durchscheinen ließe.
Das tut sie aber nicht, drum ist zu prüfen
  Der andre Grund, und wenn ich den auch breche,
  Dann hat sich dein Gedanke falsch erwiesen.
Wenn jener dünne Teil nicht durchgedrungen,
  Muß irgendwo die Grenze sein, von welcher
  Das Gegenteil sie nicht läßt weiterdringen.
Dort muß der Strahl zurückgeworfen werden
  Wie farbiges Licht zurückkehrt aus dem Glase,
  Dem man mit Blei den Rücken hat verkleidet.
Nun wirst du sagen, daß das Licht sich trüber
  Hier zeigen müsse als an andern Stellen,
  Weil es hier mehr zurückgeworfen werde.
Von diesem Einwand kann dich die Erfahrung
  Befrein, wenn du sie jemals magst erproben;
  Sie ist die Quelle ja von euren Künsten.
Drei Spiegel mußt du nehmen, davon zwei
  Gleich weit von dir, den dritten etwas weiter;
  Die Augen halte zwischen die zwei ersten.

Rivolto ad essi, fa che dopo il dosso
   Ti stea un lume che i tre specchi accenda
   E torni a te da tutti ripercosso.
Ben che nel quanto tanto non si stenda
   La vista più lontana, lì vedrai
   Come convien ch'egualmente risplenda.
Or come ai colpi delli caldi rai
   Della neve riman nudo il suggetto
   E dal colore e dal freddo primai,
Così rimaso te nell'intelletto
   Voglio informar di luce sì vivace,
   Che ti tremolerà nel suo aspetto.
Dentro dal ciel della divina pace
   Si gira un corpo nella cui virtute
   L'esser di tutto suo contento giace.
Lo ciel seguente, c'ha tante vedute,
   Quell'esser parte per diverse essenze
   Da lui distinte e da lui contenute.
Gli altri giron per varie differenze
   Le distinzion che dentro da sè hanno
   Dispongono a lor fini e lor semenze.
Questi organi del mondo così vanno,
   Come tu vedi omai, di grado in grado,
   Che di su prendono e di sotto fanno.
Riguarda bene a me sì com' io vado
   Per questo loco al vero che disiri,
   Sì che poi sappi sol tener lo guado.

Auf sie gewandt, setz hinter deinen Rücken
  Ein Licht, das den drei Spiegeln allen leuchte
  Und dir von allen rückgesendet werde.
Obwohl dir nicht erscheint von gleicher Größe
  Das Bild des fernen Lichtes, wirst du sehn,
  Daß es dir doch mit gleicher Stärke leuchtet.
Wie nun die Macht der heißen Sonnenstrahlen
  Vom Schnee befreien muß den nackten Boden
  Und von der Kälte und des Winters Farbe,
So will ich deinem winterlichen Geiste
  Mit einem solch lebendigen Lichte helfen,
  Daß es dir flimmern wird vor deinen Augen.
Im Innern von des Gottesfriedens Himmel
  Dreht sich ein Körper und in dessen Kräften
  Ruht alles noch in ihm beschloßne Wesen.
Der Himmel, der ihm folgt so vielgestaltet,
  Teilt dieses Wesen in verschiedne Formen,
  Von ihm verschieden und in ihm enthalten.
Die nächsten Sphären müssen dann verschieden
  Die Unterschiede, die sie in sich tragen,
  Zu ihrem Zweck und ihren Saaten leiten.
So regen, wie du nunmehr hast gesehen,
  Die Glieder dieser Welt sich stufenweise
  Von oben nehmend und nach unten wirkend.
Bedenk nun wohl, wie ich auf diesem Wege
  Zur Wahrheit, die du suchst, dich führen werde,
  Damit du später selbst die Fährte findest.

Lo moto e la virtù dei santi giri,
   Come dal fabbro l'arte del martello,
   Dai beati motor convien che spiri;
E il ciel, cui tanti lumi fanno bello,
   Della mente profonda che lui volve
   Prende l'image e fassene suggello.
E come l'alma dentro a vostra polve,
   Per differenti membra, e conformate
   A diverse potenze, si risolve;
Così l'intelligenza sua bontate
   Multiplicata per le stelle spiega
   Girando sè sopra sua unitate.
Virtù diversa fa diversa lega
   Col prezioso corpo ch'ella avviva,
   Nel qual, sì come vita in voi, si lega.
Per la natura lieta onde deriva,
   La virtù mista per lo corpo luce,
   Come letizia per pupilla viva.
Da essa vien ciò che da luce a luce
   Par differente, non da denso e raro:
   Essa è il formal principio che produce,
Conforme a sua bontà, lo turbo e il chiaro.»

Die Regung und die Kraft der heiligen Kreise
　Muß, wie aus Schmiedes Hand die Kunst des Hammers,
　Den seligen Bewegern selbst entspringen.
Der Himmel, den so viele Lichter schmücken,
　Muß von dem tiefen Geiste, der ihn leitet,
　Sein Bild und seine Prägung selbst empfangen.
Und wie die Seele drin in eurem Staube
　In ganz verschiednen Gliedern sich verbreitet,
　Gemäß der Eigenart besondrer Kräfte,
So muß der Geist auch seine eigne Güte
　Vielfältig in den Sternen rings entfalten
　Und selber über seiner Einheit kreisen.
Verschiedne Kraft ergibt verschiedne Mischung
　Mit dem von ihr belebten edlen Körper,
　Dem sie sich mischt wie euch sich mischt das Leben.
Weil sie aus frohem Ursprung hergekommen,
　Sieht man die Kraft in ihrem Körper leuchten,
　Wie Freude leuchtet in lebendigen Augen.
Von ihr kommt das, was man von Licht zu Lichte
　Verschieden sieht, und nicht von dicht und lose;
　Sie ist der Formgrund, der das Hell und Trübe
Der eignen Güte folgend erst erzeugte.

CANTO TERZO

Quel sol che pria d'amor mi scaldò il petto,
  Di bella verità m'avea scoperto,
  Provando e riprovando, il dolce aspetto:
Ed io, per confessar corretto e certo
  Me stesso, tanto quanto si convenne,
  Levai il capo a proferer più erto.
Ma visione apparve, che ritenne
  A sè me tanto stretto, per vedersi,
  Che di mia confession non mi sovvenne.
Quali per vetri trasparenti e tersi,
  O ver per acque nitide e tranquille,
  Non sì profonde che i fondi sien persi,
Tornan di nostri visi le postille
  Debili sì, che perla in bianca fronte
  Non vien men tosto alle nostre pupille;
Tali vid'io più facce a parlar pronte:
  Perch' io dentro all'error contrario corsi
  A quel ch'accese amor tra l'uomo e il fonte.

DRITTER GESANG

Die Sonne meiner ersten heißen Liebe,
  Die hatte mir mit Grund und Gegengründen
  Der schönen Wahrheit süßes Bild eröffnet.
Und ich, um überzeugt und unterwiesen
  Mich zu bekennen, wie es sich gebührte,
  Erhob das Haupt, es aufrecht auszusprechen.
Doch eine Vision ist mir erschienen,
  Von deren Anblick ward ich so gefesselt,
  Daß ich an das Bekenntnis nicht mehr dachte.
So wie in glatten und durchsichtigen Gläsern
  Oder in reinen, ruhigen Gewässern,
  Die nicht so tief, daß man den Grund verlieret,
Sich unsre Angesichter widerspiegeln
  So, daß auf weißer Stirne eine Perle
  Nicht matter anzuschaun in unsern Augen;
Sah ich Gesichter, die bereit zu reden,
  Weshalb ich in das Gegenteil des Irrtums
  Verfiel, der einst Narziß mit Lieb entflammte.

Subito sì com' io di lor m'accorsi,
  Quelle stimando specchiati sembianti,
  Per veder di cui fosser, gli occhi torsi:
E nulla vidi, e ritorsili avanti
  Dritti nel lume della dolce guida,
  Che sorridendo ardea negli occhi santi.
« Non ti maravigliar perch' io sorrida, »
  Mi disse « appresso il tuo pueril coto,
  Poi sopra il vero ancor lo piè non fida,
Ma te rivolve, come suole, a voto:
  Vere sustanze son ciò che tu vedi,
  Qui rilegate per manco di voto.
Però parla con esse e odi e credi;
  Chè la verace luce che li appaga
  Da sè non lascia lor torcer li piedi. »
Ed io all'ombra che parea più vaga
  Di ragionar, drizza' mi, e cominciai,
  Quasi com'uom cui troppa voglia smaga:
« O ben creato spirito, che ai rai
  Di vita eterna la dolcezza senti
  Che, non gustata, non s'intende mai,
Grazioso mi fia se mi contenti
  Del nome tuo e della vostra sorte. »
  Ond'ella, pronta e con occhi ridenti:
« La nostra carità non serra porte
  A giusta voglia, se non come quella
  Che vuol simile a sè tutta sua corte.

Ich wandte sogleich, als ich sie bemerkte,
 Da sie als Spiegelbilder mir erschienen,
 Die Augen um, zu sehn, woher sie kämen.
Nichts konnt ich sehn; ich schaute wieder vorwärts
 Gerad ins Leuchten meines lieben Führers,
 Das lächelnd glühte in den heiligen Augen.
«Sei nicht verwundert, daß ich lächeln mußte»,
 Sprach sie, «ob deines kindlichen Gedankens,
 Da du der Wahrheit noch nicht trauen möchtest
Und, wie gewöhnlich, dich zum Leeren wendest.
 Das, was du vor dir siehst, sind wahre Wesen;
 Sie sind hier, weil sie ihr Gelübde brachen.
Doch sprich mit ihnen, hör, und glaube ihnen,
 Dieweil das wahre Licht, das ihnen leuchtet,
 Sie nicht von seinen Spuren weichen lässet.»
Ich wandte mich zum Schatten, der am meisten
 Begierig schien zu reden, und ich sagte
 Wie einer, den zu starker Wunsch entkräftet:
«Du wohlgeborner Geist, der in den Strahlen
 Des ewigen Lebens jenes Glück empfindet,
 Das nie versteht, wer es nicht selbst erfahren;
Es wär mir lieb, wenn du mir reden würdest
 Von deinem Namen und von eurem Lose.»
 Worauf sie gern mit lächelndem Gesichte:
«Die Liebe, die uns treibt, verschließt die Tore
 Dem rechten Willen nicht, genau wie jene,
 Die ihren ganzen Hof sich ähnlich möchte.

Io fui nel mondo vergine sorella;
  E se la mente tua ben sè riguarda,
  Non mi ti celerà l'esser più bella,
Ma riconoscerai ch'io son Piccarda,
  Che, posta qui con questi altri beati,
  Beata sono in la spera più tarda.
Li nostri affetti che solo infiammati
  Son nel piacer dello Spirito Santo,
  Letizian del suo ordine formati.
E questa sorte che par giù cotanto,
  Però n'è data, perchè fur negletti
  Li nostri vòti, e vòti in alcun canto.»
Ond'io a lei: « Nei mirabili aspetti
  Vostri risplende non so che divino
  Che vi trasmuta dai primi concetti:
Però non fui a rimembrar festino;
  Ma or m'aiuta ciò che tu mi dici,
  Sì che raffigurar m'è più latino.
Ma dimmi: voi che siete qui felici,
  Desiderate voi più alto loco
  Per più vedere o per più farvi amici?»
Con quelle altr'ombre pria sorrise un poco;
  Da indi mi rispose tanto lieta,
  Ch'arder parea d'amor nel primo fuoco:
« Frate, la nostra volontà quieta
  Virtù di carità, che fa volerne
  Sol quel ch'avemo, e d'altro non ci asseta.

Ich war auf Erden jungfräuliche Schwester,
  Und wenn du forschen willst in deinem Geiste,
  Wird, daß ich schöner bin, mich nicht verhüllen.
Du wirst in mir Piccarda wiederkennen.
  Ich weile hier mit diesen seligen Geistern,
  Und selig bin ich in der letzten Sphäre.
Hier dürfen unsre Wünsche, in dem Willen
  Des Heiligen Geistes ganz allein erglühend,
  Geformt von seiner Ordnung sich erfreuen.
Und dieses Los, das also niedrig scheinet,
  Ist uns gegeben, weil wir die Gelübde
  Versäumt und irgendwie gebrochen haben.»
Drauf ich zu ihr: «In euren Wunderbildern
  Scheint irgend etwas Göttliches zu glänzen,
  Das eure frühern Bilder ganz verwandelt.
Drum hab ich mich nicht schnell besinnen können,
  Doch nunmehr hilft mir dazu deine Rede,
  So daß mir das Erkennen leichter wurde.
Doch sag mir: Ihr, die ihr hier glücklich lebet,
  Geht euer Wunsch nach einem höhern Orte,
  Um mehr zu sehn, euch enger zu befreunden?»
Sie lächelte ein wenig mit den Schatten;
  Dann gab sie mir so fröhlich ihre Antwort,
  Als ob sie in der höchsten Liebe glühte.
«Mein Bruder, unser Wille wird gestillet
  Durch Kraft der Liebe, sie läßt uns nur wünschen
  Das, was wir haben; andrer Durst entschwindet.

Se disiassimo esser più superne,
  Fòran discordi li nostri disiri
  Dal voler di colui che qui ne cerne;
Che vedrai non capere in questi giri,
  S'essere in caritate è qui necesse,
  E se la sua natura ben rimiri;
Anzi è formale ad esto beato esse
  Tenersi dentro alla divina voglia,
  Per ch'una fansi nostre voglie stesse;
Sì che, come noi sem di soglia in soglia
  Per questo regno, a tutto il regno piace
  Com'allo re ch'a suo voler ne invoglia;
E la sua volontade è nostra pace:
  Ella è quel mare al qual tutto si muove
  Ciò ch'ella crea e che natura face.»
Chiaro mi fu allor come ogni dove
  In cielo è paradiso, e sì la grazia
  Del sommo ben d'un modo non vi piove.
Ma sì com'egli avvien, se un cibo sazia
  E d'un altro rimane ancor la gola,
  Che quel si chiede e di quel si ringrazia,
Così fec' io con atto e con parola,
  Per apprender da lei qual fu la tela
  Onde non trasse infino a co' la spola.
«Perfetta vita ed alto merto inciela
  Donna più su,» mi disse, «alla cui norma
  Nel vostro mondo giù si veste a vela,

Wenn wir nach einem höhern Ort uns sehnten,
  Dann wären nicht in Einklang unsre Wünsche
  Mit dessen Willen, der uns hierher sendet.
Das kann in diesen Kreisen nicht geschehen,
  Wenn wir hier in der Liebe leben sollen
  Und die Natur der Liebe du betrachtest.
Vielmehr ist dieses Seligsein gebunden,
  Sich drin zu halten in dem göttlichen Willen,
  Damit sich unser aller Wille eine.
So daß es, da wir Stuf um Stufe stehen
  In diesem Reich, dem ganzen Reiche recht ist,
  Gleichwie dem König, der uns lenkt den Willen.
In seinem Willen finden wir den Frieden.
  Er ist das Meer, zu ihm muß alles fließen,
  Was er erschuf und was Natur geschaffen.»
Da ward mir klar, daß droben allerorten
  Im Himmel Paradies, und doch die Gnade
  Des höchsten Gutes dort verschieden regnet.
Doch so wie es geschieht, wenn eine Speise
  Uns sättigt und wir nach der andern hungern,
  Daß wir drum bitten, für die andre dankend;
So bat ich nun mit Wort und mit Gebärde,
  Von ihr noch zu erfahren von dem Tuche,
  Das sie nicht bis zum Saum gewoben hatte.
«Vollkommnes Leben und Verdienst erheben
  Noch höher eine Frau, nach deren Satzung
  Man Kleid und Schleier trägt in eurem Leben.

Perchè fino al morir si vegghi e dorma
  Con quello sposo ch'ogni voto accetta
  Che caritate a suo piacer conforma.
Dal mondo, per seguirla, giovinetta
  Fuggi' mi, e nel suo abito mi chiusi,
  E promisi la via della sua setta.
Uomini poi, a mal più ch'a ben usi,
  Fuor mi rapiron della dolce chiostra:
  Iddio si sa qual poi mia vita fusi.
E quest'altro splendor che ti si mostra
  Dalla mia destra parte, e che s'accende
  Di tutto il lume della spera nostra,
Ciò ch'io dico di me, di sè intende:
  Sorella fu, e così le fu tolta
  Di capo l'ombra delle sacre bende.
Ma poi che pur al mondo fu rivolta
  Contra suo grado e contra buona usanza,
  Non fu dal vel del cuor giammai disciolta.
Quest' è la luce della gran Costanza
  Che del secondo vento di Soave
  Generò il terzo e l'ultima possanza.»
Così parlommi, e poi comincio: « Ave
  Maria» cantando, e cantando vanio,
  Come per acqua cupa cosa grave.
La vista mia, che tanto la seguio
  Quanto possibil fu, poi che la perse,
  Volsesi al segno di maggior disio,

Damit man bis zum Tode wach und schlafend
  Dem Bräutigam gehört, der die Gelübde
  Annimmt, wenn sie in Liebe sich ihm fügen.
Um ihr zu folgen, floh ich in der Jugend
  Die Welt und hüllte mich in ihren Mantel
  Und weihte mich dem Leben ihres Ordens.
Da haben Männer, mehr des Bösen kundig,
  Mich weggeschleppt aus jenem süßen Kloster;
  Gott weiß, wie dann mein Leben sich gestaltet.
Und jenes andre Licht, das drüben leuchtet
  Zu meiner Rechten, und das sich entzündet
  Mit allem Glanze unsres Himmelskreises,
Das kann von sich wie ich das Gleiche sagen,
  Auch sie einst Schwester, der von ihrem Haupte
  Des heiligen Schleiers Schatten weggenommen.
Doch während sie dann, ohne es zu wollen,
  Der Welt gehörte, gegen gute Sitte,
  Trug sie den Schleier immer noch im Herzen.
Dies ist das Licht der Kaiserin Konstanze,
  Die aus dem zweiten Sturm aus Schwabenlande,
  Den dritten zeugte, seine letzte Stärke.»
So sagte sie zu mir; dann sprach sie: «Ave
  Maria», singend, und im Singen schwand sie
  Hinweg wie etwas Schweres tief im Wasser.
Mein Auge, das ihr noch so lange folgte,
  Wie es vermochte, als es sie verloren,
  Hat zu dem Bilde seiner höhern Wünsche,

Ed a Beatrice tutta si converse;
  Ma quella folgorò nello mio sguardo
  Sì che da prima il viso non sofferse;
E ciò mi fece a dimandar più tardo.

Sich ganz zu Beatrice hingewendet;
  Sie aber blitzte so in meinen Blicken,
  Daß sie mein Aug erst nicht ertragen konnte.
Das ließ mich mehr noch zögern, sie zu fragen.

CANTO QUARTO

Intra due cibi, distanti e moventi
  D'un modo, prima si morria di fame,
  Che liber' uomo l'un recasse ai denti;
Sì si starebbe un agno intra due brame
  Di fieri lupi, egualmente temendo;
  Sì si starebbe un cane intra due dame.
Per che, s'io mi tacea, me non riprendo,
  Dalli miei dubbi d'un modo sospinto,
  Poi ch'era necessario, nè commendo.
Io mi tacea; ma il mio disir dipinto
  M'era nel viso, e il dimandar con ello,
  Più caldo assai che per parlar distinto.
Fè sì Beatrice, qual fè Daniello
  Nabuccodonosor levando d'ira,
  Che l'avea fatto ingiustamente fello;
E disse: « Io veggio ben come ti tira
  Uno ed altro disio, sì che tua cura
  Sè stessa lega sì che fuor non spira.

VIERTER GESANG

Wie vor zwei Speisen, die in gleicher Ferne
   Verlockend stehn, ein freier Mann viel lieber
   Verhungern wird, als eine anzugreifen;
So stünde auch ein Lämmlein vor den Blicken
   Von zwei begierigen Wölfen, Gleiches fürchtend,
   So stünd ein Hund zwei Hirschen gegenüber.
Drum kann ich, wenn ich schwieg, mich drob nicht tadeln,
   Von meinen Zweifeln gleich stark angetrieben;
   So mußt es sein, ich will mich auch nicht loben.
Ich schwieg, doch stand in meinem Angesichte
   Mein Wunsch geschrieben und damit die Frage
   Viel heißer als wenn ich gesprochen hätte.
Beatrice hat wie Daniel einst gehandelt,
   Als er Nebukadnezar von dem Zorne
   Befreit, der ihn zu Unrecht böse machte,
Und sprach: «Ich sehe wohl, wie beide Wünsche
   Dich an sich ziehn, so daß dein ganz Begehren
   Sich selber fesselt und nicht Worte findet.

Tu argomenti: 'Se il buon voler dura,
  La violenza altrui per qual ragione
  Di meritar mi scema la misura?'
Ancor di dubitar ti dà cagione
  Parer tornarsi l'anime alle stelle,
  Secondo la sentenza di Platone.
Queste son le question che nel tuo velle
  Pontano igualmente; e però pria
  Tratterò quella che più ha di felle.
Dei Serafin colui che più s'india,
  Moisè, Samuel, e quel Giovanni
  Che prender vuoli, io dico, non Maria,
Non hanno in altro cielo i loro scanni,
  Che questi spirti che mo t'appariro,
  Nè hanno all'esser lor più o meno anni;
Ma tutti fanno bello il primo giro,
  E differentemente han dolce vita,
  Per sentir più e men l'eterno spiro.
Qui si mostraron, non perchè sortita
  Sia questa spera lor, ma per far segno
  Della celestial c'ha men salita.
Così parlar conviensi al vostro ingegno,
  Però che solo da sensato apprende
  Ciò che fa poscia d'intelletto degno.
Per questo la Scrittura condiscende
  A vostra facultate, e piedi e mano
  Attribuisce a Dio, ed altro intende;

Du meinst: ‚sofern der rechte Wille dauert,
  Aus welchem Grunde kann Gewalt von andern
  Mir des Verdienstes Ausmaß denn vermindern?'
Und außerdem gibt dir noch Grund zum Zweifeln,
  Daß ja die Seelen wiederkehren sollen
  Zu ihren Sternen, so wie Platon lehrte.
Dies sind die Fragen, die in deinem Willen
  Dich gleich bedrängen, drum will ich als erste
  Die, welche dir am bittersten, behandeln.
Der Engel, der am meisten sich vergottet,
  Moses und Samuel und der Johannes,
  Den du dir wählst, so sag ich, selbst Maria,
Sie sitzen ja in keinem andern Himmel
  Als jene Geister, die dir jetzt erschienen;
  Ihr Leben hat die gleiche Zahl an Jahren.
Sie alle schmücken dort die erste Sphäre;
  Es unterscheidet nur ihr schönes Leben
  Ein Mehr und Weniger vom ewigen Hauche.
Du hast sie hier gesehn, nicht weil die Sphäre
  Für sie bestimmt, nein nur um anzudeuten
  Den Himmelskreis, der ferne von dem höchsten.
So muß man ja zu eurem Geiste reden,
  Denn er kann nur durch Sinnenbild begreifen
  Das, was er später des Verstandes würdigt.
Drum steigt zu eurer Fähigkeit herunter
  Die Heilige Schrift, und sie muß Händ und Füße
  Gott selber leihn, um andres zu bedeuten.

E santa Chiesa con aspetto umano
  Gabriel e Michel vi rappresenta,
  E l'altro che Tobia rifece sano.
Quel che Timeo dell'anime argomenta
  Non è simile a ciò che qui si vede,
  Però che come dice par che senta.
Dice che l'alma alla sua stella riede,
  Credendo quella quindi esser decisa
  Quando natura per forma la diede;
E forse sua sentenza è d'altra guisa
  Che la voce non suona, ed esser puote
  Con intenzion da non esser derisa.
S'egli intende tornare a queste rote
  L'onor dell'influenza e il biasmo, forse
  In alcun vero suo arco percuote.
Questo principio, male inteso, torse
  Già tutto il mondo quasi, sì che Giove,
  Mercurio e Marte a nominar trascorse.
L'altra dubitazion che ti commove
  Ha men velen, però che sua malizia
  Non ti potria menar da me altrove.
Parere ingiusta la nostra giustizia
  Negli occhi dei mortali è argomento
  Di fede e non d'eretica nequizia.
Ma perchè puote vostro accorgimento
  Ben penetrare a questa veritate,
  Come disiri, ti farò contento.

Die heilige Kirche hat mit Menschenantlitz
  Euch Gabriel und Michael gebildet
  Und jenen andern, der Tobias heilte.
Das, was Timäus von den Seelen lehrte,
  Ist dem nicht gleich, was wir hier oben sehen,
  Denn er scheint wörtlich, was er sagt, zu glauben.
Er sagt, die Seele kehrt zu ihrem Sterne,
  Und glaubt, sie sei von diesem hergekommen,
  Als sie Natur zur Lebensform gegeben.
Vielleicht will seine Lehre andres sagen
  Als nur ihr Wortlaut klingt, und wohl ist möglich,
  'Daß die Bedeutung ernst zu nehmen wäre.
Sofern er meint, es kehrt auf diese Sterne
  Nur ihrer Wirkung Lob und Tadel wieder,
  So mag sein Bogen etwas Wahres treffen.
Der Grundsatz, mißverstanden, hat die ganze
  Welt einst verleitet, daß sie diese Sterne
  Nach Jupiter, Merkur und Mars benannte.
Der andre Zweifel, der dich umgetrieben,
  Ist weniger giftig, er ist nicht so böse,
  Daß er dich von mir weg verleiten könnte.
Wenn unsere Gerechtigkeit ein Unrecht
  Im Aug der Menschen scheint, ist das ein Anlaß
  Zum Glauben, nicht zu ketzerischem Wahne.
Jedoch weil ihr mit menschlichem Verstande
  Auch diese Wahrheit gut durchdringen könnet,
  Will ich, wie du es wünschest, dich belehren.

Se violenza è quando quel che pate
   Niente conferisce a quel che sforza,
   Non fur quest'alme per essa scusate.
Chè volontà, se non vuol, non s'ammorza;
   Ma fa come natura face in foco,
   Se mille volte violenza il torza.
Per che, s'ella si piega assai o poco,
   Segue la forza; e così queste fero,
   Possendo ritornare al santo loco.
Se fosse stato lor volere intero,
   Come tenne Lorenzo in su la grada,
   E fece Muzio alla sua man severo,
Così l'avria ripinte per la strada
   Ond'eran tratte, come furo sciolte;
   Ma così salda voglia è troppo rada.
E per queste parole, se ricolte
   L'hai come dei, è l'argomento casso,
   Che t'avria fatto noia ancor più volte.
Ma or ti s'attraversa un altro passo
   Dinanzi agli occhi, tal che per te stesso
   Non usciresti, pria saresti lasso.
Io t'ho per certo nella mente messo
   Ch'alma beata non poria mentire,
   Però ch'è sempre al primo vero appresso;
E poi potesti da Piccarda udire
   Che l'affezion del vel Costanza tenne,
   Sì ch'ella par qui meco contradire.

Wenn Vergewaltigung dort, wo einer duldet
  Und dem, der zwingt, in gar nichts ist zu Willen,
  Dann werden diese Seelen nicht entschuldigt.
Denn Wille, der nicht will, kann nicht ersticken;
  Er handelt so wie die Natur des Feuers,
  Wenn es auch tausendmal Gewalt erfahren,
Denn wenn er auch nur ein Geringes nachgibt,
  Folgt er Gewalt, und also taten jene;
  Sie konnten heim zum heiligen Orte kehren.
Wenn nur ihr Wille fest gewesen wäre,
  So wie Laurentius auf dem Rost ihn hatte
  Und Mutius, als er seine Hand bestrafte,
Dann hätt er sie dorthin zurückgetrieben,
  Woher sie kamen, als sie frei geworden,
  Doch allzu selten ist solch starker Wille.
Durch diese Worte, wenn du sie gebührend
  Begriffen hast, ist dein Gedanke nichtig,
  Der dich noch mehrmals hätt verwirren können.
Doch nunmehr bietet sich vor deinen Augen
  Ein andrer Engpaß, den du nicht alleine
  Durchdringen könntest ohne zu ermüden.
Ich hab dir die Gewißheit eingegeben,
  Daß selige Geister niemals lügen können,
  Weil sie der ersten Wahrheit immer nahe.
Dann konntest du Piccarda sagen hören,
  Daß stets Konstanze noch den Schleier liebte,
  So scheints, als ob sie mir hier widerspreche.

Molte fiate già, frate, addivenne
   Che, per fuggir periglio, contr'a grato
   Si fe' di quel che far non si convenne;
Come Almeone, che, di ciò pregato
   Dal padre suo, la propria madre spense,
   Per non perder pietà, si fè spietato.
A questo punto voglio che tu pense
   Che la forza al voler si mischia, e fanno
   Sì che scusar non si posson l'offense.
Voglia assoluta non consente al danno;
   Ma consentevi in tanto, in quanto teme,
   Se si ritrae, cadere in più affanno.
Però, quando Piccarda quello spreme,
   Della voglia assoluta intende, ed io
   Dell'altra; sì che ver diciamo insieme.»
Cotal fu l'ondeggiar del santo rio
   Ch'uscì del fonte ond'ogni ver deriva;
   Tal pose in pace uno ed altro disio.
« O amanza del primo amante, o diva,»
   Diss'io appresso, « il cui parlar m'inonda
   E scalda sì che più e più m'avviva;
Non è l'affezion mia sì profonda,
   Che basti a render voi grazia per grazia;
   Ma quei che vede e puote a ciò risponda.
Io veggio ben che giammai non si sazia
   Nostro intelletto, se il ver non lo illustra,
   Di fuor dal qual nessun vero si spazia.

Gar oft schon, Bruder, ist es vorgekommen,
  Daß, um Gefahr zu fliehen, wider Willen
  Man etwas tat, was man nicht hätte sollen;
So wie Alkmäon, als er auf die Bitten
  Des Vaters mordete die eigne Mutter,
  Um seine Pflicht zu tun, die Pflicht verletzte.
Und diesen Punkt sollst du dabei bedenken,
  Daß sich Gewalt dem Willen mischt, und beide
  Nicht mehr entschuldbar machen die Verfehlung.
Der unbedingte Wille bannt die Sünde,
  Doch er lenkt ein, sobald er Furcht empfindet,
  Durch Widerstand in größre Not zu kommen.
Drum, wenn Piccarda jenes ausgesprochen,
  Meint sie den unbedingten Willen, aber
  Ich nur den andern, beide sind wir wahrhaft.»
So klang das Rauschen jenes heilgen Wassers
  Vom Quell, aus welchem jede Wahrheit fließet,
  So stillte sie mir meine beiden Wünsche.
«O du des ersten Liebenden Geliebte,
  Du Göttliche», sprach ich, «die mit der Rede
  Mich wärmend und belebend überflutet,
Noch mangelt mir die Tiefe des Gefühles,
  Um euch für eure Gnade ganz zu danken,
  Doch der, der alles sieht und kann, mag helfen.
Ich seh, daß unser Geist niemals gesättigt
  Sein wird, wenn ihn die Wahrheit nicht erleuchtet,
  Vor deren Toren keine Wahrheit wohnet.

Posasi in esso come fera in lustra,
  Tosto che giunto l'ha: e giugner puollo;
  Se non, ciascun disio sarebbe frustra.
Nasce per quello, a guisa di rampollo,
  Appiè del vero il dubbio; ed è natura,
  Ch'al sommo pinge noi di collo in collo.
Questo m'invita, questo m'assicura
  Con riverenza, donna, a domandarvi
  D'un'altra verità che m'è oscura.
Io vo' saper se l'uom può satisfarvi
  Ai voti manchi sì con altri beni,
  Ch'alla vostra stadera non sien parvi.»
Beatrice mi guardò con gli occhi pieni
  Di faville d'amor così divini,
  Che, vinta, mia virtute diè le reni,
E quasi mi perdei con gli occhi chini.

Er ruht in ihr wie Tiere in den Nestern,
> Sobald er sie nur fand; er kann sie finden,
> Sonst wäre jede Sehnsucht ja vergebens.

Es wächst daraus hervor gleich einem Schößling
> Am Fuß der Wahrheit Zweifel, und der treibt uns
> Naturgemäß empor zum höchsten Gipfel.

Dies drängt mich und gibt mir dazu die Stärke,
> Euch, Herrin, ehrerbietig noch zu fragen
> Nach einer andern Wahrheit, die mir dunkel.

Ich möchte wissen, ob mit andrem Gutem
> Man für Gelübde kann Genüge leisten,
> Daß sie auf eurer Waage auch bestehen.»

Beatrice sah mich an mit ihren Augen,
> So voll von Funken jener göttlichen Liebe,
> Daß meine Kraft besiegt die Zügel schleifte

Und ich verloren meine Blicke senkte.

CANTO QUINTO

« S'io ti fiammeggio nel caldo d'amore
  Di là dal modo che in terra si vede,
  Sì che degli occhi tuoi vinco il valore,
Non ti maravigliar; chè ciò procede
  Da perfetto veder, che, come apprende,
  Così nel bene appreso muove il piede.
Io veggio ben sì come già risplende
  Nell'intelletto tuo l'eterna luce,
  Che, vista, sola e sempre amore accende;
E s'altra cosa vostro amor seduce,
  Non è se non di quella alcun vestigio
  Mal conosciuto, che quivi traluce.
Tu vuoi saper se con altro servigio,
  Per manco voto, si può render tanto
  Che l'anima sicuri di litigio. »
Sì cominciò Beatrice questo canto;
  E sì com'uom, che suo parlar non spezza,
  Continuò così il processo santo:

FÜNFTER GESANG

«Wenn ich dir in der Liebe Gluten leuchte
 Mehr als man auf der Erde je gesehen,
 So daß ich deiner Augen Kraft besiege,
Wundre dich nicht, denn solches ist die Wirkung
 Vollkommnen Schauns, das, wie es wahrgenommen,
 Sogleich dem wahrgenommnen Guten folget.
Ich sehe wohl, wie schon in deinem Geiste
 Das ewige Licht zu leuchten hat begonnen,
 Das stets mit seinem Anblick Licht entzündet.
Wenn andre Dinge eure Liebe locken,
 So ist es doch nur eine Spur von dieser,
 Die, mißverstanden, darin widerscheinet.
Du willst nun wissen, ob mit andern Werken
 Man soviel tun kann für verfehlt Gelübde,
 Daß man die Seele aus dem Streite löse.»
So hat Beatrice den Gesang begonnen;
 Und so wie einer, der sein Wort nicht stückelt,
 Sprach sie nun weiter in der heiligen Rede.

« *Lo maggior don che Dio per sua larghezza*
  Fesse creando, ed alla sua bontate
  Più conformato, e quel ch'ei più apprezza,
Fu della volontà la libertate,
  Di che le creature intelligenti,
  E tutte e sole, furo e son dotate.
Or ti parrà, se tu quinci argomenti,
  L'alto valor del voto s'è sì fatto
  Che Dio consenta quando tu consenti:
Chè nel fermar tra Dio e l'uomo il patto
  Vittima fassi di questo tesoro
  Tal quale io dico; e fassi col suo atto.
Dunque che render puossi per ristoro?
  Se credi bene usar quel c'hai offerto,
  Di mal tolletto vuoi far buon lavoro.
Tu sei omai del maggior punto certo:
  Ma perchè Santa Chiesa in ciò dispensa,
  Che par contra lo ver ch'io t'ho scoperto,
Convienti ancor sedere un poco a mensa,
  Però che il cibo rigido c'hai preso,
  Richiede ancora aiuto a tua dispensa.
Apri la mente a quel ch'io ti paleso,
  E fermalvi entro; chè non fa scienza,
  Senza lo ritenere, avere inteso.
Due cose si convengono all'essenza
  Di questo sacrificio: l'una è quella
  Di che si fa; l'altra è la convenenza.

«Das größte Gut, das Gott in seiner Gnade
   Geschaffen hat, und das zu seiner Güte
   Am besten paßt, das er am höchsten wertet,
Das ist des Willens Freiheit ja gewesen,
   Die den vernunftbegabten Wesen allen,
   Nur ihnen, allezeit zuteil geworden.
Und nunmehr kannst, wenn du nur richtig folgerst,
   Du des Gelübdes hohen Wert erkennen,
   Das mit dem deinen Gottes Jawort findet.
Wenn zwischen Gott und Mensch der Bund geschlossen,
   Wird jener große Schatz dafür geopfert,
   Von dem ich sprach, durch eigene Entschließung.
Was kann man dann noch als Ersatz vergeben?
   Wenn du verwendest, was du angeboten,
   So willst du mit Geraubtem Gutes wirken.
Des ersten Punktes bist du nunmehr sicher,
   Doch da die heilige Kirche auch entbindet,
   Entgegen der von mir enthüllten Wahrheit,
Mußt du am Tisch noch eine Weile sitzen,
   Dieweil die herbe Kost, die du genossen,
   Nachhilfe braucht, um besser zu bekommen.
Öffne den Geist dem, was ich dir verkünde,
   Und schließ es ein, denn außer dem Verstehen
   Gehört zur Wissenschaft auch das Behalten.
Zwei Dinge sind vonnöten zu dem Wesen
   Des Opfers, das man bringt: Zuerst die Sache,
   Mit der man opfert, zweitens das Versprechen.

Quest'ultima giammai non si cancella,
  Se non servata; ed intorno di lei
  Sì preciso di sopra si favella:
Però necessità fu agli Ebrei
  Pur l'offerere, ancor che alcuna offerta
  Si permutasse, come saper dei.
L'altra, che per materia t'è aperta,
  Puote ben esser tal, che non si falla
  Se con altra materia si converta.
Ma non trasmuti carco alla sua spalla
  Per suo arbitrio alcun, senza la volta
  E della chiave bianca e della gialla:
Ed ogni permutanza credi stolta,
  Se la cosa dimessa in la sorpresa
  Come il quattro nel sei non è raccolta;
Però qualunque cosa tanto pesa
  Per suo valor che tragga ogni bilancia,
  Satisfar non si può con altra spesa.
Non prendan li mortali il voto a ciancia:
  Siate fedeli, ed a ciò far non bieci,
  Come Jeptè alla sua prima mancia;
Cui più si convenia dicer, 'Mal feci',
  Che, servando, far peggio; e così stolto
  Ritrovar puoi lo gran duca dei Greci,
Onde pianse Ifigènia il suo bel volto,
  E fè pianger di sè i folli e i savi,
  Ch'udir parlar di così fatto colto.

Das zweite kann man niemals wieder löschen;
  Man muß es halten, und von diesem wurde
  Vorhin gesprochen mit genauen Worten.
Aus diesem Grunde mußten auch die Juden
  Zwar Opfer bringen, wenn auch manche Gabe,
  Wie du wohl weißt, gewechselt werden konnte.
Das zweite, was ich dir als Sache nannte,
  Kann wohl so sein, daß ohne ein Verfehlen
  Man es für eine andre mag vertauschen.
Doch möge niemand Last auf seiner Schulter
  Nach eigner Willkür tauschen, ohne Drehung
  Des silbernen und auch des goldnen Schlüssels.
Und jeder Tausch soll töricht nur erscheinen,
  Wenn nicht die alte in der neuen Sache
  So wie die vier in sechsen ist beschlossen.
Darum kann nichts, was je mit seinem Werte
  So schwer wiegt, daß es alle Waagen senket,
  Mit andern Opfern aufgewogen werden.
Die Menschen sollen nicht zum Spott geloben:
  Seid treu und handelt nicht in Übereilung,
  Wie Jephta tat bei seinem ersten Opfer.
Er mußte sagen: ‚Schlecht hab ich gehandelt‘,
  Und nicht durch Opfern Schlimmres tun. So töricht
  Ist auch der Griechen Großfürst einst gewesen,
Daß Iphigeniens Schönheit darob weinte
  Und Weise sowie Narren weinen mußten,
  Als sie von solchem Opfer reden hörten.

Siate, Cristiani, a muovervi più gravi;
  Non siate come penna ad ogni vento;
  E non crediate ch'ogni acqua vi lavi.
Avete il nuovo e il vecchio Testamento,
  E il pastor della Chiesa che vi guida:
  Questo vi basti a vostro salvamento.
Se mala cupidigia altro vi grida,
  Uomini siate, e non pecore matte,
  Sì che il Giudeo di voi tra voi non rida.
Non fate come agnel che lascia il latte
  Della sua madre, e semplice e lascivo
  Seco medesmo a suo piacer combatte.»
Così Beatrice a me com'io scrivo;
  Poi si rivolse tutta disïante
  A quella parte ove il mondo è più vivo.
Lo suo tacere e il trasmutar sembiante
  Poser silenzio al mio cupido ingegno,
  Che già nuove questioni avea davante;
E sì come saetta, che nel segno
  Percuote pria che sia la corda queta,
  Così corremmo nel secondo regno.
Quivi la donna mia vid'io sì lieta,
  Come nel lume di quel ciel si mise,
  Che più lucente se ne fè il pianeta.
E se la stella si cambiò e rise,
  Qual mi fec' io, che pur da mia natura
  Trasmutabile son per tutte guise!

Nehmt es, o Christen, schwerer, euch zu rühren,
  Seid nicht wie Federn, die im Winde flattern,
  Und glaubt nicht, jedes Wasser könnt' euch waschen.
Ihr habt die neuen und die alten Schriften,
  Und habt den Kirchenhirten, der euch führet,
  Das sollte euch zu eurem Heil genügen.
Wenn böse Habgier euch zu andrem riefe,
  Zeigt euch als Menschen, nicht als blöde Tiere,
  So daß die Juden offen euch verspotten.
Macht es nicht wie das Lamm, das von dem Euter
  Der Mutter läßt, einfältig und begierig
  Nach seiner Lust sich mit sich selber streitet.»
So sprach Beatrice, wie ich hier geschrieben;
  Dann hat sie sich voll Sehnsucht hingewendet
  Dort, wo die Welt noch reicher ist an Leben.
Ihr Schweigen und der Wandel des Gesichtes,
  Die brachten meinen hungrigen Geist zum Schweigen,
  Der wieder neue Fragen vor sich hatte.
Und wie ein Pfeil, der in das Ziel getroffen,
  Bevor sich noch beruhigt hat die Saite,
  So flogen wir empor zum zweiten Reiche.
Dort sah ich meine Herrin also fröhlich,
  Da sie in jenes Himmels Licht getreten,
  Daß der Planet davon noch heller wurde.
Und wenn der Stern sich lächelnd so verwandelt,
  Wie ward erst ich, der doch auf alle Weise
  Schon von Natur verwandelbar geschaffen.

Come in peschiera ch'è tranquilla e pura,
  Traggonsi i pesci a ciò che vien di fuori
  Per modo che lo stimin lor pastura,
Sì vid' io ben più di mille splendori
  Trarsi ver noi, ed in ciascun s'udia:
  « Ecco chi crescerà li nostri amori.»
E sì come ciascuno a noi venia,
  Vedeasi l'ombra piena di letizia
  Nel fulgor chiaro che di lei uscia.
Pensa, lettor, se quel che qui s'inizia
  Non procedesse, come tu avresti
  Di più sapere angosciosa carizia;
E per te vederai come da questi
  M'era in disio d'udir lor condizioni,
  Sì come agli occhi mi fur manifesti.
« O bene nato, a cui veder li troni
  Del trionfo eternal concede grazia,
  Prima che la milizia s'abbandoni,
Del lume, che per tutto il ciel si spazia,
  Noi semo accesi; e però se disii
  Di noi chiarirti, a tuo piacer ti sazia.»
Così da un di quelli spirti pii
  Detto mi fu; e da Beatrice: « Di', di'
  Sicuramente, e credi come a dii.»
« Io veggio ben sì come tu t'annidi
  Nel proprio lume, e che dagli occhi il traggi,
  Perch' ei corruscan sì come tu ridi;

So wie in einem stillen, klaren Teiche
  Die Fische dahin ziehn, wo etwas einfällt,
  Weil sie es wohl für eine Speise halten,
So sah ich mehr als tausend Lichter eilen
  Zu uns heran; aus jedem war zu hören:
  «Seht nur, wer kam, zu mehren unsre Liebe.»
Und so wie jeder zu uns hergekommen,
  Sah man schon voll von Fröhlichkeit den Schatten
  Am hellen Leuchten, das aus ihm erstrahlte.
Bedenk, o Leser, wenn, was hier begonnen,
  Nicht weiter führte, welches bange Sehnen
  Dir bleiben würde, noch viel mehr zu wissen!
Du siehst von selber, wie sehr ich mich sehnte,
  Das Schicksal dieser Seelen zu erfahren,
  Sobald sie sichtbar wurden meinen Augen.
«O Wohlgeborner, dem die Gnade wurde,
  Zu schaun des ewigen Triumphes Throne,
  Bevor er noch des Lebens Kampf verlassen;
Vom Licht, das sich im ganzen Himmel breitet,
  Entbrennen wir, und wenn an unsrem Lichte
  Du dich erhellen willst, tu dir Genüge.»
So ward von einem jener frommen Geister
  Zu mir gesagt, und von Beatrice: «Rede
  Getrost und glaube nur den Göttergleichen.»
«Ich sehe wohl, wie du dich eingenistet
  Im eignen Licht, das strahlt aus deinen Augen,
  Wodurch sie hell erglühn in deinem Lächeln,

Ma non so chi tu sei, nè perchè aggi,
   Anima degna, il grado della spera
   Che si vela ai mortai con altrui raggi.»
Questo diss' io diritto alla lumiera
   Che pria m'avea parlato: ond'ella fessi
   Lucente più assai di quel ch'ell'era.
Sì come il sol che si cela elli stessi
   Per troppa luce, come il caldo ha rose
   Le temperanze di vapori spessi;
Per più letizia sì mi si nascose
   Dentro al suo raggio la figura santa;
   E così chiusa chiusa mi rispose
Nel modo che il seguente canto canta.

Doch weiß nicht, wer du bist, und weiß nicht warum
  Du, würdige Seele, weilst in dieser Sphäre,
  Die andres Licht den Sterblichen verschleiert.»
So sprach ich unvermittelt zu dem Lichte,
  Das erst mich angesprochen, und da ward es
  Viel leuchtender als es zuvor gewesen.
So wie die Sonne, die sich selbst verschleiert
  Durch zuviel Licht, wenn von der großen Hitze
  Die dichten Dünste aufgesogen wurden,
So hat das heilige Antlitz sich verborgen
  Aus großer Freude in den eignen Strahlen,
  Und so verhüllt, verschleiert gab es Antwort,
Wie der nun folgende Gesang verkündet.

CANTO SESTO

« *Poscia che Costantin l'aquila volse*
   Contro al corso del ciel, ch'ella seguio
   Dietro all'antico che Lavinia tolse,
Cento e cent'anni e più l'uccel di Dio
   Nello stremo d'Europa si ritenne,
   Vicino ai monti dei quai prima uscìo;
E sotto l'ombra delle sacre penne
   Governò il mondo lì di mano in mano,
   E, sì cangiando, in su la mia pervenne.
Cesare fui e son Giustiniano,
   Che, per voler del primo amor ch'io sento,
   D'entro le leggi trassi il troppo e il vano.
E prima ch'io all'opra fossi attento,
   Una natura in Cristo esser, non piue,
   Credea, e di tal fede era contento;
Ma il benedetto Agapito, che fue
   Sommo pastore, alla fede sincera
   Mi dirizzò con le parole sue.

SECHSTER GESANG

«Seit Konstantin den Adler umgewendet,
　Des Himmels Lauf entgegen, dem er folgte
　Mit jenem Alten, der Lavinia freite,
Hat hundert Jahr und mehr der Vogel Gottes
　Sich an Europas Grenzen aufgehalten,
　Den Bergen nah, aus denen er gekommen.
Und in dem Schatten seiner heiligen Federn
　Hat er von Hand zu Hand die Welt regieret;
　Und so im Wechsel kam er auf die meine.
Kaiser war ich und bin Justinianus;
　Ich habe nach der ersten Liebe Willen
　Das Eitle ausgetilgt aus den Gesetzen.
Bevor ich dieses Werk noch unternommen,
　Glaubt ich in Christus sein nicht zwei, nur eine
　Natur, und damit gab ich mich zufrieden.
Jedoch der heilige Agapet, der damals
　Der höchste Hirte war, hat zu dem rechten
　Glauben mich hingeführt mit seinen Worten.

Io gli credetti; e ciò che in sua fede era
  Vegg' io or chiaro sì, come tu vedi
  Ogni contraddizione e falsa e vera.
Tosto che con la Chiesa mossi i piedi,
  A Dio per grazia piacque di spirarmi
  L'alto lavoro, e tutto in lui mi diedi;
Ed al mio Belisar commendai l'armi,
  Cui la destra del ciel fu sì congiunta,
  Che segno fu ch'io dovessi posarmi.
Or qui alla question prima s'appunta
  La mia risposta; ma sua condizione
  Mi stringe a seguitare alcuna giunta,
Perchè tu veggi con quanta ragione
  Si muove contra il sacrosanto segno
  E chi 'l s'appropria e chi a lui s'oppone.
Vedi quanta virtù l'ha fatto degno
  Di riverenza; e cominciò dall'ora
  Che Pallante morì per darli regno.
Tu sai ch'ei fece in Alba sua dimora
  Per trecento anni ed oltre, infino al fine
  Che i tre e tre pugnar per lui ancora.
Sai quel ch'ei fè dal mal delle Sabine
  Al dolor di Lucrezia in sette regi,
  Vincendo intorno le genti vicine.
Sai quel che fè, portato dagli egregi
  Romani incontro a Brenno, incontro a Pirro,
  Incontro agli altri principi e collegi;

Ich glaubte ihm, und was sein Glaube sagte,
  Seh ich nun klar, so wie auch du kannst sehen
  Im Widerspruch das Falsche und das Wahre.
Sobald ich mit der Kirche eins geworden,
  Hat Gott durch seine Gnade mich begeistert
  Zum hohen Werk; ganz ward ich ihm ergeben.
Und meinem Belisar ließ ich die Waffen;
  Ihm war des Himmels Rechte so verbunden
  Zum Zeichen, daß ich still mich halten sollte.
Hier zielt die Antwort auf die erste Frage,
  Die du gestellt, doch der besondre Umstand
  Zwingt mich, noch einen Zusatz beizufügen.
Damit du sehen kannst, mit welchem Rechte
  Man aufsteht gegen jenes heilige Zeichen,
  Wer es sich anmaßt, wer ihm widerstreitet.
Sieh, welche Kraft es der Verehrung würdig
  Gemacht hat! Es begann mit jener Stunde,
  Da Pallas starb, um ihm das Reich zu sichern.
Du weißt, es hat in Alba erst genistet
  Dreihundert Jahr und länger, bis zum Tage,
  Da seinetwegen drei mit dreien kämpften.
Du weißt, was es gewirkt in sieben Herren
  Von der Sabinerinnen Schmerz zu jenem
  Lukrezias, durch der Nachbarn Unterwerfung.
Du weißt, was es gewirkt, als es die edlen
  Römer dem Brennus, Pyrrhus und den andern
  Fürsten und Völkern einst entgegentrugen;

Onde Torquato e Quinzio che dal cirro
  Negletto fu nomato, i Deci e i Fabi
  Ebber la fama che volontier mirro.
Esso atterrò l'orgoglio degli Arabi,
  Che diretro ad Annibale passaro
  L'alpestre rocce, Po, di che tu labi.
Sott'esso giovanetti trionfaro
  Scipione e Pompeo; ed a quel colle
  Sotto il qual tu nascesti parve amaro.
Poi, presso al tempo che tutto il ciel volle
  Ridur lo mondo a suo modo sereno,
  Cesare per voler di Roma il tolle:
E quel che fè dal Varo infino al Reno,
  Isara vide ed Era e vide Senna
  Ed ogni valle onde il Rodano è pieno.
Quel che fè poi ch'egli uscì di Ravenna
  E saltò Rubicon, fu di tal volo,
  Che nol seguiteria lingua nè penna.
Inver la Spagna rivolse lo stuolo,
  Poi ver Durazzo, e Farsalia percosse
  Sì ch'al Nil caldo si sentì del duolo.
Antandro e Simoenta, onde si mosse,
  Rivide e là dov' Ettore si cuba;
  E mal per Tolomeo poscia si scosse;
Da onde scese folgorando a Juba;
  Poi si rivolse nel vostro occidente,
  Ove sentia la pompeiana tuba.

Weshalb Torquatus auch und Quintius, welcher
  Vom krausen Haar benannt, Decier und Fabier
  Den Ruhm erwarben, den ich gern besinge.
Es schlug auch der Araber Hochmut nieder,
  Die hinter Hannibal einst überschritten
  Der Alpen Felsen, wo der Po entsprungen.
Scipio und Pompejus führt' es jung zum Siege,
  Und Bitternis hat es gebracht dem Hügel,
  An dessen Füßen du geboren worden.
Und um die Zeit, zu der der ganze Himmel
  Der Erde seinen Frieden schenken wollte,
  Hat Cäsar es, nach Romas Wunsch, getragen.
Was es vom Varus bis zum Rhein bewirkte,
  Sah die Isère und Loire, sah die Seine
  Und jedes Tal, das niederführt zur Rhône.
Als es Ravenna ließ und überquerte
  Den Rubico, ist es so hoch geflogen,
  Daß Zung und Feder ihm nicht folgen können.
Nach Spanien wandt es sich mit seinen Scharen,
  Dann nach Durazzo, und Pharsalus schlug es,
  Daß man den Schmerz am heißen Nil noch fühlte.
Es sah Antandros wieder und Simois
  Und Hektors Grab, von wo es hergekommen,
  Und brachte dann dem Ptolemäus Unheil;
Hernach fiel es im Blitz auf Juba nieder,
  Dann kam es wieder her in euren Westen,
  Wo es die Tuba des Pompejus hörte.

Di quel che fè col baiulo seguente,
  Bruto con Cassio nell'inferno latra,
  E Modena e Perugia fu dolente.
Piangene ancor la trista Cleopatra,
  Che, fuggendogli innanzi, dal colubro
  La morte prese subitana ed atra.
Con costui corse infino al lito rubro;
  Con costui pose il mondo in tanta pace,
  Che fu serrato a Jano il suo delubro.
Ma ciò che il segno che parlar mi face
  Fatto avea prima e poi era fatturo
  Per lo regno mortal ch'a lui soggiace,
Diventa in apparenza poco e scuro,
  Se in mano al terzo Cesare si mira
  Con occhio chiaro e con affetto puro;
Chè la viva giustizia che mi spira
  Gli concedette, in mano a quel ch'io dico,
  Gloria di far vendetta alla sua ira.
Or qui t'ammira in ciò ch'io ti replico:
  Poscia con Tito a far vendetta corse
  Della vendetta del peccato antico.
E quando il dente longobardo morse
  La santa Chiesa, sotto le sue ali
  Carlo Magno, vincendo, la soccorse.
Omai puoi giudicar di quei cotali
  Ch'io accusai di sopra e di lor falli,
  Che son cagion di tutti vostri mali.

Von dem, was es beim nächsten Träger wirkte,
 Hört man Brutus und Cassius drunten bellen,
 Und Modena und Perugia hört man klagen.
Auch weint darob die traurige Kleopatra,
 Die auf der Flucht vor ihm durch eine Schlange
 Sich einen schnellen, grausigen Tod gegeben.
Mit ihm ist es geeilt zum Roten Meere,
 Mit ihm gab es der Welt so großen Frieden,
 Daß man des Janus Tempel schließen konnte.
Doch was das Zeichen, das ich hier besinge,
 Zuvor gewirkt und später wirken sollte
 Im irdischen Reiche, das ihm unterworfen,
Das wird doch nur gering und dunkel scheinen,
 Wenn man's beim dritten Kaiser recht betrachtet
 Mit klarem Auge und mit reiner Liebe.
Denn das lebendige Recht, das mich beflügelt,
 Hat ihm den Ruhm gewährt, in seinen Händen
 Die Rache mit dem eignen Zorn zu üben.
Nun wundre dich, was ich dir jetzt berichte:
 Hernach nahm es mit Titus wieder Rache
 Für jene Rache an der alten Sünde.
Und als der Langobarden Zahn zerstörte
 Die heilige Kirche, brachte Karl der Große
 Ihr unter seinen Flügeln siegreich Hilfe.
Jetzt hast du selbst ein Urteil über jene,
 Die ich dir angeklagt, und ihre Sünden,
 Die Ursach sind von allem eurem Übel.

L'uno al pubblico segno i gigli gialli
  Oppone e l'altro appropria quello a parte;
  Sì ch'è forte a veder qual più si falli.
Faccian li Ghibellin, faccian lor arte
  Sott'altro segno; chè mal segue quello
  Sempre chi la giustizia e lui diparte.
E non l'abbatta esto Carlo novello
  Coi Guelfi suoi; ma tema degli artigli
  Ch'a più alto leon trasser lo vello.
Molte fiate già pianser li figli
  Per la colpa del padre; e non si creda
  Che Dio trasmuti l'armi per suoi gigli.
Questa picciola stella si correda
  Dei buoni spirti che son stati attivi,
  Perchè onore e fama li succeda:
E quando li desiri poggian quivi
  Sì disviando, pur convien che i raggi
  Del vero amore in su poggin men vivi.
Ma nel commensurar di nostri gaggi
  Col merto è parte di nostra letizia,
  Perchè non li vedem minor nè maggi.
Quindi addolcisce la viva giustizia
  In noi l'affetto sì, che non si puote
  Torcer giammai ad alcuna nequizia.
Diverse voci fanno dolci note;
  Così diversi scanni in nostra vita
  Rendon dolce armonia tra queste ruote.

Der eine hält dem Adlerbild entgegen
  Die Lilien, andre treiben damit Mißbrauch;
  Wer ärger sündigt, kann man schwer entscheiden.
Laß doch die Ghibellinen ihre Künste
  Mit andern Zeichen treiben, schlecht Gefolge
  Ist, wer das Recht von ihm zu trennen trachtet.
Auch soll es nicht mit seinen Guelfen schlagen
  Der junge Karl; er soll die Krallen fürchten,
  Die größern Löwen schon das Fell zerrissen.
Gar manches Mal beweinten schon die Söhne
  Die Schuld der Väter, und man soll nicht glauben,
  „Daß Gott den Adler mit den Lilien tausche.
Den kleinen Stern hier siehst du ausgestattet
  Mit jenen guten Geistern, die da wirkten,
  So daß die Ehre und der Ruhm sie schmücken.
Und wenn auf diese die Begierden zielen,
  Abschweifend, steigen weniger lebendig
  Der wahren Liebe Strahlen nach dort oben.
Doch im Vergleichen unsres eignen Lohnes
  Mit dem Verdienst liegt viel von unsrer Freude;
  Wir sehen ihn nicht größer und nicht kleiner.
Darum versüßet uns den Trieb der Liebe
  Lebendiges Recht so sehr, daß er sich niemals
  Abwenden kann zu nichtigem Vergnügen.
Verschiedne Stimmen geben süße Töne;
  So geben hier bei uns verschiedne Orte
  Den süßen Einklang unter diesen Sphären.

E dentro alla presente margarita
  Luce la luce di Romeo, di cui
  Fu l'opra grande e bella mal gradita.
Ma i Provenzai che fecer contra lui
  Non hanno riso; e però mal cammina
  Qual si fa danno del ben fare altrui.
Quattro figlie ebbe, e ciascuna reina,
  Ramondo Beringhieri, e ciò gli fece
  Romeo, persona umile e peregrina.
E poi il mosser le parole biece
  A domandar ragione a questo giusto,
  Che gli assegnò sette e cinque per diece.
Indi partissi povero e vetusto:
  E se il mondo sapesse il cuor ch'egli ebbe,
  Mendicando sua vita a frusto a frusto,
Assai lo loda, e più lo loderebbe. »

Und hier in dieser gegenwärtigen Perle
  Leuchtet das Licht des Romieu, dessen Wirken,
  So groß und schön, so schlechten Lohn gefunden.
Jedoch die Provenzalen, die ihn stürzten,
  Verstummen bald, so schlecht ergeht es denen,
  Die sich aus fremder Wohltat Schaden holen.
Vier Töchter hatte, alle Königinnen,
  Raimundus Berenger, und das verdankt er
  Romieu, dem fremden und bescheidnen Manne.
Dann trieben ihn die mißgestimmten Worte,
  Von dem Gerechten Rechenschaft zu fordern,
  Der ihm für zehn wohl zwölf erworben hatte.
Der ist drum arm und alt hinausgezogen,
  Und wüßte man, was für ein Herz er hatte,
  Der so sein Leben bettelnd hat gefristet,
So sagte man noch mehr zu seinem Lobe.»

CANTO SETTIMO

« *Osanna, sanctus Deus sabaoth,*
  Superillustrans claritate tua
  Felices ignes horum malacoth! »
Così, volgendosi alla nota sua,
  Fu viso a me cantare essa sustanza,
  Sopra la qual doppio lume s'addua:
Ed essa e l'altre mossero a sua danza,
  E quasi velocissime faville,
  Mi si velar di subita distanza.
Io dubitava, e dicea: « Dille, dille! »
  Fra me, « dille », diceva, « alla mia donna,
  Che mi disseta con le dolci stille »;
Ma quella reverenza che s'indonna
  Di tutto me, pur per Be e per ice,
  Mi richinava come l'uom ch'assonna.
Poco sofferse me cotal Beatrice,
  E cominciò, raggiandomi d'un riso
  Tal, che nel fuoco faria l'uom felice:

SIEBENTER GESANG

«Osanna, sanctus Deus sabaoth,
  Superillustrans claritate tua
  Felices ignes horum malacoth.»
Indes es selber sich im Kreise drehte,
  Und also singend, sah ich jenes Wesen,
  In welchem sich ein doppelt Licht vereinigt.
Er selbst und andre eilten zu dem Tanze,
  Und so wie Funkensprühn mit Windeseile
  Entschwanden sie mir plötzlich in der Ferne.
Ich zweifelte und sagte zu mir selber:
  «Sprich doch, so sprich doch», sagt ich, «zu der Herrin,
  Die mich mag stillen mit so süßen Tropfen.»
Doch jene Ehrfurcht, die mich ganz beherrschte,
  Schon bei dem bloßen Klang von Be und ice,
  Hielt mich zurück als wie von Schlaf befangen.
Nur kurz hat mich Beatrice so gelassen,
  Und sie begann mit solchen Lächelns Strahlen,
  Daß es im Feuer selbst noch glücklich machte.

« *Secondo mio infallibile avviso,*
   Come giusta vendetta giustamente
   Punita fosse, t'ha in pensier miso;
Ma io ti solverò tosto la mente;
   E tu ascolta, chè le mie parole
   Di gran sentenza ti faran presente.
Per non soffrire alla virtù che vuole
   Freno a suo prode, quell'uom che non nacque,
   Dannando sè, dannò tutta sua prole;
Onde l'umana specie inferma giacque
   Giù per secoli molti in grande errore,
   Fin ch'al Verbo di Dio discender piacque
U' la natura, che dal suo fattore
   S'era allungata, unìo a sè in persona
   Con l'atto sol del suo eterno Amore.
Or drizza il viso a quel ch'or si ragiona.
   Questa natura al suo fattore unita,
   Qual fu creata, fu sincera e buona;
Ma per sè stessa fu ella sbandita
   Di paradiso, però che si torse
   Da via di verità e da sua vita.
La pena dunque che la croce porse,
   Se alla natura assunta si misura,
   Nulla giammai sì giustamente morse;
E così nulla fu di tanta ingiura,
   Guardando alla persona che sofferse,
   In che era contratta tal natura.

«Du hast nach meiner unfehlbaren Meinung
  Dir überlegt, warum gerechte Rache
  Auch selber rechter Rache noch bedürfe.
Davon will ich dir deinen Geist schon lösen,
  Drum höre zu, da diese meine Worte
  Dir einen großen Spruch eröffnen sollen.
Da jener Mensch, der nicht geboren wurde,
  Der Willenskraft kein Zügel dulden wollte
  Zum Heil, verdarb er sich und seine Erben.
Drum hat die ganze Menschheit krank gelegen
  Viel hundert Jahre lang in großen Wirren,
  Bis daß das Gotteswort herabgestiegen
Und die Natur, die von dem ewigen Schöpfer
  So ferne ging, sich in Person vereinte
  Durch reine Handlung seiner ewigen Liebe.
Nun richte deinen Blick auf diese Lehre:
  Diese Natur vereint mit ihrem Schöpfer,
  Wie sie geschaffen, die war gut und richtig;
Doch durch sich selber ward sie ausgeschlossen
  Vom Paradies, weil sie sich abgewendet
  Vom Weg der Wahrheit und von ihrem Leben.
Die Strafe also, die am Kreuz erduldet,
  Entsprechend der Natur, die angenommen,
  War so gerecht wie niemals eine Strafe.
Und dennoch war auch keine je so schändlich,
  Wenn man auf die Person des Dulders achtet,
  Der die Natur auf sich genommen hatte.

Però d'un atto uscir cose diverse:
   Ch'a Dio ed ai Giudei piacque una morte;
   Per lei tremò la terra, e il ciel s'aperse.
Non ti dee oramai parer più forte,
   Quando si dice che giusta vendetta
   Poscia vengiata fu da giusta corte.
Ma io veggi' or la tua mente ristretta
   Di pensiero in pensier dentro ad un nodo,
   Del qual con gran disio solver s'aspetta.
Tu dici: 'Ben discerno ciò ch'io odo;
   Ma perchè Dio volesse, m'è occulto,
   A nostra redenzion pur questo modo.'
Questo decreto, frate, sta sepulto
   Agli occhi di ciascuno il cui ingegno
   Nella fiamma d'amor non è adulto.
Veramente, però ch'a questo segno
   Molto si mira e poco si discerne,
   Dirò perchè tal modo fu più degno.
La divina bontà, che da sè sperne
   Ogni livore, ardendo in sè, sfavilla
   Sì che dispiega le bellezze eterne.
Ciò che da lei senza mezzo distilla
   Non ha poi fine, perchè non si muove
   La sua imprenta quand'ella sigilla.
Ciò che da essa senza mezzo piove,
   Lìbero è tutto, perchè non soggiace
   Alla virtute delle cose nuove.

So kommt aus einer Tat verschiedne Wirkung:
Gott und den Juden hat ein Tod gefallen,
Die Erde bebte, auf tat sich der Himmel.
Nun aber darf es dich nicht mehr verwundern,
Wenn man dir sagt, daß die gerechte Rache
Hernach noch Rache fand beim rechten Hofe.
Jedoch seh ich jetzt deinen Geist verwickelt
Von Schritt zu Schritt in einen neuen Knoten,
Von dem er sehnlich sich zu lösen trachtet.
Du sagst: ‚Gar wohl versteh ich, was ich höre,
Doch warum Gott gerade diese Weise
Zu unsrer Rettung wählte, ist mir dunkel.'
Denn dieser Ratschluß, Bruder, ist verborgen
Vor aller Menschen Augen, deren Geister
Noch in der Glut der Liebe nicht erzogen.
Und wahrlich, da man ja auf dieses Zeichen
Viel schaut und wenig doch davon begriffen,
Sag ich dir, warum dies die beste Weise.
Die Güte Gottes, die des Neides Flecken
Weit von sich weist, erglüht in sich und funkelt,
Daß ihre ewige Schönheit sich entfaltet.
Was unvermittelt von ihr hergeflossen,
Das nimmt kein Ende; niemals kann verrücken
Das, was sie selbst mit ihrem Stempel prägte.
Was unvermittelt aus ihr niederregnet,
Das ist ganz frei, denn es ist ja den Kräften
Der neuen Dinge niemals unterworfen.

Più l'è conforme, e però più le piace;
   Chè l'ardor santo ch'ogni cosa raggia,
   Nella più somigliante è più vivace.
Di tutte queste dote s'avvantaggia
   L'umana creatura; e s'una manca,
   Di sua nobilità convien che caggia.
Solo il peccato è quel che la disfranca,
   E falla dissimile al sommo bene;
   Per che del lume suo poco s'imbianca,
Ed in sua dignità mai non riviene,
   Se non riempie dove colpa vota,
   Contra mal dilettar, con giuste pene.
Vostra natura, quando peccò tota
   Nel seme suo, da queste dignitadi,
   Come di paradiso, fu remota;
Nè ricovrar poteansi, se tu badi
   Ben sottilmente, per alcuna via,
   Senza passar per un di questi guadi:
O che Dio solo per sua cortesia
   Dimesso avesse; o che l'uom per sè isso
   Avesse sodisfatto a sua follia.
Ficca mo l'occhio per entro l'abisso
   Dell'eterno consiglio, quanto puoi
   Al mio parlar direttamente fisso.
Non potea l'uomo nei termini suoi
   Mai sodisfar, per non potere ir giuso
   Con umiltate obediendo poi,

Es ist ihr mehr gemäß und mehr gefällig;
  Die heilige Glut, die jedem Ding entstrahlet,
  Ist in den ähnlichsten auch lebensvoller.
An allen diesen Gaben kann sich freuen
  Der Mensch, und wenn ihm auch nur eine mangelt,
  Muß er von seinem Adel niederstürzen.
Was ihm die Freiheit raubt, ist nur die Sünde,
  Sie scheidet ihn von jenem höchsten Guten,
  So daß er wenig glänzt vor dessen Lichte.
Er findet seine Würde niemals wieder,
  Wenn er nicht aufwiegt mit gerechter Buße,
  Was er durch Schuld verlor und böse Lüste.
Eure Natur, da sie in ihrem Samen
  Sich ganz versündigt, ist von diesen Würden,
  So wie vom Paradiese, ausgestoßen.
Auf keine Weise, wenn du scharf betrachtest,
  Habt ihr die Würde wiederfinden können,
  Wenn nicht auf einem dieser beiden Wege:
Daß Gott es euch aus Höflichkeit alleine
  Verziehen hätte, oder daß die Menschen
  Von selbst die eigne Torheit sühnen mußten.
Richt nun das Auge wieder in den Abgrund
  Des göttlichen Rats, soweit es irgend möglich,
  Und achte aufmerksam auf meine Rede.
Der Mensch vermocht in seinen eignen Grenzen
  Sich nie zu sühnen, denn er konnte niemals
  Demütig im Gehorsam so tief steigen,

Quanto disobediendo intese ir suso;
E questa è la cagion per che l'uom fue
Da poter sodisfar per sè dischiuso.
Dunque a Dio convenia con le vie sue
Riparar l'uomo a sua intera vita,
Dico con l'una, o ver con ambedue.
Ma perchè l'opra tanto è più gradita
Dell'operante, quanto più appresenta
Della bontà del cuore ond'ell'è uscita,
La divina bontà, che il mondo imprenta,
Di proceder per tutte le sue vie
A rilevarvi suso fu contenta.
Nè tra l'ultima notte e il primo die
Sì alto o sì magnifico processo,
O per l'una o per l'altra, fu o fie:
Chè più largo fu Dio a dar sè stesso
Per far l'uom sufficiente a rilevarsi,
Che s'egli avesse sol da sè dimesso;
E tutti gli altri modi erano scarsi
Alla giustizia, se il Figliuol di Dio
Non fosse umiliato ad incarnarsi.
Or per empierti bene ogni disio,
Ritorno a dichiarare in alcun loco,
Perchè tu veggi lì così com'io.
Tu dici: 'Io veggio l'acqua, io veggio il foco,
L'aere e la terra, e tu te lor misture
Venire a corruzione, e durar poco,

Als er emporgestrebt im Ungehorsam;
    Und dies ist auch der Grund, warum die Menschen
    Von eigner Sühnung ausgeschlossen wurden.
Es mußte also Gott auf seinen Wegen
    Sie in ihr reines Leben wieder führen,
    Ich sag auf eine oder beide Weisen.
Doch weil ein Werk so viel mehr lieb und teuer,
    Dem, der es tut, je mehr in ihm enthalten
    Von jener Herzensgüte, der's entsprungen,
Hat Gottes Güte, die die Welt durchdringet,
    Auf allen ihren Wegen gehen wollen,
    • Um euch nach droben einst zurückzuführen.
Und von der letzten Nacht zum jüngsten Tage
    Ist solche Tat und wird auch niemals wieder
    Auf diese oder andre Art geschehen.
Denn mehr gab Gott, da er sich selbst gegeben,
    Damit der Mensch sich wieder konnt erheben,
    Als wenn er nur die Schuld verziehen hätte.
Die andern Wege konnten nicht genügen
    Vor dem Gericht, wenn Gottes Sohn nicht selber
    Herabgestiegen wär und Fleisch geworden.
Um dir nun alle Wünsche zu erfüllen,
    Will ich noch einige Punkte dir erklären,
    Damit du darin siehst, wie ich es sehe.
Du sagst: Ich seh die Luft, ich seh das Feuer,
    Wasser und Erd und alle ihre Mischung
    Verderben und nur kurze Weile dauern;

E queste cose pur fûr creature;
  Per che, se ciò ch'è detto è stato vero,
  Esser dovrian da corruzion sicure.'
Gli angeli, frate, e il paese sincero
  Nel qual tu sei, dir si posson creati,
  Sì come sono, in loro essere intero;
Ma gli elementi che tu hai nomati,
  E quelle cose che di lor si fanno
  Da creata virtù sono informati.
Creata fu la materia ch'elli hanno;
  Creata fu la virtù informante
  In queste stelle che intorno a lor vanno;
L'anima d'ogni bruto e delle piante
  Di complession potenziata tira
  Lo raggio e il moto delle luci sante;
Ma vostra vita senza mezzo spira
  La somma beninanza, e la innamora
  Di sè sì che poi sempre la disira.
E quinci puoi argomentare ancora
  Vostra resurrezion, se tu ripensi
  Come l'umana carne fessi allora,
Che li primi parenti intrambo fensi.»

Und doch sind alles dies auch Schöpfungswerke,
  So daß, wenn ich dir erst die Wahrheit sagte,
  Sie vor Verderbnis sicher bleiben müßten'.
Die Engel, Bruder, und das reine Leben,
  In dem du stehst, kann man geschaffen nennen,
  So wie sie sind, in ihrem ganzen Wesen.
Jedoch die Elemente, die du nanntest,
  Und jene Dinge, die man daraus machte,
  Sind von geschaffner Kraft gebildet worden.
Geschaffen ward der Stoff, draus sie bestehen,
  Geschaffen ward die Kraft, die sie gebildet
  'In diesen Sternen, die hier um sie kreisen.
Die Seele jedes Tiers und jeder Pflanze
  Empfängt je nach der Mischung ihrer Kräfte
  Strahl und Bewegung dieser heiligen Sterne.
Doch euer Leben atmet ohne Mittler
  Die höchste Güte, die euch so mit Liebe
  Erfüllt, daß ihr euch ewig danach sehnet.
Und daraus kannst du eure Auferstehung
  Auch noch begreifen, mit der Überlegung,
  Wie einst der Menschen Fleisch geschaffen wurde
Bei der Erschaffung unsrer ersten Eltern.»

CANTO OTTAVO

Solea creder lo mondo in suo periclo
  Che la bella Ciprigna il folle amore
  Raggiasse, volta nel terzo epiciclo;
Per che non pure a lei faceano onore
  Di sacrificio e di votivo grido
  Le genti antiche nell'antico errore;
Ma Dione onoravano e Cupido,
  Questa per madre sua, questo per figlio;
  E dicean ch'ei sedette in grembo a Dido;
E da costei ond' io principio piglio
  Pigliavano il vocabol della stella
  Che il sol vagheggia or da coppa or da ciglio.
Io non m'accorsi del salire in ella;
  Ma d'esservi entro mi fece assai fede
  La donna mia ch'io vidi far più bella.
E come in fiamma favilla si vede,
  E come in voce voce si discerne,
  Quand' una è ferma e l'altra va e riede;

ACHTER GESANG

Die Welt in ihren Unglückszeiten glaubte,
 Daß aus der schönen Venus Strahlen käme
 Die tolle Liebe, in dem dritten Kreise.
Weshalb denn nicht nur, um sie selbst zu ehren,
 Die alten Völker in dem alten Wahne
 Ihr Opfer brachten und Gelübde taten,
Sie ehrten auch Diona und Cupido,
 Den als den Sohn und jene als die Mutter;
 Man sagt, er hätt in Didos Schoß gesessen.
Von ihr, mit der ich den Gesang beginne,
 Hat man den Namen jenes Sterns genommen,
 Der bald der Sonne folgt, bald ihr vorangeht.
Ich merkte nicht, daß wir zu ihm gestiegen,
 Doch daß wir drinnen waren, das bezeugte
 Mir meine Herrin, die noch schöner wurde.
Wie man in Flammen oft die Funken siehet
 Und in der Stimme Stimmen unterscheidet,
 Wenn eines fest, das andre in Bewegung,

Vid' io in essa luce altre lucerne
  Muoversi in giro più e men correnti,
  Al modo, credo, di lor viste eterne.
Di fredda nube non disceser venti,
  O visibili o non, tanto festini,
  Che non paressero impediti e lenti
A chi avesse quei lumi divini
  Veduti a noi venir, lasciando il giro
  Pria cominciato in gli alti Serafini.
E dentro a quei che più innanzi appariro,
  Sonava 'Osanna' sì, che unque poi
  Di riudir non fui senza disiro.
Indi si fece l'un giù presso a noi,
  E solo incominciò: «Tutti sem presti
  Al tuo piacer, perchè di noi ti gioi.
Noi ci volgiam coi principi celesti
  D'un giro e d'un girare e d'una sete,
  Ai quali tu nel mondo già dicesti:
'Voi, che intendendo il terzo ciel movete';
  E sem sì pien d'amor, che, per piacerti,
  Non fia men dolce un poco di quiete.»
Poscia che gli occhi miei si furo offerti
  Alla mia donna riverenti, ed essa
  Fatti li avea di sè contenti e certi,
Rivolsersi alla luce che promessa
  Tanto s'avea, e: «Deh chi siete?» fue
  La voce mia di grande affetto impressa.

So sah ich in dem Lichte andre Lichter
  Mehr oder weniger schnell im Kreis sich drehen
  Gemäß, so glaub ich, ihren ewigen Sichten.
Aus kalter Wolke sah man niemals Winde,
  Ob sichtbar oder nicht, herniederstürzen,
  Die langsam nicht und lahm erschienen wären
Dem, der die ewigen Lichter hier gesehen,
  Wie sie uns nahten aus dem Reigentanze,
  Den sie begonnen mit den Seraphinen.
Es klang aus denen, die zuerst erschienen,
  Hosiannasingen, so daß niemals wieder
  Die Sehnsucht, sie zu hören, mir vergangen.
Dann sah ich eines davon sich mir nahen,
  Das sprach allein: «Wir alle sind gekommen
  Nur dir zulieb; du sollst an uns dich freuen.
Wir drehn uns immer mit den Himmelsfürsten
  Im gleichen Kreise, mit dem gleichen Durste,
  Wir, denen du auf Erden so gesprochen:
‚Ihr, die verstehend dreht den dritten Himmel.'
  Wir sind so liebevoll, daß dir zuliebe
  Nicht weniger süß erscheint ein kurzes Rasten.»
Nachdem sich meine Augen erst in Ehrfurcht
  Zu meiner Herrin hingewandt, und diese
  Zufriedenheit und Sicherheit gegeben,
Wandt ich mich wieder zu dem Lichte, welches
  So viel versprochen, und: «Wer seid ihr?» fragte
  Von großer Lieb ergriffen meine Stimme.

E quanta e quale vid' io lei far piue
  Per allegrezza nuova che s'accrebbe,
  Quand' io parlai, all'allegrezze sue!
Così fatta, mi disse: « Il mondo m'ebbe
  Giù poco tempo; e se più fosse stato,
  Molto sarà di mal, che non sarebbe.
La mia letizia mi ti tien celato
  Che mi raggia d'intorno e mi nasconde
  Quasi animal di sua seta fasciato.
Assai m'amasti, ed avesti ben onde;
  Chè s'io fossi giù stato, io ti mostrava
  Di mio amor più oltre che le fronde.
Quella sinistra riva, che si lava
  Di Rodano, poi ch'è misto con Sorga,
  Per suo signore a tempo m'aspettava;
E quel corno d'Ausonia, che s'imborga
  Di Bari, di Gaeta e di Catona,
  Da ove Tronto e Verde in mare sgorga.
Fulgeami già in fronte la corona
  Di quella terra che il Danubio riga
  Poi che le ripe tedesche abbandona;
E la bella Trinacria, che caliga
  Tra Pachino e Peloro, sopra il golfo
  Che riceve da Euro maggior briga,
Non per Tifeo, ma per nascente solfo,
  Attesi avrebbe li suoi regi ancora,
  Nati per me di Carlo e di Rodolfo,

Wie sah ich es an Licht und Größe wachsen
  Durch neue Freude, die in ihm vermehrte
  Bei meiner Rede seine alte Freude!
Und also sprach es: «Auf der Erde war ich
  Nur kurz; und wär ich länger dort gewesen,
  So wäre manches Unheil nicht gekommen.
Ich bin vor dir in Fröhlichkeit verschleiert,
  Die mich umgibt und hüllt in ihre Strahlen,
  Wie eine Raupe in dem Seidenbündel.
Du hast mich sehr geliebt, aus gutem Grunde,
  Denn lebt' ich länger, hätt' von meiner Liebe
  Ich mehr als nur das Laub dir zeigen können.
Das linke Ufer, das die Rhône badet,
  Nachdem die Sorga in sie eingemündet,
  Hat einst als seinen Herren mich erwartet;
Auch jenes Horn Italiens, das bebaut ist
  Mit Bari, mit Gaeta und mit Crotona,
  Wo Verd' und Tronto zu dem Meere fließen.
Auf meiner Stirne glänzte schon die Krone
  Von jenem Lande; das die Donau wässert,
  Nachdem die deutschen Ufer sie verlassen.
Das schöne Land Sizilien, mit den Dünsten
  Bei Pachino und Peloro, an dem Golfe,
  Der durch den Ostwind größten Schaden leidet,
Nicht von Typhäus, sondern von dem Schwefel,
  Das konnte noch auf seine Könige warten,
  Die ich als Karls und Rudolfs Erben zeugte;

Se mala signoria, che sempre accora
  Li popoli soggetti, non avesse
  Mosso Palermo a gridar: 'Mora, mora!'
E se mio frate questo antivedesse,
  L'avara povertà di Catalogna
  Già fuggiria, perchè non li offendesse:
Chè veramente proveder bisogna
  Per lui o per altrui, sì ch'a sua barca
  Carica più di carco non si pogna.
La sua natura, che di larga parca
  Discese, avria mestier di tal milizia
  Che non curasse di mettere in arca.»
« Però ch'io credo che l'alta letizia
  Che il tuo parlar m'infonde, signor mio,
  Là 've ogni ben si termina e s'inizia,
Per te si veggia come la vegg' io;
  Grata m'è più; ed anche questo ho caro,
  Perchè il discerni rimirando in Dio.
Fatto m'hai lieto, e così mi fa chiaro,
  Poichè parlando a dubitar m'hai mosso,
  Com' esser può di dolce seme amaro.»
Questo io a lui; ed egli a me: « S'io posso
  Mostrarti un vero, a quel che tu dimandi
  Terrai il viso come tieni il dosso.
Lo ben che tutto il regno che tu scandi
  Volge e contenta, fa esser virtute
  Sua providenza in questi corpi grandi.

Wenn nicht die schlechte Herrschaft, die die Völker
 Stets unterdrückt und reizt, verursacht hätte,
 Daß in Palermo man zum Mord gerufen.
Und wenn mein Bruder dies vorhergesehen,
 Hätt er den dürren Geiz der Katalanen
 Geflohn, um nicht von ihm beraubt zu werden.
Denn wahrlich muß man dafür Sorge tragen,
 Er oder andre, daß sein volles Schifflein
 Mit größren Lasten nicht belastet werde.
Der von Natur freigebig, ist nun geizig
 Geworden, und er müßte Diener haben,
 Die nicht bestrebt, die Truhen sich zu füllen.»
«Da es mir scheint, daß du die hohe Freude,
 Die ich empfinde, Herr, bei deiner Rede,
 Dort, wo Beginn und Ende alles Guten,
So sehen kannst, wie ich sie selber sehe,
 Ist sie mir teurer, und auch dieses freut mich,
 Daß du sie sehn kannst, wenn du Gott betrachtest.
Du gabst mir Freude, gib mir nun auch Klarheit,
 Denn durch die Rede brachtest du mir Zweifel,
 Wie Bittres kann aus süßem Samen kommen.»
So ich zu ihm, und er zu mir: «Sobald ich
 Dir eine Wahrheit weisen kann, so wirst du
 Ihr das Gesicht, wie jetzt den Rücken, zeigen.
Das Gute, das das Reich, durch das du wanderst,
 Bewegt und sättigt, läßt in diesen großen
 Körpern die Vorsehung zur Wirkung werden.

E non pur le nature provedute
  Sono in la mente ch'è da sè perfetta,
  Ma esse insieme con la lor salute:
Per che quantunque quest'arco saetta,
  Disposto cade a proveduto fine,
  Sì come cosa in suo segno diretta.
Se ciò non fosse, il ciel che tu cammine
  Producerebbe sì li suoi effetti,
  Che non sarebber arti, ma ruine;
E ciò esser non può, se gl'intelletti
  Che muovon queste stelle non son manchi,
  E manco il primo, che non li ha perfetti.
Vuoi tu che questo ver più ti s'imbianchi?»
  Ed io: « Non già; chè impossibil veggio
  Che la natura, in quel ch'è uopo, stanchi.»
Ond' egli ancora: « Or dì: sarebbe il peggio
  Per l'uomo in terra, se non fosse cive?»
  « Sì,» rispos' io; « e qui ragion non cheggio.»
« E può egli esser, se giù non si vive
  Diversamente per diversi uffici?
  Non, se il maestro vostro ben vi scrive.»
Sì venne deducendo infino a quici;
  Poscia conchiuse: « Dunque esser diverse
  Convien dei vostri effetti le radici:
Per ch'un nasce Solone ed altro Serse,
  Altro Melchisedech ed altro quello
  Che, volando per l'aere, il figlio perse.

Nicht nur sind vorgesehen die Naturen
  In jenem Geist, der aus sich selbst vollkommen,
  Nein, auch vereint mit ihrem eignen Heile;
So daß, was immer dieser Bogen schleudert,
  Auch richtig trifft zum vorgesetzten Ende
  So wie ein Pfeil, der auf sein Ziel gerichtet.
Wenn dies nicht wäre, würde dieser Himmel,
  Durch den du gehst, solch eine Wirkung üben,
  Daß sie nicht Künste, sondern Trümmer brächte.
Und dies kann nicht geschehen, wenn die Geister,
  Die diese Sterne drehn, nicht Fehler machen,
  Und Fehler macht, der sie zuerst geschaffen.
Willst du noch heller diese Wahrheit sehen?»
  Und ich: «Nein, denn ich sehe, daß unmöglich
  Natur ermüden kann im nötigen Werke.»
Er sagte noch: «Sag mir, wär es denn schlimmer,
  Wenn nicht der Mensch auf Erden Bürger wäre?»
  «Ja», sprach ich, «und ich frage nicht nach Gründen.»
«Und kann das sein, wenn man nicht drunten lebet
  Verschieden in verschiedenen Berufen?
  Nein, sofern euer Meister recht geschrieben.»
So hat er bis zu diesem Punkt gefolgert;
  Dann schloß er: «Also müssen auch verschieden
  Die Wurzeln sein der Triebe, die euch leiten.
Der eine wird Solon, der andre Xerxes,
  Ein andrer Melchisedek, wieder einer
  Muß fliegend in der Luft den Sohn verlieren.

La circular natura, ch'è suggello
  Alla cera mortal, fa ben sua arte,
  Ma non distingue l'un dall'altro ostello.
Quinci addivien ch'Esaù si diparte
  Per seme da Iacob; e vien Quirino
  Da sì vil padre, che si rende a Marte.
Natura generata il suo cammino
  Simil farebbe sempre ai generanti,
  Se non vincesse il proveder divino.
Or quel che t'era dietro t'è davanti;
  Ma perchè sappi che di te mi giova,
  Un corollario voglio che t'ammanti.
Sempre natura, se fortuna trova
  Discorde a sè, come ogni altra semente
  Fuor di sua region, fa mala prova.
E se il mondo laggiù ponesse mente
  Al fondamento che natura pone,
  Seguendo lui, avria buona la gente.
Ma voi torcete alla religione
  Tal che fia nato a cingersi la spada,
  E fate re di tal ch'è da sermone:
Onde la traccia vostra è fuor di strada. »

Die kreisende Natur, die als ein Siegel
   Das Wachs der Menschen prägt, kennt ihre Künste,
   Doch unterscheidet sie nicht ihre Wohnung.
Daher kommt es, daß Esau abgewichen
   Vom Samen Jacobs, und es hat Quirinus
   So niedern Vater, daß man Mars ihn zuschreibt.
Natur, wenn sie erzeugt, würd ihre Wege
   Stets ähnlich den Erzeugern wieder nehmen,
   Wenn Gottes Vorsehung nicht siegen würde.
Nun kannst du, was erst hinten, vor dir sehen.
   Damit du weißt, daß ich mich an dir freue,
   Will ich dir jetzt noch einen Zusatz geben.
Natur muß immer, wenn sie sich nicht einig
   Mit ihrem Schicksal, so wie jeder Same
   Fern von der Heimat, schlechte Früchte tragen.
Und wenn die Welt dort unten achten würde
   Wohl auf den Grund, wie die Natur ihn legte,
   Und ihr nur folgte, wären gut die Menschen.
Doch ihr verdreht zum Diener an der Kirche
   Den, der geboren ward, das Schwert zu tragen,
   Und macht zum König den, der predigen sollte.
Drum irren eure Spuren ab vom Wege.»

CANTO NONO

Da poi che Carlo tuo, bella Clemenza,
  M'ebbe chiarito, mi narrò gl'inganni
  Che ricever dovea la sua semenza;
Ma disse: « Taci, e lascia volger gli anni»;
  Sì ch'io non posso dir se non che pianto
  Giusto verrà dirietro ai vostri danni.
E già la vita di quel lume santo
  Rivolta s'era al Sol che la riempie,
  Come quel ben ch'ad ogni cosa è tanto.
Ahi anime ingannate e fatture empie,
  Che da sì fatto ben torcete i cuori,
  Drizzando in vanità le vostre tempie!
Ed ecco un altro di quegli splendori
  Ver me si fece, e il suo voler piacermi
  Significava nel chiarir di fuori.
Gli occhi di Beatrice, ch'eran fermi
  Sovra me, come pria, di caro assenso
  Al mio disio certificato fermi.

NEUNTER GESANG

Als mich dein Karl belehrt, schöne Clemenza,
  Hat er mir all die Wirrungen berichtet,
  Die seine Erben noch erleben sollten.
Doch sprach er: «Schweig und laß die Jahre laufen»,
  So daß ich nur noch sagen kann: Gerechte
  Klage wird kommen hinter euren Freveln.
Schon war das Antlitz jenes heiligen Lichtes
  Zur Sonne hingewandt, die es erfüllte,
  Zu jener Glut, die allem tut Genüge.
O ihr, verirrte Seelen, sündige Wesen,
  Die ihr von solchem Gut die Herzen reißet
  Und eure Stirn zu Eitelkeiten wendet!
Und siehe da, ein andres jener Lichter
  Kam auf mich zu und zeigte seinen Willen
  Mir zu gefallen durch ein helles Leuchten.
Beatrices Augen, die auf mich gerichtet,
  Die machten wie zuvor mit teurem Zeichen
  Mich fest und sicher in dem neuen Wunsche.

« Deh metti al mio voler tosto compenso,
  Beato spirto », dissi, « e fammi prova
  Ch'io possa in te rifletter quel ch'io penso. »
Onde la luce, che m'era ancor nuova,
  Dal suo profondo, ond'ella pria cantava,
  Seguette come a cui di ben far giova.
« In quella parte della terra prava
  Italica che siede tra Rialto
  E le fontane di Brenta e di Piava,
Si leva un colle, e non surge molt'alto,
  Là onde scese già una facella
  Che fece alla contrada grande assalto.
D'una radice nacqui ed io ed ella:
  Cunizza fui chiamata, e qui refulgo
  Perchè mi vinse il lume d'esta stella;
Ma lietamente a me medesma indulgo
  La cagion di mia sorte, e non mi noia,
  Che forse parria forte al vostro vulgo.
Di questa luculenta e cara gioia
  Del nostro cielo che più m'è propinqua,
  Grande fama rimase; e pria che muoia,
Questo centesimo anno ancor s'incinqua:
  Vedi se far si dee l'uomo eccellente,
  Sì ch'altra vita la prima relinqua!
E ciò non pensa la turba presente
  Che Tagliamento ed Adice richiude,
  Nè per esser battuta ancor si pente.

« Du mögest alsbald meinen Wunsch erfüllen,
O seliger Geist», so sprach ich, «und uns zeigen,
Daß sich in dir das, was ich denke, spiegelt.»
Weshalb das Licht, das mir noch neu erschienen,
Aus seinem Innern, wo es erst gesungen,
Fortfuhr, als ob es gerne Gutes täte:
«In jenem Teile des verruchten Landes
Italien, das sich vom Rialto breitet
Bis zu dem Quell der Brenta und des Piave,
Da steht ein Berg, nicht allzu hoch erhoben,
Von dem ist eine Fackel hergekommen,
Die jenem Lande großen Schaden brachte.
Wir beide stammen her aus einer Wurzel.
Cunizza ist mein Name, und hier glänz ich,
Weil dieses Sternes Leuchten mich besiegte.
Doch fröhlich kann ich selber mir verzeihen
Die Ursach meines Loses, unbeschadet,
Daß das gemeine Volk es nicht verstanden.
Von diesem leuchtenden und teuren Steine
In unsrem Himmel, der mir hier der nächste,
Blieb großer Ruhm zurück, und eh er endet,
Wird dies Jahrhundert fünfmal wiederkehren.
Sieh, ob die Menschen Ruhm erwerben sollen,
So daß vom alten Leben neues bleibe!
Und so denkt nicht die gegenwärtige Menge,
Die zwischen Etsch und Tagliamento wohnet,
Und auch durch Schläge kommt sie nicht zur Reue

Ma tosto fia che Padova al Palude
  Cangerà l'acqua che Vicenza bagna,
  Per essere al dover le genti crude.
E dove Sile e Cagnan s'accompagna,
  Tal signoreggia e va con la testa alta,
  Che già per lui carpir si fa la ragna.
Piangerà Feltro ancora la diffalta
  Dell'empio suo pastor, che sarà sconcia
  Sì, che per simil non s'entrò in Malta.
Troppo sarebbe larga la bigoncia
  Che ricevesse il sangue ferrarese,
  E stanco chi il pesasse ad oncia ad oncia,
Che donerà questo prete cortese
  Per mostrarsi di parte; e cotai doni
  Conformi fieno al viver del paese.
Su sono specchi, voi dicete Troni,
  Onde rifulge a noi Dio giudicante;
  Sì che questi parlar ne paion buoni. »
Qui si tacette; e fecemi sembiante,
  Che fosse ad altro volta, per la rota,
  In che si mise com'era davante.
L'altra letizia, che m'era già nota
  Per cara cosa, mi si fece in vista
  Qual fin balascio in che lo sol percuota.
Per letiziar lassù fulgor s'acquista,
  Sì come riso qui; ma giù s'abbuia
  L'ombra di fuor, come la mente è trista.

Doch bald wird Padua in Sümpfe wandeln
    Das Wasser, das Vicenzas Ufer badet,
    Weil dort die Leute ihre Pflicht mißachten;
Und dort, wo Sile und Cagnan sich mischen,
    Herrscht einer noch und geht erhobnen Hauptes,
    Wo schon das Netz gespannt zu seinem Fange.
Einst wird auch Feltre noch die Schmach beweinen
    Des ungetreuen Hirten, die so schmutzig,
    Daß keine größre je nach Malta führte.
Es müßte allzugroß der Eimer werden,
    Um alles Ferraresenblut zu fassen,
    Und müde würde, wer es messen wollte,
Das dieser höfliche Priester noch wird opfern,
    Um sich genehm zu zeigen; und die Gaben,
    Die werden zu des Landes Sitte passen.
Droben sind Spiegel, und ihr nennt sie Throne,
    Aus denen Gott der Richter zu uns leuchtet,
    So daß uns diese Reden gut erscheinen.»
Hier schwieg sie und sie gab mir zu verstehen,
    Daß sie zu andern Dingen hingewendet,
    Indes sie wieder trat zum alten Reigen.
Das andre Freudenlicht, das ich schon kannte
    Als etwas Teures, trat mir nun entgegen,
    Wie ein Rubin im hellen Sonnenstrahle.
Durch Freude wird dort oben Glanz erworben
    So wie hier Lächeln, aber drunten dunkelt
    Der Schatten draußen von des Geistes Trübnis.

« *Dio vede tutto, e tuo veder s'inluia,* »
 Diss' io « *beato spirto, sì che nulla*
 Voglia di sè a te puote esser fuia:
Dunque la voce tua, che il ciel trastulla
 Sempre col canto di quei fuochi pii
 Che di sei ale fatto han la␣cuculla,
Perchè non satisface ai miei disii?
 Già non attenderei io tua dimanda,
 S'io m'intuassi, come tu t'immii. »
« *La maggior valle in che l'acqua si spanda* »
 Incominciaro allor le sue parole,
 « *Fuor di quel mar che la terra inghirlanda,*
Tra i discordanti liti, contra il sole
 Tanto sen va, che fa meridiano
 Là dove l'orizzonte pria far suole.
Di quella valle fu' io littorano
 Tra Ebro e Macra, che per cammin corto
 Parte lo Genovese dal Toscano.
Ad un occaso quasi e ad un orto
 Buggea siede e la terra ond' io fui,
 Che fè del sangue suo già caldo il porto.
Folco mi disse quella gente a cui
 Fu noto il nome mio; e questo cielo
 Di me s'imprenta, com' io fei di lui;
Chè più non arse la figlia di Belo,
 Noiando ed a Sicheo ed a Creusa,
 Di me, infin che si convenne al pelo;

«Gott siehet alles, und dein Sehn wird seines»,
  Sprach ich, «du seliger Geist, von seinem Wollen
  Zu deinem kann kein Teil verlorengehen.
Doch deine Stimme, die mit dem Gesange
  Der frommen Leuchten stets den Himmel zieret,
  Die mit sechs Flügeln selber sich umkleiden,
Warum will sie mein Sehnen nicht erfüllen?
  Ich würde nicht auf deine Bitte warten,
  Wenn ich dich so wie du mich selbst durchdrungen.»
«Das größte Tal, in dem sich Wasser breitet»,
  Begann er alsdann seine eigne Rede,
  «Außer dem Meere, das die Erde gürtet,
Zwischen den fernen Ufern, dehnt gen Osten
  Sich soweit aus, daß das zum Mittagskreise
  Wird, was zuerst der Horizont gewesen.
Ich hab gewohnt an dieses Tales Ufern
  Zwischen dem Ebro und dem Magraflusse,
  Der kurz Genuesen und Toskaner scheidet.
Im gleichen Auf- und Untergange liegen
  Bugea und die Stadt, wo ich geboren,
  Die einst mit ihrem Blut den Hafen färbte.
Folco ward ich genannt von jenen Leuten,
  Die meinen Namen kannten; diesen Himmel
  Durchdringe ich, wie er mich einst durchdrungen,
Denn mehr entbrannte nicht des Belus Tochter,
  Da sie Sichäus und Kreusa kränkte,
  Als ich, solang es meinen Haaren ziemte.

Nè quella Rodopeia che delusa
  Fu da Demofoonte, nè Alcide,
  Quando Iole nel cuore ebbe rinchiusa.
Non però qui si pente, ma si ride,
  Non della colpa, ch'a mente non torna,
  Ma del Valore ch'ordinò e provide.
Qui si rimira nell'arte che adorna
  Cotanto effetto, e discernesi il bene,
  Per che il mondo di su quel di giù torna.
Ma perchè le tue voglie tutte piene
  Ten porti che son nate in questa spera,
  Procedere ancor oltre mi conviene.
Tu vuoi saper chi è in questa lumera,
  Che qui appresso me così scintilla
  Come raggio di sole in acqua mera.
Or sappi che là entro si tranquilla
  Raab; ed a nostr' ordine congiunta,
  Di lei nel sommo grado si sigilla.
Da questo cielo, in cui l'ombra s'appunta
  Che il vostro mondo face, pria ch'altr'alma
  Del trionfo di Cristo fu assunta.
Ben si convenne lei lasciar per palma
  In alcun cielo dell'alta vittoria
  Che s'acquistò con l'una e l'altra palma,
Perch'ella favorò la prima gloria
  Di Iosuè in su la Terra Santa,
  Che poco tocca al papa la memoria.

Und nicht die Rhodopeerin, verraten
   Von Demophoon, auch nicht der Alkide,
   Als er die Jole in sein Herz geschlossen.
Doch hier wird nicht bereut, hier wird gelächelt,
   Nicht ob der Schuld, die aus dem Sinn entschwunden,
   Doch ob der Kraft, die so befahl und sorgte.
Hier schaut man auf die Kunst, die solcher Wirkung
   Zum Schmucke dient, und man erkennt das Gute,
   Durch das die obre Welt die untre treibet.
Doch damit dir sich deine Wünsche alle
   Erfüllen, die in diesem Kreis geboren,
   .Muß ich noch einige Schritte weitergehen.
Du möchtest wissen, wer in dieser Leuchte,
   Die neben mir dort also mächtig funkelt
   Wie Sonnenstrahlen in dem reinsten Wasser.
Drum höre, daß darinnen Ruh gefunden
   Rahab, die nun vereint mit unsern Reihen,
   Um sie im höchsten Grade mitzuprägen.
In diesem Himmel, wo von unsrer Erde
   Der Schatten sich verläuft, ist sie vor andern
   Beim Siege Christi aufgenommen worden.
Sie hat mit Recht in einen dieser Himmel
   Als Palme jenes Sieges kommen müssen,
   Der einst durch Gott- und Menschenhand erworben.
Denn sie verhalf zu seiner ersten Glorie
   Dem Josua in jenem Heiligen Lande,
   An das der Papst nur wenig sich erinnert.

La tua città, che di colui è pianta
   Che pria volse le spalle al suo fattore,
   E di cui è la invidia tanto pianta,
Produce e spande il maledetto fiore,
   C'ha disviate le pecore e gli agni,
   Però che fatto ha lupo del pastore.
Per questo l'Evangelio e i dottor magni
   Son derelitti, e solo ai Decretali
   Si studia, sì che pare ai lor vivagni.
A questo intende il papa e i cardinali:
   Non vanno i lor pensieri a Nazarette,
   Là dove Gabriello aperse l'ali.
Ma Vaticano e l'altre parti elette
   Di Roma, che son state cimitero
   Alla milizia che Pietro seguette,
Tosto libere fien dell'adultero.»

Und deine Stadt, die eine Pflanze dessen,
　Der als der erste abfiel von dem Schöpfer,
　Und dessen Neid so viele Tränen brachte,
Prägt und verbreitet den verfluchten Gulden,
　Der Schaf und Lämmlein ab vom Wege führet,
　Weil er zum Wolf den Hirten hat verwandelt.
Drum sind das Evangelium und die großen
　Lehrer verlassen; nur die Dekretalien
　Studiert man noch, man siehts an ihren Rändern.
Darum bemühn sich Papst und Kardinäle,
　Und nicht nach Nazareth gehn die Gedanken,
　Wo Gabriel geöffnet hat die Flügel.
Doch wird der Vatikan und all die andern
　Erwählten Orte Roms, die dem Gefolge
　Des Heiligen Petrus einst zum Grab geworden,
Bald wieder freigemacht von dieser Schande.»

CANTO DECIMO

Guardando nel suo Figlio con l'Amore
  Che l'uno e l'altro eternalmente spira,
  Lo primo ed ineffabile Valore,
Quanto per mente e per loco si gira
  Con tanto ordine fè, ch'esser non puote
  Senza gustar di lui chi ciò rimira.
Leva dunque, lettore, all'alte ruote
  Meco la vista, dritto a quella parte,
  Dove l'un moto e l'altro si percuote;
E lì comincia a vagheggiar nell'arte
  Di quel maestro, che dentro a sè l'ama,
  Tanto che mai da lei l'occhio non parte.
Vedi come da indi si dirama
  L'obliquo cerchio che i pianeti porta,
  Per sodisfare al mondo che li chiama.
E se la strada lor non fosse torta,
  Molta virtù nel ciel sarebbe invano,
  E quasi ogni potenza quaggiù morta;

ZEHNTER GESANG

Es schaut auf ihren Sohn mit gleicher Liebe,
   Die beide ewig aus sich strömen werden,
   Die erste Macht, die unaussprechlich große.
Was immer sich bewegt in Geist und Räumen,
   Schuf sie mit solcher Ordnung, daß notwendig
   Sie jeden freuen muß, der sie betrachtet.
Drum heb, o Leser, zu den hohen Kreisen
   Mit mir das Auge, grad zu jenem Orte,
   Wo beide Drehungen zusammentreffen.
Dort sollst du dich in jene Kunst versenken
   Des Meisters, der sie selber liebt im Innern,
   So daß er nie sein Auge davon wendet.
Sieh, wie von dorther rings sich ausgebreitet
   Der schräge Kreis, dem die Planeten folgen,
   Der Welt, die sie gerufen, zu genügen.
Und wäre ihre Straße nicht so schräge,
   So wäre viele Kraft umsonst im Himmel
   Und drunten tot fast alle ihre Wirkung.

E se dal dritto più o men lontano
  Fosse il partire, assai sarebbe manco
  E giù e su dell'ordine mondano.
Or ti riman, lettor, sopra il tuo banco,
  Dietro pensando a ciò che si preliba,
  S'esser vuoi lieto assai prima che stanco.
Messo t'ho innanzi; omai per te ti ciba:
  Chè a sè torce tutta la mia cura
  Quella materia ond' io son fatto scriba.
Lo ministro maggior della natura,
  Che del valor del ciel lo mondo imprenta
  E col suo lume il tempo ne misura,
Con quella parte che su si rammenta
  Congiunto, si girava per le spire
  In che più tosto ognora s'appresenta.
Ed io era con lui; ma del salire
  Non m'accors' io, se non com' uom s'accorge,
  Anzi il primo pensier, del suo venire:
È Beatrice quella che sì scorge
  Di bene in meglio sì subitamente,
  Che l'atto suo per tempo non si sporge.
Quant'esser convenia da sè lucente
  Quel ch'era dentro al Sol dov' io entra' mi,
  Non per color, ma per lume parvente.
Perch' io lo ingegno e l'arte e l'uso chiami,
  Sì nol direi, che mai s'immaginasse;
  Ma creder puossi e di veder si brami.

Und wenn sie von der rechten Bahn sich trennte
  Mehr oder weniger, würde hier und dorten
  Gar vieles in der Weltenordnung fehlen.
Nun bleib, o Leser, auf der Bank nur sitzen
  Und überdenke, was dir dargeboten,
  Wenn du dich freuen willst und nicht ermüden.
Ich hab dir vorgelegt, nun mußt du speisen,
  Denn ich muß meine ganze Sorge wenden
  Auf jenen Stoff, den ich beschreiben möchte.
Von der Natur der Dienerinnen höchste,
  Die mit des Himmels Kraft die Welt durchdringet,
  Und uns die Zeiten mißt mit ihrem Lichte,
Die hat sich mit dem obgenannten Bilde
  Vereinigt, und sie folgte jenen Kreisen,
  In denen sie uns täglich früher aufgeht.
Und ich war bei ihr, doch ich hab das Steigen
  Gar nicht bemerkt, nur so wie ein Gedanke,
  Der neu gekommen, plötzlich uns bewußt wird.
Beatrice wars, die uns von einem Gute
  So plötzlich zu dem andern weiterführte,
  Daß ihre Handlung keine Zeit umspannte.
Wie sehr das aus sich selber leuchten mußte,
  Was in der Sonne war, die ich betreten,
  Nicht durch die Farbe, nur durch eigne Helle,
Das ist mit aller Kunst und allem Geiste
  Und der Erfahrung niemals vorzustellen,
  Nur glauben kann man's und zu schaun sich sehnen.

E se le fantasie nostre son basse
  A tanta altezza, non è maraviglia,
  Chè sopra il Sol non fu occhio ch'andasse.
Tal era quivi la quarta famiglia
  Dell'alto Padre, che sempre la sazia
  Mostrando come spira e come figlia.
E Beatrice cominciò: « Ringrazia,
  Ringrazia il Sol degli angeli, ch'a questo
  Sensibil t'ha levato per sua grazia.»
Cuor di mortal non fu mai sì digesto
  A divozione ed a rendersi a Dio
  Con tutto il suo gradir cotanto presto,
Come a quelle parole mi fec' io;
  E sì tutto il mio amore in lui si mise,
  Che Beatrice eclissò nell'oblio.
Non le dispiacque; ma sì se ne rise,
  Che lo splendor degli occhi suoi ridenti
  Mia mente unita in più cose divise.
Io vidi più fulgor vivi e vincenti
  Far di noi centro e di sè far corona,
  Più dolci in voce che in vista lucenti:
Così cinger la figlia di Latona
  Vedem talvolta, quando l'aere è pregno
  Sì che ritenga il fil che fa la zona.
Nella corte del cielo, ond' io rivegno,
  Si trovan molte gioie care e belle
  Tanto che non si posson trar del regno;

Daß unsre Bildkraft viel zu niedrig stehe
  Für solche Höhn, das ist nicht zu verwundern,
  Denn niemals drang ein Aug jenseits der Sonne.
Also war dort das vierte Hausgefolge
  Des hohen Vaters, der es immer sättigt
  Mit seines Geistes Hauch und seinem Sohne.
Und Beatrice sprach: «Der Engel Sonne
  Sag Dank, sag Dank, die dich hat steigen lassen
  Zur sichtbarn Sonne auf durch ihre Gnade.»
Kein sterblich Herz war je so tief ergriffen
  Von Frömmigkeit und Gott sich hinzugeben
  So sehr bereit mit allem seinem Streben,
Wie ich bei diesen Worten dort mich fühlte,
  Und so gehört' ihm meine ganze Liebe,
  Daß selbst Beatrice dort vergessen wurde.
Sie war nicht böse, sondern mußte lachen,
  So daß der Glanz vom Lächeln ihrer Augen
  Mein eines Denken in verschiedne teilte.
Und viele starke und lebendige Lichter
  Sah ich, die um uns einen Kranz geschlungen;
  Noch süßer war ihr Ton als hell ihr Leuchten.
So sehn wir manchmal auch den Mond umgürtet,
  Wenn rings um ihn die Luft von Dünsten schwanger
  Die Strahlen festhält, die zum Kranze werden.
Am Himmelshof, von dem ich hergekommen,
  Sind viele schöne teure Edelsteine,
  Die in dem Königreiche bleiben müssen;

E il canto di quei lumi era di quelle:
  Chi non s'impenna sì che lassù voli,
  Dal muto aspetti quindi le novelle.
Poi, sì cantando, quelli ardenti Soli
  Si fur girati intorno a noi tre volte,
  Come stelle vicine ai fermi poli,
Donne mi parver non da ballo sciolte,
  Ma che s'arrestin tacite, ascoltando
  Fin che le nuove note hanno ricolte.
E dentro all'un senti' cominciar: « Quando
  Lo raggio della grazia, onde s'accende
  Verace amore e che poi cresce amando,
Multiplicato in te tanto risplende,
  Che ti conduce su per quella scala
  U' senza risalir nessun discende;
Qual ti negasse il vin della sua fiala
  Per la tua sete, in libertà non fora
  Se non com'acqua ch'al mar non si cala.
Tu vuoi saper di quai piante s'infiora
  Questa ghirlanda, che intorno vagheggia
  La bella donna ch'al ciel t'avvalora.
Io fui degli agni della santa greggia
  Che Domenico mena per cammino,
  U' ben s'impingua se non si vaneggia.
Questi che m'è a destra più vicino,
  Frate e maestro fummi, ed esso Alberto
  È di Cologna, ed io Thomas d'Aquino.

Und jener Lichter Singen ist von denen.
  Wer nicht auf Flügeln sich zu ihnen schwinget,
  Der mag von Stummen ihre Lieder hören.
Und also singend sind die Glutensonnen
  Dreimal um uns im Kreis herumgezogen
  Wie Sterne, nahe ihrem festen Pole.
Sie schienen mir wie Frauen, die vom Tanze
  Zwar nicht sich lösen, aber schweigend harren,
  Bis sie die neuen Töne wieder hören.
Und eine hört ich sagen: «Sintemalen
  Der Gnade Strahl, an dem die wahre Liebe
  Entzündet wird, und welcher dann vielfältig
Durch Liebe wächst, in dir so sehr erglänzet,
  Daß er empor dich führt zu jenen Stufen,
  Die niemand ohne Wiederkehr betreten;
Wer deinem Durst den Wein aus seiner Schale
  Verweigern wollte, wär so fern der Freiheit
  Wie Wasser, das zum Meer nicht strömen wollte.
Du möchtest wissen, was für Blumen blühen
  In diesem Kranze, der die schöne Herrin
  Umwindet, die zum Himmel dich erhoben.
Ich bin ein Lamm aus jener heiligen Herde,
  Die auf dem Weg Dominikus geleitet,
  In der man gut gedeiht, wenn man nicht abschweift.
Der dort, der mir zur Rechten steht am nächsten,
  War Bruder mir und Meister, ist Albertus
  Aus Köln gewesen, ich Thomas Aquinus.

Se sì di tutti gli altri esser vuoi certo,
  Diretro al mio parlar ten vien col viso
  Girando su per lo beato serto.
Quell'altro fiammeggiare esce del riso
  Di Grazian, che l'uno e l'altro foro
  Aiutò sì che piace in paradiso.
L'altro ch'appresso adorna il nostro coro,
  Quel Pietro fu che con la poverella
  Offerse a Santa Chiesa suo tesoro.
La quinta luce, ch'è tra noi più bella,
  Spira di tale amor, che tutto il mondo
  Laggiù ne gola di saper novella.
Entro v'è l'alta mente u' sì profondo
  Saper fu messo, che, se il vero è vero,
  A veder tanto non surse il secondo.
Appresso vedi il lume di quel cero
  Che, giù in carne, più a dentro vide
  L'angelica natura e il ministero.
Nell'altra piccioletta luce ride
  Quell'avvocato dei tempi cristiani,
  Del cui latino Augustin si provide.
Or se tu l'occhio della mente trani
  Di luce in luce dietro alle mie lode,
  Già dell'ottava con sete rimani.
Per vedere ogni ben dentro vi gode
  L'anima santa, che il mondo fallace
  Fa manifesto a chi di lei ben ode.

Willst du die andern alle kennen lernen,
  So folge meinem Wort und laß die Augen
  Auf jenem seligen Blumenkranze kreisen.

Das nächste Leuchten kommt aus dem Gesichte
  Des Gratian, der hob die beiden Rechte
  So hoch, daß er das Paradies verdiente.

Der andre, der den Chor als nächster zieret,
  War jener Petrus, der wie einst die Witwe
  Der heiligen Kirche seine Schätze schenkte.

Das fünfte Licht, das hier am schönsten leuchtet,
  Strahlt solche Liebe aus, daß auf der Erde
  Ein jeder davon gerne wissen möchte.

Drin ist der hohe Geist, in dem so tiefe
  Weisheit gewohnt hat, daß, wenn Wahres wahr ist,
  Gleich viel zu sehen keiner je erstanden.

Hernach siehst du die Flamme jenes Lichtes,
  Das, noch im Leibe, die Natur der Engel
  So tief durchschauen durfte und ihr Walten.

Im nächsten, kleinen Lichte siehst du lächeln
  Den großen Anwalt aus den Christenzeiten,
  Der Augustinus sein Latein vererbte.

Wenn du mit deines Geistes Auge gleitest
  Von Licht zu Lichte, meinem Lobe folgend,
  Mußt du schon nach dem achten Durst empfinden.

Darin erfreut der Anblick alles Guten
  Die heilige Seele, die den Trug der Erde
  Dem, der recht auf sie hört, kann offenbaren.

Lo corpo ond'ella fu cacciata giace
  Giuso in Cieldauro; ed essa da martiro
  E da esilio venne a questa pace.
Vedi oltre fiammeggiar l'ardente spiro
  D'Isidoro, di Beda e di Riccardo,
  Che a considerar fu più che viro.
Questi onde a me ritorna il tuo riguardo,
  È il lume d'uno spirto, che in pensieri
  Gravi a morir gli parve venir tardo:
Essa è la luce eterna di Sigieri,
  Che, leggendo nel vico degli strami,
  Sillogizzò invidiosi veri.»
Indi, come orologio che ne chiami
  Nell'ora che la sposa di Dio surge
  A mattinar lo sposo perchè l'ami,
Che l'una parte l'altra tira ed urge,
  Tin tin sonando con sì dolce nota
  Che il ben disposto spirto d'amor turge;
Così vid' io la gloriosa ruota
  Muoversi e render voce a voce in tempra
  Ed in dolcezza, ch'esser non può nota
Se non colà dove gioir s'insempra.

Der Leib, aus dem sie einst vertrieben wurde,
  Ruht in Cieldauro, und aus der Verbannung
  Und Marter kam sie her in diesen Frieden.
Sieh weiterhin die Feuergeister leuchten
  Von Isidor, von Beda und von Ricardus,
  Der übermenschlich war in der Betrachtung.
Der dort, von dem dein Blick zu mir zurückkehrt,
  Der ist die Leuchte eines Geistes, welcher
  Im ernsten Denken nach dem Tod sich sehnte.
Es ist die ewige Leuchte des Sigerus,
  Der einstens in der Rue de Fouarre
  Mit scharfem Geiste bittre Wahrheit lehrte.∗
Dann, wie ein Uhrwerk, das die Stunde kündet,
  Da Gottes Braut am Morgen sich erhoben,
  Den Bräutigam zur Liebe aufzurufen;
Da alle Teile darin ziehn und treiben,
  Tin Tin erklingt mit also süßem Tone,
  Daß der bereite Geist aufwallt in Liebe;
So sah ich dort den ruhmesvollen Reigen
  Sich drehn und Stimm auf Stimme Antwort geben
  Mit solcher Süße, daß sie nur dort oben
Bekannt ist, wo die Freude ewig währet.

CANTO DECIMOPRIMO

O insensata cura dei mortali,
  Quanto son difettivi sillogismi
  Quei che ti fanno in basso batter l'ali!
Chi dietro a iura, e chi ad aforismi
  Sen giva, e chi seguendo sacerdozio,
  E chi regnar per forza o per sofismi,
E chi rubare, e chi civil negozio,
  Chi nel diletto della carne involto
  S'affaticava, e chi si dava all'ozio;
Quando, da tutte queste cose sciolto,
  Con Beatrice m'era suso in cielo
  Cotanto gloriosamente accolto.
Poi che ciascuno fu tornato ne lo
  Punto del cerchio in che avanti s'era,
  Fermossi, come a candelier candelo.
Ed io senti' dentro a quella lumera
  Che pria m'avea parlato, sorridendo
  Incominciar, facendosi più mera:

ELFTER GESANG

O unvernünftig doch der Menschen Sorge,
  Wie falsch sind alle die Gedankenspiele,
    Die deiner Flügel Schlag nach unten führen!
Der eine lief dem Rechte nach, der andre
  Der Heilkunst, einer hat die Priesterweihe,
    Ein andrer will durch Macht und Schlauheit herrschen;
Der ging dem Raube nach, der den Geschäften,
  Der war des Fleisches Lüsten hingegeben,
    Und jener war dem Müßiggang verfallen;
Als ich, von allen diesen Dingen ledig,
  Mit Beatrice dort im Himmel droben
    In solchem Glanze aufgenommen wurde.
Nachdem ein jeder wieder an dem Punkte
  Des Kreises war, wo er zuvor gewesen,
    Da stand er still wie Kerzen auf dem Leuchter,
Und ich vernahm vom Innern jenes Lichtes,
  Das erst zu mir gesprochen und nun lächelnd,
    Indem es heller wurde, zu mir sagte:

« *Così com' io del suo raggio risplendo,*
  Sì, riguardando nella luce eterna,
  Li tuoi pensieri onde cagioni apprendo.
Tu dubbi, ed hai voler che si ricerna
  In sì aperta e in sì distesa lingua
  Lo dicer mio, ch'al tuo sentir si sterna,
Ove dinanzi dissi ' U' ben s'impingua',
  E là u' dissi ' Non surse il secondo';
  E qui è uopo che ben si distingua.
La providenza, che governa il mondo
  Con quel consiglio nel quale ogni aspetto
  Creato è vinto pria che vada al fondo,
Però che andasse ver lo suo diletto
  La sposa di colui ch'ad alte grida
  Disposò lei col sangue benedetto,
In sè sicura ed anche a lui più fida,
  Due principi ordinò in suo favore,
  Che quinci e quindi le fosser per guida.
L'un fu tutto serafico in ardore;
  L'altro per sapienza in terra fue
  Di cherubica luce uno splendore.
Dell'un dirò, però che d'ambedue
  Si dice l'un pregiando, qual ch'uom prende,
  Perchè ad un fine fur l'opere sue.
Intra Tupino e l'acqua che discende
  Del colle eletto dal beato Ubaldo,
  Fertile costa d'alto monte pende,

« So wie ich selbst von seinen Strahlen glänze,
   So kann ich mit dem Blick zum ewigen Lichte
   Dein Denken bis auf seinen Grund erfahren.
Du zweifelst und du möchtest gern erkennen
   In solcher offenen und klaren Rede
   Mein Wort, daß es sich deinem Sinne öffne.
Dort wo ich sagte: ‚Wo man gut gedeihet‘;
   Und wo ich sagte: ‚Gleiches sah noch keiner‘;
   Und hier ist nötig, gut zu unterscheiden.
Die Vorsehung, die diese Welt regieret
   Mit jenem Ratschluß, dem ein irdisch Wesen
   Stets unterliegt, das auf den Grund will schauen,
Hat, um den Weg zu ihrer eignen Freude
   Die Braut des Herren, der mit lautem Rufen
   Sie einst mit seinem heiligen Blute freite,
In Sicherheit und Treue hinzuführen,
   Zwei Fürsten auserwählt zu ihrem Dienste,
   Die hier und dorten sie geleiten sollen.
Der eine brannte in seraphischen Gluten,
   Der andre war durch Weisheit schon auf Erden
   Ein Abglanz von dem Licht der Cherubine.
Vom einen will ich reden, denn von beiden
   Spricht man beim Preis des einen, gleichviel welchen,
   Denn beider Werke dienten einem Ziele.
Zwischen Tupino und dem Wasser, welches
   Von Sanct Ubaldus' Hügel niederfließet,
   Dehnt sich ein reicher Hang den Berg herunter,

Onde Perugia sente freddo e caldo
  Da Porta Sole; e diretro le piange
  Per grave giogo Nocera con Gualdo.
Di questa costa, là dov'ella frange
  Più sua rattezza, nacque al mondo un sole,
  Come fa questo talvolta di Gange.
Però chi d'esso loco fa parole,
  Non dica Ascesi, chè direbbe corto,
  Ma Oriente, se proprio dir vuole.
Non era ancor molto lontan dall'orto,
  Ch'ei cominciò a far sentir la terra
  Della sua gran virtute alcun conforto;
Chè per tal donna, giovinetto, in guerra
  Del padre corse, a cui, come alla morte,
  La porta del piacer nessun disserra;
E dinanzi alla sua spirital corte,
  Et coram patre le si fece unito;
  Poscia di dì in dì l'amò più forte.
Questa, privata del primo marito,
  Millecent'anni e più dispetta e scura
  Fino a costui si stette senza invito;
Nè valse udir che la trovò sicura
  Con Amiclate, al suon della sua voce,
  Colui ch'a tutto il mondo fè paura;
Nè valse esser costante nè feroce,
  Sì che, dove Maria rimase giuso,
  Ella con Cristo salse in su la croce.

Von dem Perugia Hitz und Kälte spüret
  Am Sonnentor, indes dahinter trauern
  Am rauhen Joche Gualdo und Nocera.
Es ward an diesem Hang, wo er die Steile
  Am meisten zähmt, geboren eine Sonne,
  Wie sie vom Ganges oftmals aufgestiegen.
Drum sollte, wer von diesem Orte redet,
  Nicht nur Ascesi, sondern Oriente
  Auch sagen, wenn er voll und recht will sprechen.
Er war von seinem Ausgang noch nicht ferne,
  Da ließ er schon von seiner großen Tugend
  Die Erde einen guten Trost erfahren.
Denn er erklärte Fehde seinem Vater
  Um eine Frau, der man, gleichwie dem Tode,
  Das Tor der Freude nicht zu öffnen pflegte.
Die hat er dann an jenem geistlichen Hofe
  Sich angetraut im Angesicht des Vaters
  Und liebte täglich sie mit größrer Liebe.
Sie war ja ihres ersten Gatten ledig
  Elfhundert Jahr und länger ganz verachtet
  Und nie umworben worden bis auf diesen.
Nichts half die Sage, daß sie bei Amyclas
  Beim Klange seiner Stimme fest gefunden
  Der, dem die ganze Erde sonst erbebte.
Nichts half es, daß sie treu und stark geblieben
  Dort, wo Maria drunten hat gestanden,
  Und sie mit Christus auf zum Kreuz gestiegen.

Ma perch' io non proceda troppo chiuso,
  Francesco e Povertà per questi amanti
  Prendi oramai nel mio parlar diffuso.
La lor concordia e i lor lieti sembianti,
  Amore e maraviglia e dolce sguardo
  Faceano esser cagion di pensier santi;
Tanto che il venerabile Bernardo
  Si scalzò primo, e dietro a tanta pace
  Corse e, correndo, gli parve esser tardo.
Oh ignota ricchezza, oh ben ferace!
  Scalzasi Egidio, scalzasi Silvestro
  Dietro allo sposo, sì la sposa piace.
Indi sen va quel padre e quel maestro
  Con la sua donna e con quella famiglia
  Che già legava l'umile capestro.
Nè gli gravò viltà di cuor le ciglia
  Per esser fi' di Pietro Bernardone,
  Nè per parer dispetto a maraviglia;
Ma regalmente sua dura intenzione
  Ad Innocenzio aperse, e da lui ebbe
  Primo sigillo a sua religione.
Poi che la gente poverella crebbe
  Dietro a costui, la cui mirabil vita
  Meglio in gloria del ciel si canterebbe,
Di seconda corona redimita
  Fu per Onorio dall'eterno Spiro
  La santa voglia d'esto archimandrita.

Doch, um nicht allzu dunkel zu erscheinen,
  Sollst du nunmehr Franziskus und die Armut
  Als liebend Paar in meine Rede setzen.
Die Eintracht und die Freude, die sie zeigten,
  Lieb und Verwunderung und süße Blicke,
  Die wurden Grund zu heiligen Gedanken,
So daß der ehrenwürdige Bernardo
  Auch barfuß ging und solchen Frieden suchte
  Und ihm das Laufen selbst noch langsam dünkte.
O fruchtbar Gut, o unbekannte Schätze,
  Barfuß folgt dann Ägidius, folgt Sylvester
  Dem Gatten, weil die Gattin so gefallen.
So zieht er hin als Vater und als Meister
  Mit seinem Weib und seinen Hausgenossen,
  Die schon der Strick der Demut hat umgürtet.
Ihm drückte Herzensfeigheit nicht die Brauen,
  Daß er der Sohn des Pietro Bernardone
  Und sich so wunderlich verächtlich zeigte.
Nein, königlich hat er die harten Pläne
  Vor Innozenz eröffnet und das erste
  Siegel für seinen Orden dort empfangen.
Als nun der armen Brüder mehr geworden
  Auf seiner Spur, von dessen Wunderleben
  Man besser in des Himmels Glorie sänge,
Da ward erneut mit einer zweiten Krone
  Vom Heiligen Geiste durch Honorius Hände
  Der heilige Wille dieses Oberhirten.

E poi che, per la sete del martiro,
  Nella presenza del Soldan superba
  Predicò Cristo e gli altri che il seguiro,
E per trovare a conversione acerba
  Troppo la gente, per non stare indarno
  Reddissi al frutto dell'italica erba;
Nel crudo sasso intra Tevero ed Arno
  Da Cristo prese l'ultimo sigillo,
  Che le sue membra due anni portarno.
Quando a colui ch'a tanto ben sortillo
  Piacque di trarlo suso alla mercede
  Ch'ei meritò nel suo farsi pusillo,
Ai frati suoi, sì come a giuste rede,
  Raccomandò la sua donna più cara,
  E comandò che l'amassero a fede,
E del suo grembo l'anima preclara
  Muover si volse, tornando al suo regno,
  Ed al suo corpo non volse altra bara.
Pensa oramai qual fu colui che degno
  Collega fu a mantener la barca
  Di Pietro in alto mar per dritto segno;
E questo fu il nostro patriarca;
  Per che qual segue lui com' ei comanda,
  Discerner puoi che buone merce carca.
Ma il suo peculio di nuova vivanda
  È fatto ghiotto, sì ch'esser non puote
  Che per diversi salti non si spanda;

Und als er dann aus Hunger nach den Martern
  Selbst vor den stolzen Sultan hingetreten,
  Von Christus lehrend und von seinen Jüngern,
Und er das Volk dort allzu hart gefunden
  Für die Bekehrung, nicht umsonst zu weilen,
  Wandt' er sich heimwärts zu Italiens Früchten;
Und er empfing im Felsen zwischen Tiber
  Und Arno Christi letzte Wunderzeichen,
  Die er zwei Jahre trug auf seinen Gliedern.
Als jener, der zum hohen Los ihn wählte,
  Ihn zu sich heimgeholt in seine Gnade,
  Die er verdient, indem er klein geworden,
Hat er den Brüdern, als den rechten Erben,
  Die teuerste der Gattinnen empfohlen,
  Und anbefohlen, sie getreu zu lieben.
Aus ihrem Schoße stieg die edle Seele
  Empor und kehrte heim zu ihrem Reiche;
  Dem Leibe wünscht er keine andre Bahre.
Bedenke nun, wie der gewesen, welcher
  Ein würdiger Bruder war, das Schifflein Petri
  Auf hohem Meer zum rechten Ziel zu führen.
Und dies war unsres Ordens großer Meister,
  Denn wer ihm folgt, so wie er es befohlen,
  Den siehst du immer gute Frachten laden.
Jedoch ist seine Herde jetzt begierig
  Nach neuem Fraß, und drum muß sie notwendig
  Sich nach verschiednen Triften nun verlaufen.

E quanto le sue pecore remote
  E vagabonde più da esso vanno,
  Più tornano all'ovil di latte vote.
Ben son di quelle che temono il danno
  E stringonsi al pastor; ma son sì poche,
  Che le cappe fornisce poco panno.
Or se le mie parole non son fioche
  E se la tua udienza è stata attenta,
  Se ciò c'ho detto alla mente rivoche,
In parte fia la tua voglia contenta,
  Perchè vedrai la pianta onde si scheggia,
  E vedrai il corregger che argomenta:
' U' ben s'impingua, se non si vaneggia'. »

Und wenn die Schafe weit und weiter schweifen
   Und ferne von ihm in die Irre gehen,
   Sieht man sie arm an Milch zum Stalle kehren.
Wohl gibt es solche, die den Schaden fürchten
   Und sich zum Hirten halten, doch so wenig,
   Daß wenig Stoff genügt zu ihren Kutten.
Nun sofern meine Worte kräftig waren,
   Und du mir aufmerksam Gehör geliehen,
   Und wenn du, was ich sagte, dir zurückrufst,
Dann wird zum Teil zufrieden sein dein Wille,
   Denn du wirst sehn, wo sich die Pflanze spaltet,
   Und siehst, warum ich mit dem Worte mahne:
‚In der man gut gedeiht, wenn man nicht abschweift.‘»

CANTO DECIMOSECONDO

Sì tosto come l'ultima parola
  La benedetta fiamma per dir tolse,
  A rotar cominciò la santa mola;
E nel suo giro tutta non si volse
  Prima ch'un' altra di cerchio la chiuse,
  E moto a moto e canto a canto colse;
Canto che tanto vince nostre muse,
  Nostre sirene in quelle dolci tube,
  Quanto primo splendor quel ch'ei refuse.
Come si volgon per tenera nube
  Due archi paralleli e concolori,
  Quando Junone a sua ancella iube,
Nascendo di quel d'entro quel di fuori,
  A guisa del parlar di quella vaga
  Ch'amor consunse come sol vapori;
E fanno qui la gente esser presaga,
  Per lo patto che Dio con Noè pose,
  Del mondo che giammai più non s'allaga;

ZWÖLFTER GESANG

Kaum hatte jene segensreiche Flamme
 Das letzte Wort der Rede ausgesprochen,
 Begann die heilige Mühle sich zu drehen.
Und noch war nicht ihr ganzer Kreis vollendet,
 Als eine andre kreisend sie umschlossen
 Und sich Bewegung und Gesang vereinten;
Gesang, der so sehr unsre Kunst besiegte,
 Unsre Sirenen, aus den süßen Tuben,
 Wie erster Glanz den Abglanz überwindet.
So wie in zarter Wolke sich erheben
 Zwei Regenbogen mit der gleichen Farbe,
 Wenn Juno ihrer Magd es anbefohlen,
Und aus dem Innern sich der äußre löset,
 So wie die Stimme jener schönen Nymphe,
 Die Lieb verzehrte wie den Dunst die Sonne.
Sie lassen hier die Menschen darauf schließen,
 Dem Bund gemäß, den Gott mit Noah machte,
 Daß nie die Welt mehr überflutet werde.

Così di quelle sempiterne rose
  Volgeansi circa noi le due ghirlande,
  E sì l'estrema all'intima rispose.
Poi che il tripudio e l'altra festa grande
  Sì del cantare e sì del fiammeggiarsi
  Luce con luce gaudiose e blande
Insieme a punto ed a voler quetarsi,
  Pur come gli occhi ch'al piacer che i muove
  Conviene insieme chiudere e levarsi;
Del cor dell'una delle luci nuove
  Si mosse voce, che l'ago alla stella
  Parer mi fece in volgermi al suo dove;
E cominciò: « L'amor che mi fa bella
  Mi tragge a ragionar dell'altro duca
  Per cui del mio sì ben ci si favella.
Degno è che, dov' è l'un, l'altro s'induca;
  Sì che, com'elli ad una militaro,
  Così la gloria loro insieme luca.
L'esercito di Cristo, che sì caro
  Costò a riarmar, dietro alla insegna
  Si movea tardo, sospiccioso e raro,
Quando lo imperador che sempre regna
  Provvide alla milizia, ch'era in forse,
  Per sola grazia, non per esser degna;
E come è detto, a sua sposa soccorse
  Con due campioni, al cui fare, al cui dire
  Lo popol disviato si raccorse.

So haben sich aus jener ewigen Rose
  Die beiden Kränze um uns her geflochten
  Und so entsprach der innre dem von außen.
Als dann der Reigen und das Festgefolge
  Sowohl mit Singen als mit Flammenleuchten,
  Licht neben Licht, mit mildem Glanz und Freude
Mit einem Willen plötzlich stille standen,
  So wie mit gleichem Willen des Bewegers
  Sich Augen öffnen oder schließen müssen.
Vom Herzen eines dieser neuen Lichter
  Stieg eine Stimme, die nach ihrer Stelle
  Mich wenden ließ wie nach dem Pol die Nadel.
Und es begann: «Die Liebe, die mich zieret,
  Drängt mich, vom andern Führer zu erzählen,
  Durch den von meinem kam so gute Rede.
Mit einem soll man auch den andern nennen,
  Damit, da sie zusammen einst gestritten,
  Sie auch im Ruhme hier zusammen leuchten.
Die Scharen Christi, die erneut zu waffnen
  Soviel gekostet, folgten ihren Zeichen
  Nur langsam, spärlich, ohne Überzeugung;
Da ließ der Kaiser, der da ewig herrschet,
  Dem zweifelnden Gefolge Hilfe kommen,
  Nicht weil es würdig, nur aus reiner Gnade;
Und gab, wie ich gesagt, der Braut zur Hilfe
  Die beiden Kämpen, deren Tun und Reden
  Das irre Volk zum rechten Wege führte.

In quella parte ove surge ad aprire
  Zefiro dolce le novelle fronde
  Di che si vede Europa rivestire,
Non molto lungi al percuoter dell'onde
  Dietro alle quali, per la lunga foga,
  Lo sol talvolta ad ogni uom si nasconde,
Siede la fortunata Calaroga
  Sotto la protezion del grande scudo
  In che soggiace il leone e soggioga.
Dentro vi nacque l'amoroso drudo
  Della fede cristiana, il santo atleta
  Benigno ai suoi ed ai nemici crudo.
E come fu creata, fu repleta
  Sì la sua mente di viva virtute,
  Che, nella madre, lei fece profeta.
Poi che le sponsalizie fur compiute
  Al sacro fonte intra lui e la fede,
  U' si dotar di mutua salute,
La donna che per lui l'assenso diede
  Vide nel sonno il mirabile frutto,
  Ch'uscir dovea di lui e delle rede.
E perchè fosse qual era in costrutto,
  Quinci si mosse spirito a nomarlo
  Del possessivo di cui era tutto:
Domenico fu detto; ed io ne parlo
  Sì come dell'agricola, che Cristo
  Elesse all'orto suo per aiutarlo.

In jenem Lande, wo des Zephirs Milde
  Anhebt, die neuen Knospen aufzuschließen,
  Mit denen sich Europa wieder kleidet,
Nicht allzuweit vom Schlag der Meereswellen,
  In denen sich nach ihrem langen Laufe
  Die Sonne oft verbirgt dem Blick der Menschen;
Dort liegt das reichbeglückte Calahorra
  Unter dem Schutze jenes großen Wappens,
  Das oben einen Löwen trägt und unten.
Darin erstand der liebende Geliebte
  Des Christenglaubens, jener heilige Kämpfer,
  Den Seinen gütig, grausam seinen Feinden.
Als sie geschaffen, war auch seine Seele
  Bereits erfüllt von solch lebendigen Kräften,
  Daß er die Mutter zur Prophetin machte.
Als später seine Hochzeit mit dem Glauben
  Am heiligen Brunnen abgeschlossen wurde,
  Wo sie sich wechselseitig Segen brachten,
Da sah die Frau, die für ihn Ja gesprochen,
  Im Traume jene wunderbaren Früchte,
  Die einst aus ihm und seinen Erben wuchsen.
Und damit, was er war, auch zu erkennen,
  Gab ihm des Geistes Hauch den Eigennamen
  Vom Namen dessen, dem er ganz gehörte.
Dominikus ward er genannt, und sprechen
  Will ich von ihm als von dem Ackermanne,
  Den Christus sich erwählt für seinen Garten.

Ben parve messo e famigliar di Cristo;
Chè il primo amor che in lui fu manifesto,
Fu al primo consiglio che diè Cristo.
Spesse fiate fu tacito e desto
Trovato in terra dalla sua nutrice,
Come dicesse: 'Io son venuto a questo.'
Oh padre suo veramente Felice!
Oh madre sua veramente Giovanna,
Se, interpretata, val come si dice!
Non per lo mondo, per cui mo' s'affanna
Diretro ad Ostiense ed a Taddeo,
Ma per amor della verace manna
In picciol tempo gran dottor si feo;
Tal che si mise a circuir la vigna
Che tosto imbianca, se il vignaio è reo.
Ed alla sedia, che fu già benigna
Più ai poveri giusti, non per lei,
Ma per colui che siede, che traligna,
Non dispensare o due o tre per sei,
Non la fortuna di prima vacante,
Non decimas, quae sunt pauperum Dei,
Addimandò; ma contro al mondo errante
Licenza di combatter per lo seme
Del qual ti fascian ventiquattro piante.
Poi con dottrina e con volere insieme
Con l'ufficio apostolico si mosse
Quasi torrente ch'alta vena preme;

Wohl wies er sich als Christi Knecht und Bote,
  Denn seine erste Liebe, die er zeigte,
  Galt schon dem ersten Rat aus Christi Munde.
Gar oftmals hat ihn seine Amme schweigend
  Und wach am Boden liegend angetroffen,
  Als sagte er: Dazu bin ich gekommen.
O du sein Vater nennst dich wahrhaft Felix!
  Du seine Mutter heißt mit Recht Johanna,
  Wenn wir die Namen richtig deuten können!
Nicht durch die Welt, die wendet ihre Mühe
  Auf den von Ostia und den Arzt Taddäus,
  Nein, durch die Liebe zu dem wahren Brote
Ward er in kurzer Zeit ein großer Lehrer,
  Und so ging er umher in jenem Weinberg,
  Der bald verdorrt, wenn unrecht ist der Winzer.
Und von dem Stuhle, der dereinst den armen
  Gerechten gütiger war, nicht aus sich selber,
  Nein, nur durch den Besitzer, der entartet,
Hat er den Ablaß nicht für sechse zweie
  Und nicht die nächste freigewordne Pfründe
  Und nicht den Zehnten für die Armen Gottes
Erbeten, sondern bat um die Erlaubnis,
  Im irren Volk zu kämpfen für den Samen,
  Aus dem die vierundzwanzig Bäume wuchsen.
Dann ist er mit der Lehre und dem Willen,
  Mit dem Apostelamte aufgebrochen,
  So wie ein Strom, den hohe Quellen treiben;

E negli sterpi eretici percosse
   L'impeto suo, più vivamente quivi
   Dove le resistenze eran più grosse.
Di lui si fecer poi diversi rivi,
   Onde l'orto cattolico si riga
   Sì che i suoi arbuscelli stan più vivi.
Se tal fu l'una ruota della biga
   In che la Santa Chiesa si difese
   E vinse in campo la sua civil briga,
Ben ti dovrebbe assai esser palese
   L'eccellenza dell'altra, di cui Tomma
   Dinanzi al mio venir fu sì cortese.
Ma l'orbita che fè la parte somma
   Di sua circonferenza, è derelitta,
   Sì ch'è la muffa dov' era la gromma.
La sua famiglia, che si mosse dritta
   Coi piedi alle sue orme, è tanto volta,
   Che quel dinanzi a quel diretro gitta.
E tosto si vedrà dalla ricolta
   Della mala cultura, quando il loglio
   Si lagnerà che l'arca gli sia tolta.
Ben dico, chi cercasse a foglio a foglio
   Nostro volume, ancor troveria carta
   U' leggerebbe: 'Io mi son quel ch'io soglio';
Ma non fia da Casal nè d'Acquasparta,
   Là onde vengon tali alla scrittura,
   Ch'uno la fugge, ed altro la coarta.

Und warf sich auf die abgeirrten Ranken
　Mit aller Wucht, und dort am allermeisten,
　Wo deren Widerstand am stärksten wirkte.
Von ihm entsprangen dann verschiedne Bäche,
　Die den katholischen Garten so bewässern,
　Daß seine Bäumlein immer besser wachsen.
Wenn dies das eine Rad war an dem Wagen,
　Mit dem die heilige Kirche sich gewappnet
　Und ihren Bürgerkrieg im Feld gewonnen,
So müßte dir die Herrlichkeit des andern
　Gar wohl bekannt sein, das vor meinem Kommen
　Dir Thomas also höflich hat gepriesen.
Jedoch die Spur, die seines Rades Bogen
　Mit seinem Umkreis macht, ist ganz verlassen,
　So daß jetzt Schimmel wächst anstatt der Kruste.
Und sein Gefolge, das geraden Weges
　Auf seinen Spuren ging, ist so verkehret,
　Daß auf die Hintern wohl die Vordern stoßen.
Und bald wird auf dem schlechtbebauten Felde
　Man's an der Ernte sehen, wenn die Lolche
　Mit Jammer aus der Scheune ausgestoßen.
Wohl sag ich, wer in eurem Buche suchte
　Von Blatt zu Blatt, der fände doch noch Seiten,
　Wo stünde: Ich bin so wie ich gewesen;
Doch nicht bei Aquasparta und Casale,
　Wo solche zu den Schriften hingekommen,
　Daß einer sie geflohn, der andre zwängte.

Io son la vita di Bonaventura
  Da Bagnoregio, che nei grandi uffici
  Sempre posposi la sinistra cura.
Illuminato ed Augustin son quici,
  Che fur dei primi scalzi poverelli
  Che nel capestro a Dio si fero amici.
Ugo da San Vittore è qui con elli,
  E Pietro Mangiadore e Pietro Ispano
  Lo qual giù luce in dodici libelli;
Natan profeta, e il metropolitano
  Crisostomo ed Anselmo e quel Donato
  Ch'alla prim'arte degnò porre mano.
Rabano è qui, e lucemi da lato
  Il calabrese abate Gioacchino
  Di spirito profetico dotato.
Ad inveggiar cotanto paladino
  Mi mosse l'infiammata cortesia
  Di fra Tommaso, e il discreto latino;
E mosse meco questa compagnia.»

Ich bin das Leben des Bonaventura
 Von Bagnoregio, der in hohen Ämtern
 Stets hintenan gesetzt der Erde Sorgen.
Illuminat ist hier und Augustinus,
 Die bei den ersten Barfußbrüdern waren
 Und mit dem Stricke Gottes Freunde wurden.
Auch Hugo von Sankt Viktor ist bei ihnen,
 Petrus Comestor und Petrus Hispanus,
 Der drunten mit zwölf Büchern Ruhm erworben;
Und Nathan, der Prophet, der Kirchenvater
 Chrysostomus, Anselmus und Donatus,
 Der zur Grammatik sich herabgelassen;
Rhabanus ist auch hier, und bei mir leuchtet
 Zur Seite Joachim, Abt aus Kalabrien,
 Der einst Prophetengabe hat besessen.
Den hohen Paladin nun auch zu preisen,
 Hat mich die glühende Höflichkeit getrieben
 Des Bruders Thomas und sein edles Sprechen;
Das hat mit mir auch diesen Kreis bewogen.»

CANTO DECIMOTERZO

Imagini chi bene intender cupe
   Quel ch'io or vidi e ritegna l'image,
   Mentre ch'io dico, come ferma rupe,
Quindici stelle che in diverse plage
   Lo cielo avvivan di tanto sereno,
   Che soperchia dell'aere ogni compage;
Imagini quel carro, a cui il seno
   Basta del nostro cielo e notte e giorno,
   Sì ch'al volger del temo non vien meno;
Imagini la bocca di quel corno
   Che si comincia in punta dello stelo
   A cui la prima ruota va dintorno,
Aver fatto di sè due segni in cielo,
   Qual fece la figliuola di Minoi
   Allora che sentì di morte il gelo;
E l'un nell'altro aver li raggi suoi,
   Ed ambedue girarsi per maniera
   Che l'uno andasse al prima e l'altro al poi;

DREIZEHNTER GESANG

Wer recht verstehen will, was ich dort oben
   Nunmehr gesehn, muß sich vor Augen stellen
   Und während meiner Rede fest behalten,
Es sein am Himmel droben fünfzehn Sterne,
   Die leuchten an verschiednem Ort so helle,
   Daß sie den Dunst der Lüfte stets durchdringen.
Stell dir den Wagen vor, dem schon der Busen
   An unsrem Himmel Tag und Nacht genüget,
   So daß er bei der Deichsel Drehn nicht schwindet,
Und nimm dazu die Mündung jenes Hornes,
   Das anfängt am Beginne jener Achse,
   Um die der erste Himmelskreis bewegt wird;
Laß sie am Himmel nun zwei Zeichen bilden,
   Wie es mit Minos' Tochter einst geschehen,
   Als sie des Todes Kälte fühlen mußte,
Und laß sie beide ihre Strahlen mischen
   Und beide dann auf solche Weise kreisen,
   Daß einer vorwärts, einer rückwärts wandelt;

Ed avrà quasi l'ombra della vera
  Costellazione e della doppia danza
  Che circulava il punto dov' io era;
Poi ch'è tanto di là da nostra usanza,
  Quanto di là dal muover della Chiana
  Si muove il ciel che tutti gli altri avanza.
Lì si cantò non Bacco, non Peana,
  Ma tre persone in divina natura,
  Ed in una persona essa e l'umana.
Compiè il cantare e il volger sua misura;
  Ed attesersi a noi quei santi lumi,
  Felicitando sè di cura in cura.
Ruppe il silenzio nei concordi numi
  Poscia la luce in che mirabil vita
  Del poverel di Dio narrata fumi,
E disse: « Quando l'una paglia è trita,
  Quando la sua semenza è già riposta,
  A batter l'altra dolce amor m'invita.
Tu credi che nel petto onde la costa
  Si trasse per formar la bella guancia
  Il cui palato a tutto il mondo costa;
Ed in quel che, forato dalla lancia,
  E poscia e prima tanto sodisfece
  Che d'ogni colpa vince la bilancia,
Quantunque alla natura umana lece
  Aver di lume, tutto fosse infuso
  Da quel Valor che l'uno e l'altro fece;

Dann wirst du ungefähr den Schatten haben
    Des wahren Sternbilds und des Doppelreigens,
    Der dort an jener Stelle um mich kreiste.
Er ist von unsrem Brauche so verschieden,
    Wie dort der Lauf des allerhöchsten Himmels
    Sich von der Chiana Fließen unterscheidet.
Dort sang man nicht von Bacchus, nicht den Päan,
    Nein, von der Gottnatur in drei Gestalten
    Und der Gestalt, die Gott und Mensch vereinigt.
Als Lied und Tänze dann ihr Maß vollendet,
    Da kehrten sich zu uns die heiligen Leuchten,
    Glückselig in dem Wechsel ihres Dienstes.
Das Schweigen der vereinten Himmelszeichen
    Brach dann die Leuchte, die das Wunderleben
    Des göttlichen Armen mir berichtet hatte.
Sie sprach: « Wenn eine Ladung leer gedroschen
    Und wenn ihr Korn schon weggeschaufelt wurde,
    Dann treibt mich Liebe auch zum Drusch der andern.
Du glaubst, daß in die Brust, aus der die Rippe
    Zu jenen schönen Wangen ward genommen,
    Für deren Gaumen alle Welt muß büßen,
Und daß in jenen mit der Lanze Wunden,
    Der vor- und nachher soviel hat erduldet,
    Daß alle Schuld ward von ihm aufgewogen,
Sei alles jenes Licht gegossen worden,
    Das je der menschlichen Natur gewähret
    Durch jene Macht, die beide hat erschaffen.

E però miri a ciò ch'io dissi suso,
  Quando narrai che non ebbe il secondo
  Lo ben che nella quinta luce è chiuso.
Or apri gli occhi a quel ch'io ti rispondo,
  E vedrai il tuo credere e il mio dire
  Nel vero farsi come centro in tondo.
Ciò che non muore e ciò che può morire
  Non è se non splendor di quella idea
  Che partorisce, amando, il nostro sire:
Chè quella viva luce che sì mea
  Dal suo lucente, che non si disuna
  Da lui nè dall'amor ch'a lor s'intrea,
Per sua bontate il suo raggiare aduna,
  Quasi specchiato, in nove sussistenze,
  Eternalmente rimanendosi una.
Quindi discende all'ultime potenze
  Giù d'atto in atto, tanto divenendo
  Che più non fa che brevi contingenze;
E queste contingenze essere intendo
  Le cose generate, che produce
  Con seme e senza seme il ciel movendo.
La cera di costoro e chi la duce,
  Non sta d'un modo; e però sotto il segno
  Ideale poi più e men traluce.
Ond'egli avvien ch'un medesimo legno,
  Secondo specie, meglio e peggio frutta;
  E voi nascete con diverso ingegno.

Drum wundert dich, was ich dir eben sagte,
 Da ich erzählte, es sei ohne gleichen
 Das Gute, das im fünften Licht beschlossen.
Nun mach die Augen auf und hör die Antwort,
 Dann siehst du, wie mein Wort und auch dein Glaube
 Sich in der Wahrheit als der Mitte treffen.
Das, was nicht stirbt und was bestimmt zu sterben,
 Ist alles nur ein Abglanz des Gedankens,
 Den unser Herr durch Liebe hat geboren.
Denn das lebendige Licht, das von der Leuchte
 Ausstrahlt, die niemals sich von ihm entfernte,
 Noch von der Liebe, die im Bund die dritte,
Vereint durch seine Kraft sein eignes Strahlen,
 Gleichsam gespiegelt, in neun Wesenheiten
 Und dennoch ewig seine Einheit wahrend.
Von dorten steigt es zu den letzten Mächten
 Von Grad zu Grad herunter, so verwandelt,
 Daß nur noch kurze Zufallswesen werden.
Und diese Zufallswesen, möcht ich sagen,
 Sind die erschaffnen Dinge, die der Himmel
 Durch Drehn hervorbringt mit und ohne Samen.
Ihr Wachs und ihre Prägung ist nicht immer
 Von gleicher Art, drum scheint aus ihrem Bilde
 Das Urbild stärker oder schwächer wider.
So kommt es, daß man aus dem gleichen Holze
 Je nach der Art verschiedne Früchte erntet
 Und ihr zur Welt kommt mit verschiednem Geiste.

Se fosse a punto la cera dedutta,
　E fosse il cielo in sua virtù suprema,
　La luce del suggel parrebbe tutta;
Ma la natura la dà sempre scema,
　Similemente operando all'artista,
　C'ha l'abito dell'arte e man che trema.
Però se il caldo amor la chiara vista
　Della prima virtù dispone e segna,
　Tutta la perfezion quivi s'acquista.
Così fu fatta già la terra degna
　Di tutta l'animal perfezione,
　Così fu fatta la Vergine pregna:
Sì ch'io commendo tua opinione,
　Che l'umana natura mai non fue
　Nè fia qual fu in quelle due persone.
Or s'io non procedessi avanti piue,
　'Dunque come costui fu senza pare?'
　Comincerebber le parole tue.
Ma perchè paia ben ciò che non pare,
　Pensa chi era, e la cagion che il mosse,
　Quando fu detto 'Chiedi,' a domandare.
Non ho parlato sì, che tu non posse
　Ben veder ch'ei fu re, che chiese senno
　Acciò che re sufficiente fosse;
Non per sapere il numero in che enno
　Li motor di qua su; o se necesse
　Con contingente mai necesse fenno;

Wenn dieses Wachs vollkommen wär gestaltet
 Und wenn der Himmel wär von höchster Wirkung,
 So wär das Licht der Prägung ganz zu sehen.
Doch die Natur gewährt es immer schwächer
 Und handelt so wie oft ein Künstler handelt;
 Er übt die Kunst, doch seine Hände zittern.
Wenn aber heiße Liebe klare Bilder
 Der höchsten Macht entwirft und ausgestaltet,
 Dann muß Vollkommenheit darin erscheinen.
So ist die Erde würdig einst geworden
 Für die Vollkommenheit der Lebewesen;
 So konnte auch die Jungfrau schwanger werden.
Drum muß ich deine erste Meinung loben,
 Denn niemals war ja die Natur der Menschen
 Und wird nie sein wie einst in jenen beiden.
Und wenn ich nun nicht weiter folgern würde,
 ‚Wie war nun aber jener ohne Gleichen?'
 So würden deine Worte dann beginnen.
Doch damit, was noch dunkel, klar erscheine,
 Bedenke, wer er war und was ihn antrieb
 Zu bitten, als man: ‚Bitte!' zu ihm sagte.
Ich sprach nicht so, daß dir nicht möglich wäre
 Zu sehn, daß er als König bat um Weisheit,
 Damit er ein vollkommner König würde;
Nicht nur die Zahl der himmlischen Beweger
 Zu wissen, ob Notwendigkeit zusammen
 Mit Zufall auch Notwendigkeit ergebe;

Non, si est dare primum motum esse,
  O se del mezzo cerchio far si puote
  Triangol sì ch'un retto non avesse.
Onde, se ciò ch'io dissi e questo note,
  Regal prudenza è quel vedere impari,
  In che lo stral di mia intenzion percuote;
E se al 'surse' drizzi gli occhi chiari,
  Vedrai aver solamente rispetto
  Ai regi, che son molti e i buon son rari.
Con questa distinzion prendi il mio detto;
  E così puote star con quel che credi
  Del primo padre e del nostro Diletto.
E questo ti sia sempre piombo ai piedi,
  Per farti muover lento com' uom lasso
  Ed al sì ed al no che tu non vedi:
Chè quegli è tra gli stolti bene a basso,
  Che senza distinzione afferma e nega
  Così nell'un come nell'altro passo;
Perch' egli incontra che più volte piega
  L'opinion corrente in falsa parte,
  E poi l'affetto l'intelletto lega.
Vie più che indarno da riva si parte,
  Perchè non torna tal qual ei si muove,
  Chi pesca per lo vero e non ha l'arte:
E di ciò sono al mondo aperte prove
  Parmenide, Melisso, e Brisso, e molti,
  Li quali andavano e non sapean dove:

Nicht, ob es eine Urbewegung gebe,
  Noch, ob im Halbkreis sich ein Dreieck finde,
  Das keinen rechten Winkel in sich berge.
Wenn du, was ich gesagt, und dies vernommen,
  Ist Königsweisheit solch besondres Schauen,
  Auf das ich meiner Absicht Pfeil gerichtet.
Wenn du das Ohnegleichen klar betrachtest,
  Dann wirst du sehn, es hat sich nur bezogen
  Auf Könige, die viel, doch selten gut sind.
Mit diesem Unterschied nimm meine Rede,
  Und so verträgt sie sich mit deiner Meinung
  Vom ersten Ahn und unsrem lieben Heiland.
Und dies sei immer Blei an deinen Füßen,
  Damit du langsam schreitest wie ein Müder
  Zum Ja und Nein, das du noch nicht gesehen.
Denn der steht wohl am tiefsten unter Toren,
  Der Ja und Nein sagt ohne Unterscheidung
  Sowohl beim einen wie beim andern Schritte.
Denn es geschieht, daß nach der falschen Seite
  Die Meinung sich in ihrem Laufe wendet
  Und dann die Leidenschaft die Geister fesselt.
Mehr als umsonst entfernt sich von dem Ufer,
  Wer ohne Kunst will nach der Wahrheit fischen,
  Weil er nicht heimkehrt wie er aufgebrochen.
Und dafür dient den Menschen zum Beweise
  Parmenides, Melissus, Bryson, viele,
  Die alle ziellos ihres Weges gingen.

Sì fè Sabellio ed Arrio e quegli stolti
  Che furon come spade alle Scritture
  In render torti li diritti volti.
Non sien le genti ancor troppo sicure
  A giudicar, sì come quei che stima
  Le biade in campo pria che sien mature:
Ch'io ho veduto tutto il verno prima
  Lo prun mostrarsi rigido e feroce,
  Poscia portar la rosa in sulla cima;
E legno vidi già dritto e veloce
  Correr lo mar per tutto suo cammino,
  Perire al fine all'entrar della foce.
Non creda donna Berta e ser Martino,
  Per vedere un furare, altro offerere,
  Vederli dentro al consiglio divino;
Chè quel può surgere, e quel può cadere.»

So tat Sabellius, Arius, all die Toren,
    Die einst wie Schwerter für die Schriften waren,
    Indem sie deren Angesicht entstellten.
Nicht allzu sicher sollten doch die Menschen
    Im Urteil sein, wie der, der das Getreide
    Im Felde schätzt noch eh es reif geworden.
Denn ich sah erst den ganzen Winter über
    Den Strauch gar rauh und ungezähmt erscheinen,
    Der später Rosen trug auf seiner Spitze;
Und sah ein Schifflein eilends und gerade
    Auf seinem ganzen Weg das Meer durchfahren
    Und schließlich untergehen nah dem Hafen.
Drum sollten Hinz und Kunz doch ja nicht glauben,
    Wenn sie den stehlen, jenen opfern sehen,
    Auch schon in Gottes Ratschluß ihn zu schauen,
Denn jener kann noch steigen, dieser fallen.»

CANTO DECIMOQUARTO

Dal centro al cerchio, e sì dal cerchio al centro,
  Muovesi l'acqua in un ritondo vaso,
  Secondo ch'è percossa fuori o dentro.
Nella mia mente fè subito caso
  Questo ch'io dico, sì come si tacque
  La gloriosa vita di Tommaso,
Per la similitudine che nacque
  Del suo parlare e di quel di Beatrice,
  A cui sì cominciar, dopo lui, piacque:
« A costui fa mestieri, e nol vi dice,
  Nè con la voce nè pensando ancora,
  D'un altro vero andare alla radice.
Ditegli se la luce, onde s'infiora
  Vostra sustanzia, rimarrà con voi
  Eternalmente sì com' ella è ora;
E se rimane, dite come, poi
  Che sarete visibili rifatti,
  Esser potrà ch'al veder non vi noi. »

VIERZEHNTER GESANG

Vom Mittelpunkt zum Rand, vom Rand zur Mitte
    Bewegt im runden Topfe sich das Wasser,
    Wenn man es mitten oder außen anrührt.
Das ist mir plötzlich in den Sinn gekommen,
    Was ich hier sage, als vor uns verstummte
    Des Heiligen Thomas ruhmesvolles Leben,
Weil eine ähnliche Erscheinung zeigte
    Sein Reden und das Reden Beatrices,
    Die nach ihm so zu sprechen nun geruhte:
« Dem dort ist nötig, doch er wills nicht sagen,
    Mit Worten nicht und auch nicht in Gedanken,
    Noch eine andre Wahrheit zu ergründen.
Sagt ihm, ob dieses Licht, das euer Wesen
    Als Blüte trägt, so wie es jetzo leuchtet,
    In Ewigkeit euch auch noch wird begleiten;
Und wenn es euch begleitet, sagt, wenn einstens
    Ihr wieder sichtbare Gestalt gewonnen,
    Wie es euch dann doch nicht am Schauen hindert. »

Come, da più letizia pinti e tratti,
  Alla fiata quei che vanno a ruota
  Levan la voce e rallegrano gli atti;
Così, all'orazion pronta e devota,
  Li santi cerchi mostrar nuova gioia
  Nel torneare e nella mira nota.
Qual si lamenta perchè qui si muoia
  Per viver colassù, non vide quive
  Lo rifrigerio dell'eterna ploia.
Quell' uno e due e tre che sempre vive
  E regna sempre in tre e due e uno,
  Non circoscritto e tutto circoscrive,
Tre volte era cantato da ciascuno
  Di quegli spiriti con tal melodia,
  Ch'ad ogni merto saria giusto muno.
Ed io udi' nella luce più dia
  Del minor cerchio una voce modesta,
  Forse qual fu dall'angelo a Maria,
Risponder: « Quanto fia lunga la festa
  Di paradiso, tanto il nostro amore
  Si raggerà dintorno cotal vesta.
La sua chiarezza seguita l'ardore,
  L'ardor la visione, e quella è tanta,
  Quant' ha di grazia sopra suo valore.
Come la carne gloriosa e santa
  Fia rivestita, la nostra persona
  Più grata fia per esser tutta quanta:

Wie von erhöhter Fröhlichkeit getrieben
   Die Tänzer oftmals hier in ihren Reigen
   Die Stimmen heben und sich freudiger regen,
So zeigten bei der schnellen frommen Bitte
   Die heiligen Kreise eine neue Freude
   In ihrem Tanz und wunderbaren Liede.
Wer sich beklagt, daß man hier unten sterbe,
   Um dort zu leben, der hat die Erfrischung
   Des ewigen Regens dort noch nie gesehen.
Der ewig lebt in seinen drei Gestalten
   Und ewig herrscht in drei und zwei und einer,
   Der nicht zu fassen, alles doch umfassend,
Der ist von jedem dieser Geister dreimal
   In einem solchen Lied besungen worden,
   Das jeglichem Verdienst genügen würde.
Und ich vernahm im göttlichsten der Lichter
   Des kleinern Kreises solch bescheidne Stimme,
   Wohl so wie die des Engels vor Maria.
Die sprach: « Solang dies Fest im Paradiese
   Noch dauert, solang wird auch unsre Liebe
   Sich noch mit diesem Strahlenkleid umhüllen.
Ihr Glanz muß immer ihren Gluten folgen,
   Die Glut dem Schauen, und dies um so reicher,
   Je mehr an Gnade ihren Wert erhöhte.
Wenn uns die heiligen, verklärten Leiber
   Einst wieder kleiden, werden die Gestalten
   Noch viel genehmer, weil sie dann vollkommen.

Per che s'accrescerà ciò che ne dona
  Di gratuito lume il sommo Bene,
  Lume ch'a lui veder ne condiziona;
Onde la vision crescer conviene,
  Crescer l'ardor che di quella s'accende,
  Crescer lo raggio che da esso viene.
Ma sì come carbon che fiamma rende,
  E per vivo candor quella soverchia,
  Sì che la sua parvenza si difende,
Così questo fulgor che già ne cerchia
  Fia vinto in apparenza dalla carne
  Che tutto dì la terra ricoperchia;
Nè potrà tanta luce affaticarne,
  Chè gli organi del corpo saran forti
  A tutto ciò che potrà dilettarne.»
Tanto mi parver subiti ed accorti
  E l'uno e l'altro coro a dicer «Amme!»,
  Che ben mostrar disio dei corpi morti;
Forse non pur per lor, ma per le mamme,
  Per li padri e per gli altri che fur cari
  Anzi che fosser sempiterne fiamme.
Ed ecco intorno, di chiarezza pari,
  Nascere un lustro sopra quel che v'era,
  Per guisa d'orizzonte che rischiari.
E sì come al salir di prima sera
  Comincian per lo ciel nuove parvenze,
  Sì che la vista pare e non par vera,

Dann wird noch wachsen, was das höchste Gute
 Uns an geschenktem Lichte hat verliehen,
 An Licht, das ihn zu schauen uns gestattet.
Davon muß dann auch unser Schauen wachsen;
 Es wächst die Glut, die sich daran entzündet,
 Es wächst das Licht, das ausstrahlt von den Gluten.
Doch so wie Kohle, die die Flamme nähret,
 Durch ihre helle Glut sie überleuchtet,
 So daß die eigene Gestalt nicht schwindet,
So wird auch diese Glut, die uns umgürtet,
 Einst überstrahlt von unsrem Leibe werden,
 Der heut noch in der Erde Schoß geborgen.
Auch kann uns soviel Leuchten nicht ermüden,
 Denn unsres Leibes Glieder werden stärker
 Für alles, was uns dient zu unsrer Freude.»
Es schienen mir so schnell und so behende
 Die beiden Chöre Amen einzustimmen,
 Daß sie die Sehnsucht nach dem Leibe zeigten;
Vielleicht nicht nur für sich, auch für die Mütter,
 Die Väter und für all die andern, welche
 Sie liebten, eh sie ewige Flammen wurden.
Und siehe, ringsum ist mit gleichem Glanze
 Ein Kranz erschienen über dem von vorher,
 So wie ein Horizont im neuen Lichte.
Und so wie bei dem Nahn des frühen Abends
 Am Himmel neue Sterne uns erscheinen,
 Daß man sie glaubt zu sehn und nicht zu sehen,

Parvemi lì novelle sussistenze
  Cominciare a vedere, e fare un giro
  Di fuor dall'altre due circonferenze.
Oh vero sfavillar del Santo Spiro!
  Come si fece subito e candente
  Agli occhi miei che, vinti, non soffriro!
Ma Beatrice sì bella e ridente
  Mi si mostrò, che tra quelle vedute
  Si vuol lasciar che non seguir la mente.
Quindi ripreser gli occhi miei virtute
  A rilevarsi; e vidimi translato
  Sol con mia donna in più alta salute.
Ben m'accors' io ch'io era più levato,
  Per l'affocato riso della stella,
  Che mi parea più roggio che l'usato.
Con tutto il cuore e con quella favella
  Ch'è una in tutti a Dio feci olocausto,
  Qual conveniasi alla grazia novella.
E non er'anco del mio petto esausto
  L'ardor del sacrificio, ch'io conobbi
  Esso litare stato accetto e fausto;
Chè con tanto lucore e tanto robbi
  M'apparvero splendor dentro a due raggi,
  Ch'io dissi: «O Eliòs che sì gli addobbi!»
Come distinta da minori e maggi
  Lumi biancheggia tra i poli de l mondo
  Galassia sì che fa dubbiar ben saggi;

So konnte ich dort neue Wesenheiten
  Auftauchen sehn und einen Kreis beschreiben
  Noch außerhalb der beiden andern Kreise.
O wahrhaft Funkensprühn des Heiligen Geistes,
  Wie schnell und glänzend ist er dort erschienen
  Vor meinen Augen, die ihn nicht ertrugen!
Doch Beatrice trat so schön und lachend
  Vor mich, daß ich sie unter jenen Bildern
  Verlassen mußte, meinem Sinn entschwunden.
Dann fanden meine Augen wieder Kräfte
  Um aufzuschaun; ich war emporgehoben
  Zu höherem Heil, allein mit meiner Herrin.
Wohl merkt ich, daß ich hochgetragen wurde
  An dem erglühten Lachen jenes Sternes,
  Der mir viel röter noch als sonst erschienen.
Mit ganzem Herzen und mit jener Sprache,
  Die allgemeinsam, bracht ich Gott ein Opfer,
  Wie sichs gebührte für die neue Gnade.
Und noch war nicht in meiner Brust erloschen
  Die Glut des Opfers, als ich schon erkannte,
  Daß meine Gaben glücklich angenommen.
Denn nun erschienen in zwei Strahlenhüllen
  Mir Leuchten mit so glühend rotem Lichte,
  Daß ich ausrief: «Wie schön, du Gott der Sonne!»
Wie unterschieden von den größern Sternen
  Und von den kleinern, zwischen beiden Polen
  Galaxia glänzt, ein Rätsel selbst den Weisen,

Sì costellati facean nel profondo
  Marte quei raggi il venerabil segno,
  Che fan giunture di quadranti in tondo.
Qui vince la memoria mia lo ingegno;
  Chè in quella croce lampeggiava Cristo
  Sì, ch'io non so trovare esemplo degno:
Ma chi prende sua croce e segue Cristo,
  Ancor mi scuserà di quel ch'io lasso,
  Vedendo in quell'albor balenar Cristo.
Di corno in corno, e tra la cima e il basso,
  Si movean lumi, scintillando forte
  Nel congiugnersi insieme e nel trapasso.
Così si veggion qui diritte e torte,
  Veloci e tarde, rinnovando vista,
  Le minuzie dei corpi, lunghe e corte,
Muoversi per lo raggio onde si lista
  Talvolta l'ombra che, per sua difesa,
  La gente con ingegno ed arte acquista.
E come giga ed arpa, in tempra tesa
  Di molte corde, fa dolce tintinno
  A tal da cui la nota non è intesa,
Così dai lumi che lì m'apparinno
  S'accogliea per la croce una melode
  Che mi rapiva, senza intender l'inno.
Ben m'accors' io ch'elli era d'alte lode,
  Però che a me venia « Risurgi » e « Vinci »,
  Come a colui che non intende e ode.

So angeordnet, formten in der Tiefe
  Des Mars die Strahlen jenes heilige Zeichen,
  Das die Quadranten in dem Kreis verbindet.
Hier überwältigt meinen Geist Erinnrung,
  Denn in dem Kreuze sah ich Christus leuchten,
  So daß ich keine Bilder dafür finde.
Doch wer sein Kreuz aufnimmt und Christus folget,
  Wird mir verzeihen, was ich unterlasse,
  Wenn ihm in jenem Glanze Christus leuchtet.
Von Arm zu Arm, vom Fuße bis zum Haupte
  Bewegten sich die Lichter, mächtig funkelnd,
  Wenn sie sich trafen und vorüberzogen.
So sieht man hier gerad und in der Quere,
  Langsam und schnell, in immer neuen Formen,
  Lang oder kurz, die allerkleinsten Körper
Im Sonnenlicht sich regen, das in Streifen
  Den Schatten oft durchzieht, den wohl die Menschen
  Mit Geist und Kunst zum Schutze sich bereitet.
So wie mit vielen Saiten Geig und Harfe,
  Gar wohl gestimmt, ein süßes Klingen geben
  Auch dem, der ihre Noten nicht verstanden,
Kam aus den Lichtern, die mir dort erschienen,
  Vom Kreuz her eine Melodie entgegen,
  Die mich entzückte ohne das Verstehen.
Ich merkte wohl, sie war zum höchsten Lobe,
  Denn dorther drang ein: «Du stehst auf als Sieger!»
  Zu mir, der hörte, ohne zu verstehen.

Io m'innamorava tanto quinci,
  Che infino a lì non fu alcuna cosa
  Che mi legasse con sì dolci vinci.
Forse la mia parola par troppo osa,
  Posponendo il piacer degli occhi belli,
  Nei quai mirando mio disio ha posa:
Ma chi s'avvede che i vivi suggelli
  D'ogni bellezza più fanno più suso,
  E ch'io non m'era lì rivolto a quelli,
Escusar puommi di quel ch'io m'accuso
  Per escusarmi, e vedermi dir vero;
  Chè il piacer santo non è qui dischiuso,
Perchè si fa, montando, più sincero.

Und ich war dort von Liebe so ergriffen,
  Daß bis dahin niemals etwas gewesen,
  Das mich gefesselt mit so süßen Banden.
Vielleicht scheint zu gewagt, was ich hier sage,
  Wenn ich der schönen Augen Glück verleugne,
  In denen meine Sehnsucht Ruhe findet.
Doch wer erkennt, daß die lebendigen Siegel
  Der höchsten Schönheit droben mehr vermögen
  Und ich mich dort auf sie noch nicht gewendet,
Kann mich entschuldigen ob dessen, was ich
  Zu recht entschuldigend mir vorgeworfen,
  Denn heilige Freude wird nicht ausgeschlossen,
Weil sie noch reiner wird im Höhersteigen.

CANTO DECIMOQUINTO

Benigna volontade, in che si liqua
   Sempre l'amor che drittamente spira,
   Come cupidità fa nell' iniqua,
Silenzio pose a quella dolce lira,
   E fece quietar le sante corde,
   Che la destra del cielo allenta e tira.
Come saranno ai giusti preghi sorde
   Quelle sustanze che, per darmi voglia
   Ch'io le pregassi, a tacer fur concorde?
Bene è che senza termine si doglia
   Chi, per amor di cosa che non duri,
   Eternalmente quello amor si spoglia.
Quale per li seren tranquilli e puri
   Discorre ad ora ad or subito fuoco,
   Movendo gli occhi che stavan sicuri,
E pare stella che tramuti loco,
   Se non che dalla parte ond'ei s'accende
   Nulla sen perde, ed esso dura poco;

FÜNFZEHNTER GESANG

Gütiger Wille, welcher stets entsprungen
  Aus Liebe, die auf rechte Weise atmet,
  So wie Begierde aus der falschen Liebe,
Der ließ nun jene süße Leier schweigen
  Und Ruhe halten jene heiligen Saiten,
  Die hier des Himmels Rechte spannt und lockert.
Wie sollten taub sein den gerechten Bitten
  Die Wesenheiten, die, um mich zu locken,
  Daß ich sie bäte, einig still geschwiegen.
Wohl müßte jener ewig weheklagen,
  Der nur aus Liebe zu vergänglichen Dingen
  Sich ewig diese Liebe rauben würde.
Wie oftmals durch die klaren, stillen Nächte
  Von Zeit zu Zeit ein plötzlich Feuer hinläuft
  Und auf sich lenkt die bisher ruhigen Augen,
Und scheint ein Stern, der seine Stelle wechselt,
  Nur daß am Ort, wo es entzündet wurde,
  Nichts fehlt und auch er selber kurz nur dauert:

Tale dal corno che in destro si stende
   A piè di quella croce corse un astro
   Della costellazion che lì risplende.
Nè si partì la gemma dal suo nastro,
   Ma per la lista radial trascorse,
   Che parve fuoco dietro ad alabastro.
Sì pia l'ombra d'Anchise si porse,
   Se fede merta nostra maggior musa,
   Quando in Eliso del figlio s'accorse.
« *O sanguis meus, o superinfusa*
   Gratia Dei! sicut tibi cui
   Bis unquam cœli ianua reclusa? »
Così quel lume. Ond'io m'attesi a lui;
   Poscia rivolsi alla mia donna il viso,
   E quinci e quindi stupefatto fui;
Chè dentro agli occhi suoi ardea un riso
   Tal, ch'io pensai coi miei toccar lo fondo
   Della mia grazia e del mio paradiso.
Indi, a udire ed a veder giocondo,
   Giunse lo spirto al suo principio cose,
   Ch'io non lo intesi, sì parlò profondo;
Nè per elezion mi si nascose,
   Ma per necessità, chè il suo concetto
   Al segno dei mortal si soprapose.
E quando l'arco dell'ardente affetto
   Fu sì sfogato, che il parlar discese
   Inver lo segno del nostro intelletto,

So lief vom Arm, der sich zur Rechten streckte,
  Zum Fuß des Kreuzes ein Gestirn herunter
  Von jenem Sternbild, das dort oben glänzet.
Der Edelstein ließ nicht von seinem Bande,
  Er lief herab auf dem Verbindungsstreifen
  Und schien wie Feuer hinter Alabaster.
So fromm kam einstens des Anchises Schatten,
  Wenn unsre höchste Muse glaubenswürdig,
  Als im Elysium er den Sohn erkannte.
« O du mein Blut, o welche übergroße
  Göttliche Gnade! Wem ward je die Pforte
  Des Himmels zweimal, so wie dir, erschlossen? »
So sprach das Licht, weshalb ich nach ihm schaute;
  Dann wandt ich das Gesicht zu meiner Herrin,
  Und beider Anblick machte mich erstaunen.
In ihren Augen brannte solches Lachen,
  Daß ich mit meinen in den Grund der Gnade
  Und meines Himmels einzutauchen glaubte.
Dann sprach, für Aug und Ohren eine Freude,
  Der Geist noch Dinge zu den schon gesagten,
  Die ich ob ihrer Tiefe nicht verstanden.
Er hat sich nicht mit Absicht mir verborgen;
  Es war notwendig so, weil sein Gedanke
  Nicht mit dem Maß der Sterblichen zu messen.
Und als der Bogen seiner heißen Liebe
  Sich so entladen, daß auch seine Rede
  Zum Ziele unsres Geists herabgestiegen,

La prima cosa che per me s'intese,
  « *Benedetto sie tu,* » *fu,* « *trino ed uno,*
  Che nel mio seme sei tanto cortese! »
E seguitò: « *Grato e lontan digiuno,*
  Tratto leggendo nel magno volume
  U'non si muta mai bianco nè bruno,
Soluto hai, figlio, dentro a questo lume
  In ch'io ti parlo, mercè di colei
  Ch'all'alto volo ti vestì le piume.
Tu credi che a me tuo pensier mei
  Da quel ch'è primo, così come raia
  Dall'un, se si conosce, il cinque e il sei;
E però ch'io mi sia e perch' io paia
  Più gaudioso a te, non mi domandi,
  Che alcun altro in questa turba gaia.
Tu credi il vero; chè i minori e i grandi
  Di questa vita miran nello speglio
  In che, prima che pensi, il pensier pandi.
Ma perchè il sacro amore in che io veglio
  Con perpetua vista e che m'asseta
  Di dolce disiar, s'adempia meglio,
La voce tua sicura, balda e lieta
  Suoni la volontà, suoni il disio,
  A che la mia risposta è già decreta! »
Io mi volsi a Beatrice; e quella udìo
  Pria ch'io parlassi, ed arrisemi un cenno
  Che fece crescer l'ali al voler mio:

Da war das Erste, was ich hören konnte:
«Sei, o Dreieiniger, gelobt», so sprach er,
«Daß du so höflich warest meinem Hause.»
Dann fuhr er fort: «Ein langes, frohes Sehnen,
  Das ich im großen Buche lesend hegte,
  In dem sich Schwarz und Weiß niemals verwandelt,
Hast du gelöst, mein Sohn, in diesem Lichte,
  Aus dem ich zu dir spreche, dank der Herrin,
  Die dir zum hohen Fluge gab die Flügel.
Du glaubst, daß zu mir dein Gedanke komme
  Von jenem Ersten, so wie abgeleitet
  Vom Eins, das uns bekannt, die Fünf und Sechse.
Und darum fragst du nicht nach meinem Namen
  Und warum ich viel fröhlicher erscheine
  Als alle andern in dem frohen Kreise.
Recht hat dein Glaube, denn die Groß und Kleinen
  In diesem Leben schauen in den Spiegel,
  In dem, bevor du denkst, dein Denken sichtbar.
Damit sich aber meine heilige Liebe,
  In der ich stets mit süßer Sehnsucht dürste
  Und schauend wache, besser noch erfülle,
Laß deine Stimme froh und kühn und sicher
  Mir deinen Wunsch und deine Sehnsucht künden,
  Für die ich meine Antwort schon bereitet.»
Ich wandt mich zu Beatrice, und sie hörte,
  Noch eh ich sprach, und lachte mir ein Zeichen,
  Das wachsen ließ die Flügel meines Willens.

Poi cominciai così: « *L'affetto e il senno,*
  Come la prima equalità v'apparse,
  D'un peso per ciascun di voi si fenno,
Però che il sol, che v'allumò ed arse
  Col caldo e con la luce, è sì eguali,
  Che tutte simiglianze sono scarse;
Ma voglia ed argomento nei mortali,
  Per la cagion ch'a voi è manifesta,
  Diversamente son pennuti in ali;
Ond' io, che son mortal, mi sento in questa
  Disagguaglianza, e però non ringrazio
  Se non col cuore alla paterna festa.
Ben supplico io a te, vivo topazio,
  Che questa gioia preziosa ingemmi,
  Perchè mi facci del tuo nome sazio. »
« *O fronda mia in che io compiacemmi*
  Pure aspettando, io fui la tua radice. »
  Cotal principio, rispondendo, femmi.
Poscia mi disse: « *Quel, da cui si dice*
  Tua cognazione e che cent'anni e piue
  Girato ha il monte in la prima cornice,
Mio figlio fu e tuo bisavol fue;
  Ben si convien che la lunga fatica
  Tu gli raccorci con l'opere tue.
Fiorenza dentro dalla cerchia antica,
  Ond'ella toglie ancora e terza e nona,
  Si stava in pace, sobria e pudica.

Dann sprach ich so: «Die Liebe und das Wissen
 Sind euch mit gleichem Maß verliehen worden,
 Seit euch das höchste Gleichgewicht erschienen;
Denn jene Sonne, die mit Licht und Wärme
 Euch brannte und erhellte, ist so stetig,
 Daß jeglicher Vergleich dafür nicht ausreicht.
Doch Wille und Verstand sind bei den Menschen
 Aus einem Grund, der euch gar wohl bekannt ist,
 Gefiedert mit verschieden großen Flügeln.
Drum fühl ich, der ich sterblich bin, nun diese
 Ungleichheit, und ich kann mit meinem Herzen
 Nur danken für die väterlichen Grüße.
Ich bitt dich herzlich, Edelstein voll Leben,
 Der dieses köstliche Gebilde zieret,
 Du mögest mich erfreun mit deinem Namen.»
«O du mein Sproß, schon lang mein Wohlgefallen
 In der Erwartung, ich war deine Wurzel.»
 So hat er seine Antwort da begonnen.
Dann sprach er: «Der, der erstmals deinen Namen
 Getragen und der mehr als hundert Jahre
 Den Berg umkreist auf seiner ersten Stufe,
Der ist mein Sohn und dein Urahn gewesen.
 Wohl ziemt es sich, daß du die lange Reise
 Ihm kürzen hilfst mit deinen guten Werken.
Es hat Florenz in seinen alten Mauern,
 An denen man noch Früh und Mittag läutet,
 Im Frieden einst gelebt, schamhaft und mäßig.

Non avea catenella, non corona,
  Non gonne contigiate, non cintura
  Che fosse a veder più che la persona.
Non faceva, nascendo, ancor paura
  La figlia al padre; chè il tempo e la dote
  Non fuggian quinci e quindi la misura.
Non avea case di famiglia vuote;
  Non v'era giunto ancor Sardanapalo
  A mostrar ciò che in camera si puote.
Non era vinto ancora Montemalo
  Dal vostro Uccellatoio, che, com' è vinto
  Nel montar su, così sarà nel calo.
Bellincion Berti vid' io andar cinto
  Di cuoio e d'osso, e venir dallo specchio
  La donna sua senza il viso dipinto;
E vidi quel dei Nerli e quel del Vecchio
  Esser contenti alla pelle scoperta,
  E le sue donne al fuso ed al pennecchio.
Oh fortunate! ciascuna era certa
  Della sua sepoltura, e ancor nulla
  Era per Francia nel letto diserta.
L'una vegghiava a studio della culla,
  E, consolando, usava l'idioma
  Che prima i padri e le madri trastulla;
L'altra, traendo alla rocca la chioma,
  Favoleggiava con la sua famiglia
  Dei Troiani, di Fiesole e di Roma.

Noch gab es keine Kettchen, keine Kronen,
  Geputzte Frauen nicht, und keine Gürtel,
  Die für das Auge mehr als die sie trugen.
Noch machte nicht bei der Geburt dem Vater
  Die Tochter Angst, denn Wartezeit und Mitgift,
  Die hatten noch das Maß nicht überschritten.
Noch gab es keine menschenleeren Häuser,
  Auch war Sardanapal noch nicht erschienen,
  Zu zeigen, was man in Gemächern konnte.
Da hat den Monte Mario noch nicht euer
  Uccellatoio übertroffen, welches
  Einst auch im Stürzen wird das erste bleiben.
Bellincion Berti sah ich da gegürtet
  Mit Bein und Leder gehn, und seine Gattin
  Sah ich vom Spiegel kommen ohne Schminke.
Und ich sah einen Nerli, einen Vecchio
  Mit ungeziertem Lederwams zufrieden,
  Und ihre Fraun bei Rocken und bei Spindel.
Glückselige Frauen, jede war noch sicher
  Der Grabesstätte, keine noch im Bette
  Um Frankreichs willen einsam und verlassen.
Die eine sah man an der Wiege wachen
  Und Trostesworte sprechen in der Sprache,
  Die erst erfreut die Väter und die Mütter.
Die andre, die man spinnen sah am Rocken,
  Erzählte ihrem Hausgesind Geschichten
  Von Rom, von Fiesole und den Trojanern.

Saria tenuta allor tal maraviglia
  Una Cianghella, un Lapo Salterello,
  Qual or saria Cincinnato e Corniglia.
A così riposato, a così bello
  Viver di cittadini, a così fida
  Cittadinanza, a così dolce ostello,
Maria mi diè, chiamata in alte grida;
  E nell'antico vostro Batisteo
  Insieme fui cristiano e Cacciaguida.
Moronto fu mio frate ed Eliseo:
  Mia donna venne a me di val di Pado;
  E quindi il soprannome tuo si feo.
Poi seguitai lo imperador Currado;
  Ed ei mi cinse della sua milizia,
  Tanto per bene oprar gli venni in grado.
Dietro gli andai incontro alla nequizia
  Di quella legge il cui popolo usurpa,
  Per colpa dei pastor, vostra giustizia.
Quivi fu' io da quella gente turpa
  Disviluppato dal mondo fallace,
  Lo cui amor molte anime deturpa;
E venni dal martirio a questa pace. »

Damals wär fast so wunderbar erschienen
   Cianghella oder Lapo Salterello
   Wie heute Cincinnatus und Cornelia.
In solch ein friedliches und schönes Leben
   Der Bürger, solche treue Stadtgemeinde,
   In solch ein liebes Haus hat mich Maria
Hineingelegt, als man sie laut gerufen.
   Und dort in eurem alten Batistero
   Ward ich zugleich ein Christ und Cacciaguida.
Moronto, Eliseo, meine Brüder.
   Vom Tal des Po ist meine Frau gekommen,
   Und sie hat ihren Namen dir gegeben.
Dann war ich bei des Kaisers Konrad Leuten;
   Er hat mich mit dem Ritterschwert gegürtet,
   So haben meine Taten ihm gefallen.
Mit ihm bin ich einst gegen jenen Glauben
   Ins Feld gezogen, dessen Volk sich anmaßt,
   Was euch gehörte, durch die Schuld der Hirten.
Dort wurde ich von jenen schändlichen Leuten
   Aus dieser trügerischen Welt getrieben,
   Die viele Seelen ins Verderben lockte,
Und kam aus Märtyrtum in diesen Frieden.

CANTO DECIMOSESTO

O poca nostra nobiltà di sangue,
   Se gloriar di te la gente fai
   Quaggiù dove l'affetto nostro langue,
Mirabil cosa non mi sarà mai;
   Chè là dove appetito non si torce,
   Dico nel cielo, io me ne gloriai.
Ben sei tu manto che tosto raccorce;
   Sì che, se non s'appon di die in die,
   Lo tempo va dintorno con le force.
Dal « voi », che prima Roma sofferie,
   In che la sua famiglia men persevra,
   Ricominciaron le parole mie;
Onde Beatrice, ch'era un poco scevra,
   Ridendo, parve quella che tossio
   Al primo fallo scritto di Ginevra.
Io cominciai: « Voi siete il padre mio;
   Voi mi date a parlar tutta baldezza;
   Voi mi levate sì, ch'io son più ch'io.

SECHZEHNTER GESANG

O du geringer Adel unsres Blutes,
   Wenn deiner sich die Menschen rühmen mögen
   Hier unten, wo noch wankend unsre Liebe,
Wird dies mir nie verwunderlich erscheinen,
   Denn dort, wo kein Verlangen sich verirret,
   Im Himmel droben, rühmte ich mich seiner.
Du bist ein Mantel, der gar bald zu kurz wird,
   So daß, wenn man nicht täglich ihn verlängert,
   Die Zeit daran herumgeht mit der Schere.
Mit „Ihr", das Rom zum erstenmal geduldet,
   An dem jedoch sein Volk nicht festgehalten,
   Begann ich dann aufs neue meine Worte;
Weshalb Beatrice, etwas abseits stehend
   Und lächelnd jener glich, die einst gehustet
   Beim ersten Fehltritt, den Ginevra machte.
Ich sagte so zu ihm: « Ihr seid mein Vater,
   Ihr gebt mir allen Mut zu meiner Rede,
   Ihr hebt mich, daß ich selbst mich übersteige.

Per tanti rivi s'empie d'allegrezza
  La mente mia, che di sè fa letizia,
  Perchè può sostener che non si spezza.
Ditemi dunque, cara mia primizia,
  Quai fur li vostri antichi, e quai fur gli anni
  Che si segnaro in vostra puerizia:
Ditemi dell'ovil di San Giovanni
  Quanto era allora, e chi eran le genti
  Tra esso degne di più alti scanni.»
Come s'avviva allo spirar dei venti
  Carbone in fiamma, così vid' io quella
  Luce risplendere ai miei blandimenti;
E come agli occhi miei si fè più bella,
  Così con voce più dolce e soave,
  Ma non con questa moderna favella,
Dissemi: « Da quel dì che fu detto 'Ave',
  Al parto in che mia madre, ch'è or santa,
  S'alleviò di me ond'era grave,
Al suo Leon cinquecento cinquanta
  E trenta fiate venne questo fuoco
  A rinfiammarsi sotto la sua pianta.
Gli antichi miei ed io nacqui nel loco
  Dove si trova pria l'ultimo sesto
  Da quel che corre il vostro annual giuoco.
Basti dei miei maggiori udirne questo:
  Chi ei si fosser ed onde venner quivi,
  Più è tacer che ragionare onesto.

Aus soviel Strömen füllt sich meine Seele
  Mit Fröhlichkeit, ja sie wird selbst zur Freude,
  Daß sie es aushält, ohne zu zerspringen.
So wollet denn, mein lieber Ahn, mir sagen,
  Wer eure Eltern waren, und die Jahre
  Beschreiben, die ihr einst als Kind erlebtet.
Erzählt mir von der Stadt des Sankt Johannes,
  Wie groß sie damals war und wer die Leute,
  Die dort der höchsten Sitze würdig waren.»
So wie ein Kohlenstück in einer Flamme
  Beim Hauch des Winds erglüht, so sah ich jene
  Leuchte erglühn bei meinen Schmeichelworten.
Und wie sie meinen Augen schöner wurde,
  So sprach sie auch mit einer süßern Stimme,
  Nicht in der Sprache, die wir heute sprechen:
«Seit jenem Tag, da ‚Ave‘ ward verkündet,
  Bis zur Geburt, da meine Mutter, welche
  Nun selig ist, sich meiner hat entledigt,
Ist dieser Stern fünfhundertachtzig Male
  Zum Bilde seines Löwen hergekommen,
  Zu seinen Füßen neu sich zu entflammen.
Ich ward, wie meine Ahnen, dort geboren,
  Wo der zuerst an seinem Ziele anlangt,
  Der euren Jahreswettlauf mitgelaufen.
Das mag von meinen Vorfahrn dir genügen.
  Wer sie gewesen, woher sie gekommen,
  Ist besser zu verschweigen als zu sagen.

Tutti color ch'a quel tempo eran ivi
   Da portar arme, tra Marte e il Batista,
   Erano il quinto di quei ch'or son vivi;
Ma la cittadinanza, ch'è or mista
   Di Campi, di Certaldo e di Fegghine,
   Pura vedeasi nell'ultimo artista.
Oh quanto fora meglio esser vicine
   Quelle genti ch'io dico, ed al Galluzzo
   Ed a Trespiano aver vostro confine,
Che averle dentro, e sostener lo puzzo
   Del villan d'Aguglion, di quel da Signa,
   Che già per barattare ha l'occhio aguzzo!
Se la gente ch'al mondo più traligna,
   Non fosse stata a Cesare noverca,
   Ma come madre a suo figliuol benigna,
Tal fatto è fiorentino e cambia e merca,
   Che si sarebbe volto a Semifonti,
   Là dove andava l'avolo alla cerca;
Sariasi Montemurlo ancor dei Conti;
   Sariano i Cerchi nel pivier d'Acone,
   E forse in Valdigreve i Buondelmonti.
Sempre la confusion delle persone
   Principio fu del mal della cittade,
   Come del vostro il cibo che s'appone;
E cieco toro più avaccio cade
   Che cieco agnello; e molte volte taglia
   Più e meglio una che le cinque spade.

Die Männer, welche Waffen tragen konnten
  Zu jener Zeit, vom Marsbild bis zum Täufer,
  Die waren nur ein Fünftel der von heute.
Jedoch die Bürgerschaft, die jetzt gemischt ist
  Aus Campi, aus Certaldo und aus Figghine,
  Die war noch rein bis zu dem letzten Lehrling.
Viel besser wären Nachbarn nur geblieben,
  Die ich genannt, und wäre bei Galluzzo
  Und bei Trespiano heut noch eure Grenze,
Als daß nun eure Stadt den Stank des Bauern
  Von Aguglion, von Signa muß ertragen,
  Der schon umherspäht, um Betrug zu üben.
Wenn, die am meisten aus der Art geschlagen,
  Stiefmütterlich den Kaiser nicht behandelt,
  Vielmehr mit Güte wie den Sohn die Mutter,
Wär mancher in Florenz, der kauft und handelt,
  Wohl wieder heimgekehrt nach Semifonte,
  Wo seine Väter einst noch Bettler waren,
Gehörte Montemurlo noch den Grafen,
  Die Cerchi wären noch im Dorf Acone,
  Und wohl in Grevetal die Buondelmonte.
Stets brachte ja die Mischung der Personen
  Den Anbeginn des Unheils für die Städte
  Wie für den Leib die Speisen, die er aufnimmt.
Auch wird ein blinder Stier viel schneller stürzen
  Als blinde Schafe, und gar oftmals schneidet
  Ein Schwert viel tüchtiger als deren fünfe.

Se tu riguardi Luni ed Urbisaglia
  Come sono ite, e come se ne vanno
  Diretro ad esse Chiusi e Sinigaglia,
Udir come le schiatte si disfanno
  Non ti parrà nuova cosa nè forte,
  Poscia che le cittadi termine hanno.
Le vostre cose tutte hanno lor morte,
  Sì come voi; ma celasi in alcuna
  Che dura molto, e le vite son corte;
E come il volger del ciel della Luna
  Cuopre e discuopre i liti senza posa.
  Così fa di Fiorenza la fortuna;
Per che non dee parer mirabil cosa
  Ciò ch'io dirò degli alti Fiorentini,
  Onde la fama nel tempo è nascosa.
Io vidi gli Ughi, e vidi i Catellini,
  Filippi, Greci, Ormanni ed Alberichi,
  Già nel calare, illustri cittadini;
E vidi così grandi come antichi,
  Con quel della Sannella quel dell'Arca,
  E Soldanieri ed Ardinghi e Bostichi.
Sopra la porta ch'al presente è carca
  Di nuova fellonia di tanto peso
  Che tosto fia iattura della barca,
Erano i Ravignani, ond' è disceso
  Il conte Guido e qualunque del nome
  Dell'alto Bellincione ha poscia preso.

Wenn du auf Luni schaust und Urbisaglia,
    Wie sie gestürzt und wie nach ihnen folgten
    Im Niedergang Chiusi und Sinigaglia,
Dann wird dir gar nicht mehr erstaunlich scheinen
    Zu hören, wie Geschlechter untergehen,
    Da auch die Städte selbst ein Ende haben.
All eure Dinge streben nach dem Tode
    So wie auch ihr, nur ist es oft verborgen
    Bei langer Dauer, während kurz das Leben.
So wie bei seinem Drehn des Mondes Himmel
    Ohn Unterlaß verwandelt die Gestade,
    So handelt mit Fiorenza die Fortuna.
Drum darf dir auch nicht wunderbar erscheinen,
    Was ich von großen Florentinern sage,
    Die mit der Zeit schon ihren Ruhm verloren.
Ich sah die Ughi, sah die Catellini,
    Filippi, Greci, Ormanni und Alberighi
    Im Niedergang, berühmte Bürgerhäuser,
Und ich sah noch in ihrer alten Größe
    Mit denen der Sanella und der Arca
    Die Soldanieri, Ardinghi und Bostichi.
Dort an dem Tor, das heutzutag den neuen
    Verrat von solcher Schwere hat zu tragen,
    Daß bald das Schiff wird untergehen müssen,
Wohnten die Ravignani einst, die Ahnen
    Des Grafen Guido sowie aller derer,
    Die nach dem hohen Bellincion sich nannten.

Quel della Pressa sapeva già come
  Regger si vuole, ed avea Galigaio
  Dorata in casa sua già l'elsa e il pome.
Grande era già la colonna del Vaio:
  Sacchetti, Giuochi, Fifanti e Barucci
  E Galli e quei ch'arrossan per lo staio.
Lo ceppo di che nacquero i Calfucci
  Era già grande, e già erano tratti
  Alle curule Sizii ed Arrigucci.
Oh quali io vidi quei che son disfatti
  Per lor superbia! e le palle dell'oro
  Fiorian Fiorenza in tutti suoi gran fatti.
Così facean li padri di coloro
  Che, sempre che la vostra chiesa vaca,
  Si fanno grassi stando a consistoro.
L'oltracotata schiatta che s'indraca
  Dietro a chi fugge, e a chi mostra il dente
  Ovver la borsa com'agnel si placa,
Già venia su, ma di picciola gente;
  Sì che non piacque ad Ubertin Donato
  Che poi il suocero il fè lor parente.
Già era il Caponsacco nel Mercato
  Disceso giù da Fiesole, e già era
  Buon cittadino Giuda ed Infangato.
Io dirò cosa incredibile e vera:
  Nel picciol cerchio s'entrava per porta
  Che si nomava da quei della Pera.

Der Herr von Pressa hatte schon erfahren,
   Wie man regiert; es hatte Galigaio
   In seinem Haus den Schwertgriff schon vergoldet.
Schon war die Vaio-Säule groß geworden,
   Sacchetti, Giuochi, Fifanti und Barucci,
   Galli und die beim Scheffelmaß erröten.
Der Stamm, aus welchem die Calfucci kommen,
   Der war schon groß; schon sah man zu den Ämtern
   Emporgestiegen Sizii und Arigucci.
O wieviel sah ich dort, die untergingen
   Durch ihren Hochmut! Und die goldnen Kugeln
   Schmückten Florenz bei allen großen Taten.
So taten auch die Väter derer, welche,
   So oft ein Sitz in eurer Kirche leer ist,
   Sich unterdessen an den Gütern mästen.
Die freche Sippe, die wie Drachen wütet,
   Wenn einer flieht, und sanft ist wie ein Lämmlein
   Zu allen, die Zahn oder Börse zeigen,
Kam schon empor, jedoch von kleinen Leuten;
   Drum hat es dem Donato nicht gefallen,
   Daß sie der Schwäher zu Verwandten machte.
Schon war der Caponsacco zu dem Markte
   Von Fiesole gekommen und schon waren
   Giuda und Infangato gute Bürger.
Ich sag etwas Unglaubliches, doch Wahres:
   Man kam zur Innenstadt durch eine Pforte,
   Die nannte sich nach denen Della Pera.

Ciascun che della bella insegna porta
  Del gran barone il cui nome e il cui pregio
  La festa di Tommaso riconforta,
Da esso ebbe milizia e privilegio;
  Avvegna che col popol si rauni
  Oggi colui che la fascia col fregio.
Già eran Gualterotti ed Importuni;
  E ancor saria Borgo più quieto,
  Se di nuovi vicin fosser digiuni.
La casa di che nacque il vostro fleto,
  Per lo giusto disdegno che v'ha morti,
  E pose fine al vostro viver lieto,
Era onorata, essa e suoi consorti.
  O Buondelmonte, quanto mal fuggisti
  Le nozze sue per gli altrui conforti!
Molti sarebber lieti, che son tristi,
  Se Dio t'avesse conceduto ad Ema
  La prima volta ch'a città venisti.
Ma conveniasi a quella pietra scema
  Che guarda il ponte che Fiorenza fesse
  Vittima nella sua pace postrema.
Con queste genti, e con altre con esse,
  Vid' io Fiorenza in sì fatto riposo,
  Che non avea cagione onde piangesse:
Con queste genti vid' io glorioso
  E giusto il popol suo, tanto che il giglio
  Non era ad asta mai posto a ritroso,
Nè per division fatto vermiglio.»

Ein jeder, welcher mit dem schönen Zeichen
  Des großen Herrn sich schmückte, dessen Namen
  Und Preis am Thomastage wird gefeiert,
Bekam von ihm die ritterlichen Rechte,
  Indessen mit dem Pöbel sich verbindet
  Jetzt der, der es mit goldnem Saum getragen.
Einst lebten Gualterotti und Importuni
  Und auch ihr Borgo lebte noch im Frieden,
  Wenn er nach neuen Nachbarn nicht begehrte.
Das Haus, das euer Unheil hat geboren
  Und viele Morde aus gerechtem Zorne
  Und euer glücklich Leben hat beendet,
Das war mit all den Seinen hochgeachtet.
  O Buondelmonte, schlecht warst du beraten,
  Als du dort die Vermählung ausgeschlagen!
Gar viele wären fröhlich, die nun klagen,
  Hätt Gott dich in die Ema stürzen lassen,
  Als du zum erstenmal zur Stadt gekommen.
Jedoch geziemte jenem blöden Steine,
  Der auf die Brücke schaut, daß an dem Ende
  Der Friedenszeit Florenz ein Opfer brachte.
Mit diesen Leuten und mit vielen andern
  Sah ich Florenz in solchen ruhigen Tagen,
  Daß es zum Weinen keine Ursach hatte.
Mit diesen Leuten sah ich recht und rühmlich
  Sein Volk, so daß noch niemals seine Lilie
  An seine Lanze umgekehrt geheftet
Und nicht durch Zwist die rote Farbe zeigte.

CANTO DECIMOSETTIMO

Qual venne a Climenè, per accertarsi
  Di ciò ch'avea incontro a sè udito,
  Quei ch'ancor fa li padri ai figli scarsi;
Tal era io, e tal era sentito
  E da Beatrice e dalla santa lampa,
  Che pria per me avea mutato sito.
Per che mia donna « Manda fuor la vampa
  Del tuo disio,» mi disse, « sì ch'ella esca
  Segnata bene della interna stampa;
Non perchè nostra conoscenza cresca
  Per tuo parlare, ma perchè t'ausi
  A dir la sete, sì che l'uom ti mesca.»
« O cara piota mia che sì t'insusi,
  Che, come veggion le terrene menti
  Non capere in triangolo due ottusi,
Così vedi le cose contingenti
  Anzi che sieno in sè, mirando il punto
  A cui tutti li tempi son presenti;

SIEBZEHNTER GESANG

So wie zu Climene sich fragend wandte
   Nach dem, was gegen ihn gesprochen worden,
   Der, welcher stets zur Strenge mahnt die Väter,
So tat ich und so habe ich gesprochen
   Zu Beatrice und der heiligen Leuchte,
   Die mir zuliebe ihren Ort verlassen.
Und meine Herrin: « Laß heraus die Flamme
   Der Sehnsucht», sprach sie, « daß sie offen zeige
   Das rechte Zeichen ihrer innern Prägung;
Nicht, damit unser Wissen sich vermehre
   Durch deine Rede, nein, damit du lernest,
   Den Durst zu sagen, und man ihn dir stille.»
«Mein teurer Ursprung, der so hoch gestiegen,
   Daß, wie der Menschen Geister sehen können,
   Daß nicht zwei Stumpfe in ein Dreieck gehen,
Du ebenso erkennst das Weltgeschehen
   Noch eh es ist, nur nach dem Punkte schauend,
   In dem die Zeiten alle gegenwärtig.

Mentre ch'io era a Virgilio congiunto
  Su per lo monte che l'anime cura
  E discendendo nel mondo defunto,
Dette mi fur di mia vita futura
  Parole gravi, avvegna ch'io mi senta
  Ben tetragono ai colpi di ventura.
Per che la voglia mia saria contenta
  D'intender qual fortuna mi s'appressa;
  Chè saetta previsa vien più lenta.»
Così diss' io a quella luce stessa
  Che pria m'avea parlato; e come volle
  Beatrice, fu la mia voglia confessa.
Nè per ambage, in che la gente folle
  Già s'inviscava pria che fosse anciso
  L'Agnel di Dio che le peccata tolle,
Ma per chiare parole e con preciso
  Latin rispose quell'amor paterno,
  Chiuso e parvente del suo proprio riso:
« La contingenza, che fuor del quaderno
  Della vostra materia non si stende,
  Tutta è dipinta nel cospetto eterno:
Necessità però quindi non prende,
  Se non come dal viso in che si specchia
  Nave che per corrente giù discende.
Da indi, sì come viene ad orecchia
  Dolce armonia da organo, mi viene
  A vista il tempo che ti s'apparecchia.

Solang ich mit Virgil zusammen weilte
  Dort auf dem Berge, der die Seelen läutert,
  Und niedersteigend in die Welt der Toten,
Da hört ich über mein zukünftiges Leben
  Manch hartes Wort, obwohl ich mich vierschrötig
  Den Schicksalschlägen gegenüber fühle.
Drum würdest du mir einen Wunsch erfüllen,
  Wenn du mir sagtest, welches Schicksal wartet;
  Denn Pfeile, die man sieht, sind minder schnelle.»
So hab ich jene Leuchte angesprochen,
  Die erst zu mir sprach, und wie Beatrice
  Es wollte, hab ich meinen Wunsch eröffnet.
Nicht mit den Rätseln, die dereinst ergötzten
  Ein heidnisch Volk, bevor gekreuzigt wurde
  Das Gotteslamm, das unsre Sünden tilgte,
Vielmehr mit klaren und genauen Worten
  Gab jener liebe Vater mir die Antwort,
  Sichtbar verhüllt in seinem eignen Lächeln:
«Das Weltgeschehn, das über das Gefüge
  Des Erdenstoffes nicht hinaus kann reichen,
  Ist ganz gemalt im ewigen Angesichte.
Notwendigkeit jedoch empfängt es davon
  So wenig wie vom Aug, in dem sich spiegelt
  Ein Schiff, das auf dem Strome abwärts gleitet.
Von dorther kommt, so wie man in den Ohren
  Den süßen Orgelton vernimmt, ins Auge
  Mir jene Zeit, die sich dir vorbereitet.

Qual si partì Ippolito d'Atene
  Per la spietata e perfida noverca,
  Tal di Fiorenza partir ti conviene.
Questo si vuole e questo già si cerca,
  E tosto verrà fatto a chi ciò pensa
  Là dove Cristo tutto dì si merca.
La colpa seguirà la parte offensa
  In grido, come suol; ma la vendetta
  Fia testimonio al ver che la dispensa.
Tu lascerai ogni cosa diletta
  Più caramente; e questo è quello strale
  Che l'arco dello esilio pria saetta.
Tu proverai sì come sa di sale
  Lo pane altrui, e come è duro calle
  Lo scendere e il salir per l'altrui scale.
E quel che più ti graverà le spalle,
  Sarà la compagnia malvagia e scempia
  Con la qual tu cadrai in questa valle;
Che tutta ingrata, tutta matta ed empia,
  Si farà contro a te; ma poco appresso
  Ella, non tu, n'avrà rossa la tempia.
Di sua bestialitate il suo processo
  Farà la prova, sì ch'a te fia bello
  Averti fatta parte per te stesso.
Lo primo tuo rifugio e il primo ostello
  Sarà la cortesia del gran Lombardo
  Che in su la scala porta il santo uccello;

Wie Hippolyt ward aus Athen vertrieben
   Durch die Stiefmutter falsch und ohn Erbarmen,
   So wirst du müssen aus Florenz entfliehen.
Dies wünscht man, dies wird dort schon eingeleitet,
   Und bald wird's dem gelingen, der drauf sinnet,
   Dort wo man Christus täglich trägt zu Markte.
Die Schuld wird dem Getroffnen zugeschrieben
   Im Rufe, wie gewöhnlich, doch die Rache
   Wird für die Wahrheit zeugen, die sie kündet.
Du wirst, was dir am teuersten gewesen,
   Verlassen, und dies ist die erste Wunde,
   Die dir wird schlagen der Verbannung Bogen.
Du wirst erfahren, wie das Brot der Fremde
   Gar salzig schmeckt, und welche harten Stufen
   Auf fremden Treppen auf und ab zu steigen.
Jedoch die größte Last auf deinen Schultern,
   Das sind die dummen, bösen Weggenossen,
   Mit denen du in dieses Tal wirst fallen.
Sie werden undankbar und toll und treulos
   Sich gegen dich gebärden, doch in Kürze
   Wird ihre und nicht deine Schläfe bluten.
Für die Vertiertheit ist ihr eignes Treiben
   Schon der Beweis, so daß dir wohlanständig,
   Daß du gestanden hast auf eigner Seite.
Zum ersten wirst du Schutz und Herberg finden
   Bei jenem großen, höflichen Lombarden,
   Der auf der Leiter trägt den heiligen Vogel.

Ch'in te avrà sì benigno riguardo,
  Che del fare e del chieder, tra voi due,
  Fia primo quel che tra gli altri è più tardo.
Con lui vedrai colui che impresso fue,
  Nascendo, sì da questa stella forte,
  Che mirabili fien l'opere sue.
Non se ne sono ancor le genti accorte
  Per la novella età, chè pur nove anni
  Son queste ruote intorno di lui torte:
Ma pria che il Guasco l'alto Arrigo inganni,
  Parran faville della sua virtute
  In non curar d'argento nè d'affanni.
Le sue magnificenze conosciute
  Saranno ancora sì che i suoi nemici
  Non ne potran tener le lingue mute.
A lui t'aspetta ed ai suoi benefici;
  Per lui fia trasmutata molta gente,
  Cambiando condizion ricchi e mendici.
E porteraine scritto nella mente
  Di lui, e nol dirai»; e disse cose
  Incredibili a quei che fien presente.
Poi giunse: « Figlio, queste son le chiose
  Di quel che ti fu detto, ecco le insidie
  Che dietro a pochi giri son nascose.
Non vo' però ch'ai tuoi vicini invidie,
  Poscia che s'infutura la tua vita
  Vie più là che il punir di lor perfidie.»

Er wird mit solcher Güte dir begegnen,
  Daß bei euch zwein im Bitten und Gewähren
  Zuerst geschieht, was anderswo erst später.
Bei ihm siehst du auch den, der so geprägt ist
  Bei der Geburt von diesem starken Sterne,
  Daß seine Werke wunderbar sein werden.
Noch konnten es die Menschen nicht bemerken
  Ob seiner Jugend, denn die Himmelskreise
  Sind erst neun Jahre um ihn hergezogen.
Doch eh der Baske trügt den hohen Heinrich,
  Wird er schon Funken seiner Tugend zeigen,
  Indem er Geld und Mühe wird verachten.
Man wird noch seine Großmut kennenlernen
  Soweit, daß auch die Zungen seiner Feinde
  Selbst nicht darüber werden schweigen können.
Halt dich an ihn und seine reichen Gaben;
  Durch ihn wird viel im Volk verwandelt werden
  Und Arm und Reiche ihren Stand vertauschen.
Noch manches über ihn wirst du dir merken
  Im Geiste, aber schweigen.» Und er sagte
  Dinge, die heute noch unglaublich scheinen.
Dann sprach er noch: «Mein Sohn, das sind die Glossen
  Zu dem, was man dir sagte, die Gefahren,
  Die nach dem Lauf von wenigen Jahren lauern.
Doch sollst du deine Nachbarn nicht beneiden;
  Dein Leben wird noch in die Zukunft reichen
  Viel weiter als die Strafe ihrer Bosheit.»

Poi che, tacendo, si mostrò spedita
  L'anima santa di metter la trama
  In quella tela ch'io le porsi ordita,
Io cominciai, come colui che brama,
  Dubitando, consiglio da persona
  Che vede e vuol dirittamente ed ama:
« *Ben veggio, padre mio, sì come sprona*
  Lo tempo verso me, per colpo darmi
  Tal, ch' è più grave a chi più s'abbandona;
Per che di providenza è buon ch'io m'armi,
  Sì che, se il loco m'è tolto più caro,
  Io non perdessi gli altri per miei carmi.
Giù per lo mondo senza fine amaro,
  E per lo monte del cui bel cacume
  Gli occhi della mia donna mi levaro,
E poscia per lo ciel di lume in lume,
  Ho io appreso quel che, s'io ridico,
  A molti fia sapor di forte agrume;
E s'io al vero son timido amico,
  Temo di perder viver tra coloro
  Che questo tempo chiameranno antico. »
La luce in che rideva il mio tesoro
  Ch'io trovai lì, si fe' prima corrusca,
  Quale a raggio di sole specchio d'oro;
Indi rispose: « *Coscienza fusca*
  O della propria o dell'altrui vergogna
  Pur sentirà la tua parola brusca.

Da durch ihr Schweigen jene heilige Seele
  Gezeigt, daß sie den Einschlag nun vollendet
  Zu jenem Tuch, das ich ihr vorgehalten,
Begann ich so wie einer, der im Zweifel
  Nach Rat sich sehnt von einem andern Menschen,
  Der sehend ist und willig und voll Liebe:
« Wohl seh ich, o mein Vater, daß die Zeiten
  Die Sporen geben und mir drohn mit Schlägen,
  Die härter dem, der sich nicht gut verteidigt.
Drum will ich mich mit der Voraussicht wappnen,
  Daß ich, wenn ich den liebsten Ort verloren,
  Die andern nicht verlier durch meine Lieder.
Dort in der Welt der Bitternis ohn Ende
  Und auf dem Berg, von dessen schönem Gipfel
  Die Augen meiner Herrin mich erhoben,
Und dann im Himmel noch von Licht zu Lichte
  Erfuhr ich manches, das, wenn ich es sage,
  Für viele wird nach scharfer Würze schmecken.
Wenn ich der Wahrheit aber schüchtern diene,
  Fürcht ich, bei denen Leben zu verlieren,
  Die unsre Zeit die alte nennen werden. »
Das Licht, in dem mein teurer Urahn lachte,
  Den ich dort fand, hat sich zuerst gerötet
  Wie Sonnenlicht in einem goldnen Spiegel.
Dann sprach es zu mir: « Sofern ein Gewissen
  Getrübt von eigner oder fremder Schande,
  So wird es wohl dein Wort verletzend finden.

Ma nondimen, rimossa ogni menzogna,
  Tutta tua vision fa manifesta,
  E lascia pur grattar dov' è la rogna.
Chè se la voce tua sarà molesta
  Nel primo gusto, vital nutrimento
  Lascerà poi, quando sarà digesta.
Questo tuo grido farà come vento,
  Che le più alte cime più percuote;
  E ciò non fa d'onor poco argomento.
Però ti son mostrate in queste ruote,
  Nel monte e nella valle dolorosa
  Pur l'anime che son di fama note;
Che l'animo di quel ch'ode, non posa
  Nè ferma fede per esempio ch'aia
  La sua radice incognita e nascosa,
Nè per altro argomento che non paia.»

Trotz alledem, laß jede Lüge fahren.
> Verkünde offen alles, was du schautest,
> Und laß nur, wo die Räude beißt, sie kratzen.

Denn wenn auch deine Kunde hart zu kauen
> Beim ersten Kosten, wird sie Lebensnahrung
> Dann hinterlassen, wenn man sie verdaute.

Es geht mit deinem Ruf wie mit dem Winde,
> Der trifft die höchsten Gipfel auch am meisten,
> Und dies ist kein geringer Grund zur Ehre.

Drum wurden dir gezeigt in diesem Kreise
> Und auf dem Berg und in dem Schmerzenstale
> Nur jene Seelen, die durch Ruhm bekannt sind;

Dieweil der Geist der Hörenden nicht achtet
> Und keinen Glauben schenkt dem Beispiel, welches
> Nur eine unbekannte Wurzel hätte

Und keinen andern Gründen, die nicht leuchten.

CANTO DECIMOTTAVO

Già si godeva solo del suo verbo
  Quello specchio beato, ed io gustava
  Lo mio, temprando col dolce l'acerbo.
E quella donna ch'a Dio mi menava
  Disse: « Muta pensier: pensa ch'io sono
  Presso a colui, ch'ogni torto disgrava. »
Io mi rivolsi all'amoroso suono
  Del mio conforto; e qual io allor vidi
  Negli occhi santi amor, qui l'abbandono;
Non perch' io pur del mio parlar diffidi,
  Ma per la mente che non può reddire
  Sopra sè tanto, s'altri non la guidi.
Tanto poss'io di quel punto ridire,
  Che, rimirando lei, lo mio affetto
  Libero fu da ogni altro disire,
Fin che il piacere eterno, che diretto
  Raggiava in Beatrice, dal bel viso
  Mi contentava col secondo aspetto.

ACHTZEHNTER GESANG

Schon freute sich allein an seinem Worte
   Der selige Spiegel, und ich selber nährte
   Mich an dem meinen, süß und bitter mischend.
Und jene Frau, die mich zu Gott hinführte,
   Die sprach: « Denk nun an andre Dinge, denke,
   Ich bin bei dem, der alles Unrecht lindert. »
Ich wandte mich beim liebevollen Tone
   Der Trösterin, und wie ich dort die Liebe
   In ihren heiligen Augen sah, verschweig ich;
Nicht nur, weil ich mißtraue meiner Sprache,
   Nein, weil der Geist nicht wiedergeben könnte,
   Was so erhaben, ohne fremde Hilfe.
Soviel nur kann ich von der Stunde sagen,
   Daß, als ich auf sie schaute, meine Seele
   Von jedem andern Wunsche frei gewesen,
Solang die ewige Freude, die gerade
   Auf Beatrice fiel, aus ihrem Antlitz
   Mich noch mit ihrem Spiegelbild erfreute.

Vincendo me col lume d'un sorriso,
  Ella mi disse: « Volgiti ed ascolta;
  Chè non pur nei miei occhi è paradiso. »
Come si vede qui alcuna volta
  L'affetto nella vista, s'elli è tanto
  Che da lui sia tutta l'anima tolta,
Così nel fiammeggiar del fulgor santo,
  A ch'io mi volsi, conobbi la voglia
  In lui di ragionarmi ancora alquanto.
E cominciò: « In questa quinta soglia
  Dell'albero che vive della cima
  E frutta sempre e mai non perde foglia,
Spiriti son beati, che giù, prima
  Che venissero al ciel, fur di gran voce,
  Sì ch'ogni musa ne sarebbe opima.
Però mira nei corni della croce:
  Quello ch'io nomerò, lì farà l'atto
  Che fa in nube il suo fuoco veloce. »
Io vidi per la croce un lume tratto,
  Dal nomar Iosuè com' ei si feo;
  Nè mi fu noto il dir prima che il fatto.
Ed al nome dell'alto Maccabeo
  Vidi muoversi un altro roteando,
  E letizia era ferza del paleo.
Così per Carlo Magno e per Orlando,
  Due ne seguì lo mio attento sguardo,
  Com' occhio segue suo falcon volando.

Sie traf mich mit dem Lichte eines Lächelns
  Und sprach zu mir: « Schau um dich her und lausche,
  Nicht nur in meinen Augen ist der Himmel. »
So wie man hier auch manches Mal die Liebe
  Im Angesicht erkennt, wenn sie so groß ist,
  Daß sie die ganze Seele mit erfaßte;
So konnt ich in der Glut der heiligen Leuchte,
  Zu der ich mich gewandt, den Wunsch erkennen,
  Noch eine Weile lang mit mir zu reden.
Und er begann: « Auf dieser fünften Stufe
  Des Baumes, der sein Leben hat vom Gipfel
  Und immer Früchte trägt und nie verdorret,
Sind selige Geister, welche drunten, eh sie
  Zum Himmel kamen, großen Ruhm genossen,
  Daß jede Muse davon singen könnte.
Drum schau auf beide Arme dieses Kreuzes.
  Der, den ich nennen werde, wird sich regen
  Wie schnelles Feuer zuckt in einer Wolke. »
Ich sah ein Licht am Kreuz heruntergleiten,
  Als es den Namen Josua nennen hörte;
  Nicht schneller schien das Wort als die Bewegung.
Und bei des großen Makkabäers Namen
  Sah ich ein andres kreisend sich bewegen,
  Und Freude war die Peitsche dieses Kreisels.
So hat bei Karl dem Großen und bei Roland
  Mein wacher Blick zwei andern folgen können,
  Wie unser Auge folgt dem Flug des Falken.

Poscia trasse Guiglielmo, e Renoardo
   E il duca Gottifredi la mia vista
   Per quella croce, e Roberto Guiscardo.
Indi, tra l'altre luci mota e mista,
   Mostrommi l'alma che m'avea parlato,
   Qual era tra i cantor del cielo artista.
Io mi rivolsi dal mio destro lato,
   Per vedere in Beatrice il mio dovere
   O per parlare o per atto segnato;
E vidi le sue luci tanto mere,
   Tanto gioconde, che la sua sembianza
   Vinceva gli altri e l'ultimo solere.
E come, per sentir più dilettanza
   Bene operando, l'uom di giorno in giorno
   S'accorge che la sua virtute avanza;
Sì m'accors'io che il mio girar dintorno
   Col cielo insieme avea cresciuto l'arco,
   Veggendo quel miracol più adorno.
E quale è il trasmutare in picciol varco
   Di tempo in bianca donna, quando il volto
   Suo si discarchi di vergogna il carco,
Tal fu negli occhi miei, quando fui volto,
   Per lo candor della temprata stella
   Sesta, che dentro a sè m'avea ricolto.
Io vidi in quella giovial facella
   Lo sfavillar dell'amor che lì era,
   Segnare agli occhi miei nostra favella.

Hernach hat Willehalmus und Rainardus
   Und Herzog Gottfried meinen Blick gefesselt,
   Und Robert Guiscard auch, an jenem Kreuze.
Dann zeigte mir im Kreis der andern Lichter
   Die Seele, die zu mir gesprochen hatte,
   Daß sie ein Künstler war im Himmelschore.
Ich wandte mich zu meiner rechten Seite,
   Um von Beatrice angezeigt zu sehen
   Durch Worte oder Zeichen, was ich sollte.
Und ich sah ihre Augen also leuchtend
   Und freudig, daß ihr Angesicht die andern
   Noch übertraf und auch ihr voriges Bildnis.
Und wie man im Gefühl erhöhter Freude
   Von Tag zu Tag an seinen guten Werken
   Erkennt, daß man an Tugend zugenommen,
So merkte ich, daß auch mein eignes Kreisen
   Erweitert worden mit dem Himmelsbogen,
   Als ich dies Wunder noch viel schöner schaute.
Wie eine blasse Frau die Farbe wechselt
   In kurzer Zeit, wenn ihr vom Angesichte
   Die Last der Scham hinweggenommen wurde,
So ging es meinen Augen, als ich schaute
   Zum weißen Lichte jenes milden Sternes,
   Des sechsten, der mich in sich aufgenommen.
Ich sah in jenem Himmelsvatersterne
   Der Liebe Funkeln, die darinnen wohnte,
   Vor meinen Augen unsre Worte zeichnen.

E come augelli surti di riviera
 Quasi congratulando a lor pasture,
 Fanno di sè or tonda or altra schiera,
Sì dentro ai lumi sante creature
 Volitando cantavano, e faciensi
 Or D, or I, or L, in sue figure.
Prima, cantando, a sua nota moviensi;
 Poi, diventando l'un di questi segni,
 Un poco s'arrestavano e taciensi.
O diva Pegasea, che gl'ingegni
 Fai gloriosi e rendili longevi,
 Ed essi teco le cittadi e i regni,
Illustrami di te, sì ch'io rilevi
 Le lor figure com' io l'ho concette;
 Paia tua possa in questi versi brevi!
Mostrarsi dunque in cinque volte sette
 Vocali e consonanti; ed io notai
 Le parti sì come mi parver dette.
'Diligite justitiam' primai
 Fur verbo e nome di tutto il dipinto:
 'Qui judicatis terram' fur sezzai.
Poscia nell' M del vocabol quinto
 Rimasero ordinate, sì che Giove
 Pareva argento lì d'oro distinto.
E vidi scendere altre luci dove
 Era il colmo dell' M, e lì quetarsi
 Cantando, credo, il ben ch'a sè le muove.

Und wie die Vögel von dem Strande steigend,
  Gleichsam aus Freude über ihre Weide,
  Bald runde, bald auch andre Streifen bilden,
So sangen in den Lichtern selige Wesen
  Vorüberfliegend, und man sah sie formen
  Ein D und I und L mit den Figuren.
Erst flogen sie und sangen ihre Lieder,
  Dann wurden sie zu einem dieser Zeichen
  Und hielten an und schwiegen eine Weile.
Göttliche Pegasea, die die Geister
  Berühmt zu machen pflegt und lange dauernd,
  Und sie mit dir die Städte und die Reiche,
Erleuchte mich, damit ich ihre Bilder
  So schildern möge, wie ich sie begriffen;
  Zeig deine Macht in diesen kurzen Versen.
Es zeigten also dort sich fünfmal sieben
  Vokal und Konsonanten, und ich merkte
  Die Teile so, wie sie vor mir erschienen.
‚Diligite Justitiam‘, das waren
  Das erste Zeit- und Hauptwort des Gemäldes,
  ‚Qui judicatis terram‘, seine letzten.
Dann blieben sie im M des fünften Wortes
  In fester Ordnung stehn, so daß von Silber
  Jupiter schien, vom Golde unterschieden.
Und ich sah andre Lichter niedersteigen
  Zum Gipfel jenes M und dort verweilen,
  Wohl von dem Guten, das sie treibt, zu singen.

Poi, come nel percuoter dei ciocchi arsi
  Surgono innumerabili faville,
  Onde gli stolti sogliono augurarsi;
Risurger parver quindi più di mille
  Luci e salir qual assai e qual poco,
  Sì come il sol che l'accende sortille;
E quietata ciascuna in suo loco,
  La testa e il collo d'un'aquila vidi
  Rappresentare a quel distinto fuoco.
Quei che dipinge lì, non ha chi il guidi;
  Ma esso guida, e da lui si rammenta
  Quella virtù ch'è forma per li nidi.
L'altra beatitudo, che contenta
  Pareva in prima d'ingigliarsi all'emme
  Con poco moto seguitò la imprenta.
O dolce stella, quali e quante gemme
  Mi dimostraro che nostra giustizia
  Effetto sia del ciel che tu ingemme!
Per ch'io prego la mente in che s'inizia
  Tuo moto e tua virtute, che rimiri
  Ond'esce il fummo, che il tuo raggio vizia;
Sì ch'un'altra fiata omai s'adiri
  Del comperare e vender dentro al templo
  Che si murò di segni e di martiri.
O milizia del ciel cu' io contemplo,
  Adora per color che sono in terra
  Tutti sviati dietro al malo esempio!

Dann, wie beim Anstoß eines glühenden Scheites
   Unzählige Funken auseinanderstieben,
   Woraus die Törichten die Zukunft lesen,
So sah ich dort wohl Tausende von Lichtern
   Aufstehn und alle hoch und höher steigen,
   So wie's die Sonne will, die sie entzündet.
Und als dann jedes seinen Ort gefunden,
   Da sah ich Hals und Haupt von einem Adler
   Im klar begrenzten Lichte ausgestaltet.
Der dort gemalt hat, der braucht keinen Meister;
   Er leitet selbst und von ihm selber stammen
   Die Kräfte, die die Nester bauen können.
Die andre selige Schar, die so zufrieden
   Zuerst geschienen, sich zum M zu fügen,
   Die folgte nun dem Bild mit kurzem Fluge.
O süßer Stern, wie viele Edelsteine
   Bewiesen mir, daß unser Recht auf Erden
   Des Himmels Wirkung ist, in dem du strahlest!
Drum bitte ich den Geist, in dem dein Kreisen
   Und deine Kraft beginnt, er möge schauen,
   Woher der Rauch kommt, der dein Licht verdunkelt;
Damit er nocheinmal in Zorn gerate,
   Wenn man in deinem Tempel kauft und schachert,
   Der aufgebaut aus Wundern und aus Martern.
O Kriegerschaft des Himmels, den ich schaue,
   Du mögst für jene beten, die auf Erden
   Dem schlechten Beispiel folgend irre gehen!

Già si solea con le spade far guerra;
  Ma or si fa togliendo or qui or quivi
  Lo pan, che il pio padre a nessun serra.
Ma tu che sol per cancellare scrivi,
  Pensa che Pietro e Paulo, che moriro
  Per la vigna che guasti, ancor son vivi.
Ben puoi tu dire: « Io ho fermo il disiro
  Sì a colui che volle viver solo
  E che per salti fu tratto al martiro,
Ch'io non conosco il pescator nè Polo. »

Einst war es Sitte, mit dem Schwert zu kämpfen,
    Jetzt tut man's durch Entzug des Brotes, welches
    Der gute Vater keinem will verwehren.
Doch du, der, was er schreibt, zugleich schon auslöscht,
    Bedenk, daß Paul und Petrus, die gestorben
    Im Weinberg, den du schändest, doch noch leben.
Wohl magst du sagen: « Meine ganze Sehnsucht
    Gilt ja nur dem, der in der Wüste lebte
    Und der um einen Tanz gemartert wurde,
Drum kenn ich Paulus nicht und nicht den Fischer.»

CANTO DECIMONONO

Parea dinanzi a me con l'ali aperte
  La bella image che nel dolce frui
  Liete facevan l'anime conserte.
Parea ciascuna rubinetto in cui
  Raggio di sole ardesse sì acceso,
  Che nei miei occhi rifrangesse lui.
E quel che mi convien ritrar testeso,
  Non portò voce mai, nè scrisse inchiostro,
  Nè fu per fantasia giammai compreso;
Ch'io vidi ed anche udi' parlar lo rostro,
  E sonar nella voce ed « io » e « mio »,
  Quand'era nel concetto « noi » e « nostro ».
E cominciò: « Per esser giusto e pio
  Son io qui esaltato a quella gloria,
  Che non si lascia vincere a disio;
Ed in terra lasciai la mia memoria
  Sì fatta, che le genti lì malvage
  Commendan lei, ma non seguon la storia. »

NEUNZEHNTER GESANG

Vor mir erblickt ich nun mit offnen Flügeln
   Das schöne Bild, das die vereinten Seelen
   Von ihrem süßen Glück erstrahlen ließen.
Und jede schien mir ein Rubin, in welchem
   Ein Sonnenstrahl mit solchem Feuer brannte,
   Daß er in meinen Augen widerstrahlte.
Und was ich nunmehr werde schildern müssen,
   Tat keine Stimme je und keine Feder,
   Und keine Bildkraft hat es je begriffen.
Ich sah und hörte auch zugleich den Schnabel,
   Er sprach ein ‚Ich‘ und ‚Mein‘ mit seiner Stimme,
   Indessen er doch ‚Wir‘ und ‚Unser‘ meinte.
Und er begann: « Weil ich gerecht und fromm bin,
   Ward ich zu diesem Ruhme hier erhoben,
   Den man durch die Begier nicht kann erreichen.
Und auf der Erde ließ ich solch Gedenken,
   Daß auch die allerschlechtesten der Menschen
   Es loben, aber seiner Spur nicht folgen.»

Così un sol calor di molte brage
  Si fa sentir, come di molti amori
  Usciva solo un suon di quella image.
Ond'io appresso: « O perpetui fiori
  Dell'eterna letizia, che pur uno
  Sentir mi fate tutti i vostri odori,
Solvetemi, spirando, il gran digiuno,
  Che lungamente m'ha tenuto in fame,
  Non trovandogli in terra cibo alcuno.
Ben so io che, se in cielo altro reame
  La divina giustizia fa suo specchio,
  Che il vostro non l'apprende con velame.
Sapete come attento io m'apparecchio
  Ad ascoltar; sapete quale è quello
  Dubbio che m'è digiun cotanto vecchio. »
Quasi falcone ch'esce del cappello,
  Muove la testa e con l'ali si plaude,
  Voglia mostrando e facendosi bello,
Vid' io farsi quel segno, che di laude
  Della divina grazia era contesto,
  Con canti quai si sa chi lassù gaude.
Poi cominciò: « Colui che volse il sesto
  Allo stremo del mondo, e dentro ad esso
  Distinse tanto occulto e manifesto,
Non potè suo valor sì fare impresso
  In tutto l'universo, che il suo verbo
  Non rimanesse in infinito eccesso.

So steigt aus vielen Feuern eine Wärme
 Empor, wie hier von vielen Liebeswesen
 Ein einziger Ton erklang aus diesem Bilde.
Darauf sprach ich: «O unvergängliche Blüten
 Der ewigen Freude, die ihr eure Düfte
 In einer Blume laßt zusammenströmen,
Löst mir mit eurem Hauch das große Fasten,
 Das lange Zeit mich hungrig hat gehalten,
 Da ich auf Erden keine Kost gefunden.
Ich weiß, wenn auch im andern Himmelkreise
 Die göttliche Gerechtigkeit sich spiegelt,
 Der eure darf sie ohne Schleier schauen.
Ihr wißt, wie aufmerksam ich mich bereite,
 Euch anzuhören, und ihr wißt auch, welches
 Der Zweifel ist, durch den ich lang schon hungre.»
So wie ein Falke, frei von seiner Haube,
 Den Kopf bewegt und seine Flügel breitet,
 Sich schön zu machen und voll gutem Willen,
So sah ich jenes Bild, das dort zum Lobe
 Der göttlichen Gnade war gewoben worden,
 Mit Liedern, die nur kennt, wer droben jubelt.
Dann fing er an: «Der, welcher mit dem Zirkel
 Die Welt umgrenzte und in ihrem Innern
 Soviel Geheimes von dem Klaren trennte,
Der konnte seine Kraft nicht also prägen
 Ins Weltall, daß er nicht mit seinem Worte
 Unendlich alles andre überragte.

E ciò fa certo che il primo superbo,
  Che fu la somma d'ogni creatura,
  Per non aspettar lume, cadde acerbo;
E quinci appar ch'ogni minor natura
  È corto recettacolo a quel bene
  Che non ha fine e sè con sè misura.
Dunque nostra veduta, che conviene
  Essere alcun dei raggi della mente
  Di che tutte le cose son ripiene,
Non può da sua natura esser possente
  Tanto, che suo principio non discerna
  Molto di là da quel che l'è parvente.
Però nella giustizia sempiterna
  La vista che riceve il vostro mondo,
  Com'occhio per lo mare, entro s'interna;
Che, benchè dalla proda veggia il fondo,
  In pelago nol vede; e nondimeno
  Egli, ma cela lui l'esser profondo.
Lume non è, se non vien dal sereno
  Che non si turba mai; anzi è tenebra,
  Od ombra della carne, o suo veleno.
Assai t'è mo aperta la latebra,
  Che t'ascondeva la giustizia viva,
  Di che facei question cotanto crebra,
Chè tu dicevi: 'Un uom nasce alla riva
  Dell' Indo, e quivi non è chi ragioni
  Di Cristo nè chi legga nè chi scriva;

Und dafür zeugt, daß jener erste Stolze,
   Der einst das oberste Geschöpf gewesen,
   Da er des Lichts nicht harrte, niederstürzte.
Und daraus folgt, daß jedes kleinere Wesen
   Gering Gefäß nur ist für jenes Gute,
   Das endlos ist und nur sich selbst zum Maße.
Darum kann unser Schauen, das notwendig
   Nur einer von den Strahlen jenes Geistes,
   Von welchem alle Dinge hier durchdrungen,
Schon von Natur niemals so mächtig werden,
   Daß nicht sein eigner Ursprung könnt erkennen
   Weit über das hinaus, was ihm noch sichtbar.
Drum senkt sich in den Grund des ewigen Rechtes
   Der Blick, den ihr auf eurer Welt empfangen,
   Nur wie das Auge in des Meeres Tiefe;
Das, ob es wohl am Strand den Grund noch findet,
   Im Meere ihn nicht sieht, und dennoch ist er
   Auch dort, nur birgt er sich in seiner Tiefe.
Es gibt kein Licht als das von jenem Himmel,
   Der sich nie trübt; das andre ist nur Dunkel
   Und Schatten von dem Fleisch und seinem Gifte.
Nun ist dir das Versteck genug eröffnet,
   Wo das lebendige Recht sich dir verborgen,
   Nach dem du oftmals deine Fragen stelltest.
Du sagtest wohl: ‚Es wird ein Mensch geboren
   Am Indus, und dort kann ihm niemand reden
   Von Christus, auch nicht lesen oder schreiben.

E tutti suoi voleri ed atti buoni
  Sono, quanto ragione umana vede,
  Senza peccato in vita od in sermoni.
Muore non battezzato e senza fede:
  Ov' è questa giustizia che il condanna?
  Ov' è la colpa sua, se ei non crede?'
Or tu chi sei che vuoi sedere a scranna,
  Per giudicar di lungi mille miglia
  Con la veduta corta d'una spanna?
Certo a colui che meco s'assottiglia,
  Se la Scrittura sopra voi non fosse,
  Da dubitar sarebbe a maraviglia.
Oh terreni animali, oh menti grosse!
  La prima volontà, ch'è da sè buona,
  Da sè, ch'è sommo ben, mai non si mosse.
Cotanto è giusto quanto a lei consuona:
  Nullo creato bene a sè la tira,
  Ma essa, radiando, lui cagiona.»
Quale sovresso il nido si rigira,
  Poi c'ha pasciuti la cicogna i figli,
  E come quel ch'è pasto, la rimira;
Cotal si fece, e sì levai li cigli,
  La benedetta immagine, che l'ali
  Movea sospinte da tanti consigli.
Roteando cantava, e dicea: « Quali
  Son le mie note a te che non le intendi,
  Tal è il giudizio eterno a voi mortali.»

Und dennoch wäre gut sein Tun und Wollen,
  Soweit der menschliche Verstand es siehet,
  Und sündenlos ist er in Wort und Wandel;
Doch stirbt er ungetauft und ohne Glauben.
  Wo ist das Recht, das ihn verdammen könnte?
  Wo ist nun seine Schuld, wenn er nicht gläubig?'
Wer bist denn du, der drüber zu Gerichte
  Auf tausend Meilen Ferne sitzen möchte
  Mit einem Blick so kurz wie eine Spanne?
Gewiß, wer mit mir diskutieren möchte,
  Der fände Wunder wieviel zu bezweifeln,
  Wenn euch die Bibel nicht gegeben wäre.
O irdische Wesen, o ihr rohen Geister!
  Der erste Wille, der für sich schon gut ist,
  Verläßt sich selber nie, das höchste Gute.
Das ist gerecht, was mit ihm steht im Einklang.
  Geschaffnes Gutes kann ihn niemals fesseln,
  Doch er erzeugt es selbst mit seinen Strahlen.»
Wie über ihrem Neste kreist die Störchin,
  Wenn sie den Jungen ihre Nahrung brachte,
  Und, wer etwas bekommen, sie betrachtet;
So tat das heilige Bildnis, und so hob ich
  Die Brauen hoch zu ihm, der seine Flügel
  Erhob, von soviel Seelen angetrieben.
Im Kreisen sang er diese Worte: «So wie
  Dir meine Töne hier noch unverständlich,
  So ist euch Sterblichen das ewige Urteil.»

Poi si quetaron quei lucenti incendi
  Dello Spirito Santo ancor nel segno
  Che fè i Romani al mondo reverendi,
Esso ricominciò: « A questo regno
  Non salì mai chi non credette in Cristo
  Nè pria nè poi ch'el si chiavasse al legno.
Ma vedi: molti gridan 'Cristo! Cristo!',
  Che saranno in giudizio assai men prope
  A lui, che tal che non conosce Cristo;
E tai Cristiani dannerà l'Etiope,
  Quando si partiranno i due collegi,
  L'uno in eterno ricco, e l'altro inope.
Che potran dir li Persi ai vostri regi,
  Come vedranno quel volume aperto,
  Nel qual si scrivon tutti i suoi dispregi?
Lì si vedrà, tra l'opere d'Alberto,
  Quella che tosto moverà la penna,
  Per che il regno di Praga fia deserto.
Lì si vedrà il duol che sopra Senna
  Induce, falseggiando la moneta,
  Quel che morrà di colpo di cotenna.
Lì si vedrà la superbia ch'asseta
  Che fa lo Scotto e l'Inghilese folle,
  Sì che non può soffrir dentro a sua meta.
Vedrassi la lussuria e il viver molle
  Di quel di Spagna e di quel di Boemme,
  Che mai valor non conobbe nè volle.

Dann ruhten jene hellen Feuerbrände
  Des Heiligen Geistes nocheinmal im Zeichen,
  Das in der Welt den Römern Ehre brachte,
Und es begann: «Zu diesem Reiche stiegen
  Noch niemals die, die nicht an Christus glaubten,
  Nicht vor und nicht nach seinem Kreuzestode.
Doch siehe, viele rufen: Christus, Christus,
  Die einst am Jüngsten Tag viel ferner stehen
  Von ihm als mancher, der ihn eh nicht kannte.
Und solche Christen wird der Äthiopier
  Verachten, wenn sich beide Scharen scheiden,
  Die einen reich, die andern arm auf ewig.
Was können Perser euren Herrschern sagen,
  Wenn sie das Buch einst werden offen sehen,
  In dem geschrieben alle eure Sünden?
Dort wird man unter Kaiser Albrechts Taten
  Die sehn, die demnächst darin wird geschrieben,
  Und die das Reich von Prag wird öde machen.
Dort sieht man jenen Schmerz, den an der Seine
  Der bringen wird mit seinen falschen Münzen,
  Der von des Wildschweins Zahn wird sterben müssen.
Dort wird man auch den gierigen Hochmut sehen,
  Der den von England und den Schotten toll macht,
  Daß sie sich nicht in ihren Grenzen halten.
Man wird den Luxus und das weiche Leben
  Des Spaniers und des Böhmenkönigs sehen,
  Der niemals Tapferkeit gekannt noch übte.

Vedrassi al Ciotto di Ierusalemme
  Segnata con un I la sua bontate,
  Quando il contrario segnerà un emme.
Vedrassi l'avarizia e la viltade
  Di quel che guarda l'isola del fuoco,
  Ove Anchise finì la lunga etade.
Ed a dare ad intender quanto è poco,
  La sua scrittura fian lettere mozze,
  Che noteranno molto in parvo loco.
E parranno a ciascun l'opere sozze
  Del barba e del fratel, che tanto egregia
  Nazione e due corone han fatto bozze.
E quel di Portogallo e di Norvegia
  Lì si conosceranno, e quel di Rascia
  Che male ha visto il conio di Vinegia.
Oh beata Ungheria se non si lascia
  Più malmenare! e beata Navarra,
  Se s'armasse del monte che la fascia!
E creder de' ciascun che già, per arra
  Di questo, Nicosia e Famagosta
  Per la lor bestia si lamenti e garra,
Che dal fianco dell'altre non si scosta.»

Bei Ciotto von Jerusalem, da sieht man
  Mit Eins nur seine Tugend eingetragen,
  Indes das Gegenteil erscheint mit Tausend.
Man wird den Geiz und die Entartung sehen
  Des Königs, der die Feuerinsel hütet,
  Auf der Anchises starb in alten Tagen.
Und um, wie wenig er getaugt, zu zeigen,
  Muß man mit abgekürzten Zeichen schreiben,
  Die viel auf kleinem Raum berichten können.
Und jeder kann die schmutzigen Taten sehen
  Des Oheims und des Bruders, die dem edlen
  Stamm und den Kronen solche Flecken brachten.
Und den von Portugal und von Norwegen
  Wird man dort kennenlernen, den von Serbien,
  Der besser nicht gesehn Venedigs Münze.
O glücklich Ungarn, wenn es nicht mehr duldet
  Die schlechte Führung, glücklich auch Navarra,
  Wenn es mit seinem Grenzgebirg sich wappnet.
Und jeder mag zum Zeichen dessen nehmen,
  Daß Nicosia schon und Famagosta
  Um ihrer Bestie willen weheklagen,
Die nicht zurücksteht hinter jenen andern.»

CANTO VENTESIMO

Quando colui che tutto il mondo alluma
  Dell'emisperio nostro sì discende,
  Che il giorno d'ogni parte si consuma;
Lo ciel, che sol di lui prima s'accende,
  Subitamente si rifà parvente
  Per molte luci, in che una risplende.
E questo atto del ciel mi venne a mente,
  Come il segno del mondo e dei suoi duci
  Nel benedetto rostro fu tacente;
Però che tutte quelle vive luci,
  Vie più lucendo, cominciaron canti
  Da mia memoria labili e caduci.
O dolce Amor che di riso t'ammanti,
  Quanto parevi ardente in quei flailli,
  Che avieno spirto sol di pensier santi!
Poscia che i cari e lucidi lapilli
  Ond' io vidi ingemmato il sesto lume,
  Poser silenzio agli angelici squilli,

ZWANZIGSTER GESANG

Sobald die Sonne, die die Welt erleuchtet,
  Von unsrer Himmelshälfte abgestiegen,
  So daß der Tag auf allen Seiten schwindet,
Dann wird der Himmel, den nur sie entzündet
  Zuerst, auf einmal wieder hell und glänzend
  Von vielen Lichtern, die das eine spiegeln.
An dies Geschehn am Himmel mußt ich denken,
  Als jenes Führerzeichen dieser Erde
  Mit seinem segensreichen Mund verstummte.
Denn alle jene lebensvollen Lichter,
  Viel heller leuchtend, fingen an zu singen,
  Was nicht behalten hat mein schwach Gedächtnis.
O süße Liebe, eingehüllt in Lächeln,
  Wie warst du glühend doch in jenen Tönen,
  Die nur erfüllt von heiligen Gedanken!
Als dann die teuren, leuchtenden Juwelen,
  Mit denen sich der sechste Himmel schmückte,
  Ihr englisch Glockenläuten schweigen ließen,

Udir mi parve un mormorar di fiume
  Che scende chiaro giù di pietra in pietra,
  Mostrando l'ubertà del suo cacume.
E come suono al collo della cetra
  Prende sua forma, e sì come al pertugio
  Della sampogna vento che penetra,
Così, rimosso d'aspettare indugio,
  Quel mormorar dell'aquila salissi
  Su per lo collo, come fosse bugio.
Fecesi voce quivi, e quindi uscissi
  Per lo suo becco in forma di parole,
  Quali aspettava il cuore, ov' io le scrissi.
« La parte in me che vede e pate il sole
  Nell'aquile mortali,» incominciommi,
  « Or fisamente riguardar si vuole,
Perchè dei fuochi ond' io figura fommi,
  Quelli onde l'occhio in testa mi scintilla,
  Ei di tutti lor gradi son li sommi.
Colui, che luce in mezzo per pupilla,
  Fu il cantor dello Spirito Santo,
  Che l'arca traslatò di villa in villa:
Ora conosce il merto del suo canto,
  In quanto effetto fu del suo consiglio,
  Per lo remunerar ch'è altrettanto.
Dei cinque che mi fan cerchio per ciglio,
  Colui che più al becco mi s'accosta
  La vedovella consolò del figlio:

Glaubt ich zu hören eines Baches Rauschen,
   Der klar von Fels zu Fels herniedergleitet,
   Von seines Gipfels Wasserfülle kündend.
Und wie ein Ton am Halse einer Laute
   Die Form empfängt, und wie bei den Schalmeien
   Durch eine Öffnung ausströmt das Gebläse,
So ist nun, ohne lange abzuwarten,
   Das Rauschen in dem Adler aufgestiegen
   Durch seinen Hals, als ob er hohl gewesen.
Dort ward es Stimme, und durch seinen Schnabel
   Kam es hervor in der Gestalt von Worten,
   Wie sie mein Herz gewünscht und aufgeschrieben.
« Der Teil von mir, der bei dem irdischen Adler
   Das Sonnenlicht erträgt und sieht », begann er,
   « Den mußt du nunmehr ganz genau betrachten;
Denn von den Feuern, draus ich mich gestaltet,
   Sind die, die mir als Aug im Haupte glänzen,
   Die höchsten unter allen ihren Graden.
Der als Pupille in der Mitte leuchtet,
   Der war dereinst des Heiligen Geistes Sänger
   Und trug von Stadt zu Stadt die Bundeslade.
Nunmehr erkennt er seines Sanges Würde,
   Soweit er seiner eignen Kunst entsprungen,
   An der Belohnung, die von gleicher Größe.
Von jenen fünf, die meine Brauen runden,
   Hat jener, der dem Schnabel mir am nächsten,
   Die Witwe mit dem toten Sohn getröstet.

Ora conosce quanto caro costa
  Non seguir Cristo, per l'esperienza
  Di questa dolce vita e dell'opposta.
E quel che segue in la circonferenza
  Di che ragiono, per l'arco superno,
  Morte indugiò per vera penitenza:
Ora conosce che il giudizio eterno
  Non si trasmuta, quando degno preco
  Fa crastino laggiù dell'odierno.
L'altro che segue, con le leggi e meco,
  Sotto buona intenzion che fè mal frutto,
  Per cedere al pastor si fece greco:
Ora conosce come il mal dedutto
  Dal suo bene operar non gli è nocivo,
  Avvegna che sia il mondo indi distrutto.
E quel che vedi nell'arco declivo
  Guglielmo fu, cui quella terra plora
  Che piagne Carlo e Federigo vivo:
Ora conosce come s'innamora
  Lo ciel del giusto rege, ed al sembiante
  Del suo fulgore il fa vedere ancora.
Chi crederebbe giù nel mondo errante
  Che Rifeo troiano in questo tondo
  Fosse la quinta delle luci sante?
Ora conosce assai di quel che il mondo
  Veder non può della divina grazia,
  Ben che sua vista non discerna il fondo.»

Nunmehr erkennt er, wieviel der verloren,
   Der Christus nicht gefolgt, durch die Erfahrung
   Des süßen Lebens und des Gegenteiles.
Und jener, der ihm folgt am äußern Rande,
   Von dem ich sprach, am obern Augenbogen,
   Verschob den Tod durch seine wahre Buße.
Nunmehr erkennt er, daß das ewige Urteil
   Sich nicht verändert, wenn auch gutes Bitten
   Dort unten Heut auf Morgen kann verschieben.
Der Nächste, mit Gesetz und meinem Bilde,
   Mit guter Absicht, aber schlechter Wirkung,
   Ward Grieche, um dem Hirten Platz zu machen.
Nunmehr erkennt er, daß das Übel, welches
   Aus seiner Wohltat kam, ihm nicht geschadet,
   Wenn auch die Welt dadurch verwüstet wurde.
Und jener an des Augenbogens Neigung
   War Wilhelm, der beweint wird in dem Lande,
   Das über Karl und Friedrich weint im Leben.
Nunmehr erkennt er, mit wie großer Liebe
   Der Himmel rechte Herrscher liebt, und zeigt es
   Noch jetzt mit seines Feuers hellem Blitzen.
Wer glaubte drunten im verirrten Leben,
   Daß der Trojaner Ripheus hier im Kreise
   Das dritte von den heiligen Lichtern wäre?
Nunmehr erkennt er von der göttlichen Gnade
   Gar vieles, was die Welt nicht sehen konnte,
   Wenn auch sein Blick nicht durchdringt bis zum
                                           [Grunde.»

Quale allodetta che in aere si spazia
  Prima cantando, e poi tace contenta
  Dell'ultima dolcezza che la sazia,
Tal mi sembiò l'imago della imprenta
  Dell'eterno piacere, al cui disio
  Ciascuna cosa qual ella è diventa.
Ed avvegna ch'io fossi al dubbiar mio
  Lì quasi vetro allo color che il veste,
  Tempo aspettar tacendo non patio,
Ma della bocca « Che cose son queste? »
  Mi pinse con la forza del suo peso;
  Per ch'io di corruscar vidi gran feste.
Poi appresso, con l'occhio più acceso
  Lo benedetto segno mi rispose,
  Per non tenermi in ammirar sospeso:
« Io veggio che tu credi queste cose
  Perch' io le dico, ma non vedi come;
  Sì che, se son credute, sono ascose.
Fai come quei che la cosa per nome
  Apprende ben, ma la sua quidditate
  Veder non può se altri non la prome.
Regnum cœlorum violenza pate
  Da caldo amore e da viva speranza,
  Che vince la divina volontate;
Non a guisa che l'uomo all'uom sobranza,
  Ma vince lei perchè vuole esser vinta,
  E, vinta, vince con sua beninanza.

So wie die Lerche aufsteigt in die Lüfte,
    Erst singend und dann schweigend und zufrieden
    Mit jener letzten Süße, die sie sättigt,
Erschien mir auch das Bildnis jener Prägung
    Des ewigen Wohlgefallens, das mit Sehnsucht
    Sich selber alle Dinge anverwandelt.
Obwohl ich meinem Zweifel dort gewesen
    So wie ein Glas, das Farben überkleidet,
    Mocht ich doch schweigend nicht mehr länger warten;
Nein, aus dem Munde: «Was sind das für Dinge!»
    Trieb mir hervor die Schwere jenes Zweifels;
    Darauf sah ich viel freudiges Erglühen.
Und alsdann hat mit leuchtenderen Augen
    Das heilige Bildnis Antwort mir gegeben,
    Um mich nicht länger so erstaunt zu lassen.
«Ich sehe, daß du glaubst an diese Dinge,
    Weil ich sie sage, aber ohne Gründe,
    So daß sie, zwar geglaubt, dir doch verborgen.
Du tust wie der, der seine Sache lernte
    Mit Namen wohl, doch ihre Eigenschaften
    Kann er nicht sehn, wenn andre sie nicht zeigen.
Das Himmelreich läßt mit Gewalt sich zwingen
    Von heißer Liebe und lebendiger Hoffnung,
    Die können über Gottes Willen siegen;
Nicht wie ein Mensch den Menschen überwältigt;
    Er selber siegt, weil er besiegt will werden,
    Und siegt besiegt mit seiner eignen Güte.

La prima vita del ciglio e la quinta
  Ti fa maravigliar, perchè ne vedi
  La region degli angeli dipinta.
Dei corpi suoi non uscir, come credi,
  Gentili, ma cristiani, in ferma fede,
  Quel dei passuri e quel dei passi piedi,
Chè l'una dello inferno, u' non si riede
  Giammai a buon voler, tornò all'ossa;
  E ciò di viva speme fu mercede;
Di viva speme, che mise la póssa
  Nei preghi fatti a Dio per suscitarla,
  Sì che potesse sua voglia esser mossa.
L'anima gloriosa onde si parla,
  Tornata nella carne, in che fu poco,
  Credette in lui che potea aiutarla;
E credendo s'accese in tanto fuoco
  Di vero amor, ch'alla morte seconda
  Fu degna di venire a questo giuoco.
L'altra, per grazia che da sì profonda
  Fontana stilla, che mai creatura
  Non pinse l'occhio infino alla prima onda,
Tutto suo amor laggiù pose a drittura;
  Per che, di grazia in grazia, Dio gli aperse
  L'occhio alla nostra redenzion futura:
Ond'ei credette in quella, e non sofferse
  Da indi il puzzo più del paganesmo,
  E riprendiene le genti perverse.

Das erste und das fünfte Licht der Braue
　Setzt dich in Staunen, da du ihre Bilder
　Hier oben im Bereich der Engel trafest.
Sie ließen nicht, so wie du meinst, die Leiber
　Als Heiden, sondern schon als gläubige Christen,
　Der vor und jener nach dem Kreuzestode.
Der kehrte aus der Hölle, der man niemals
　Durch Reu entkommen kann, zum Leibe wieder,
　Und dies war Lohn für sein lebendig Hoffen;
Lebendig Hoffen, das die Kraft gegeben
　Den Bitten, die ihn auferwecken sollten,
　So daß sich Gottes Wille ändern konnte.
Die ruhmesreiche Seele, die ich meine,
　Zum Leib zurückgekehrt für kurze Weile,
　Hat fest an ihn geglaubt und seine Hilfe.
Und glaubend hat sie sich mit wahrer Liebe
　So sehr durchglüht, daß bei dem zweiten Tode
　Sie würdig war, zu diesem Fest zu kommen.
Die andre hat durch Gnade, die so tiefem
　Urquell entströmt, daß niemals noch ein Wesen
　Mit seinem Aug zur ersten Welle reichte,
Das Recht gesucht mit seiner ganzen Liebe.
　Darum hat Gott das Aug von Gnad zu Gnade
　Ihm aufgetan zur künftigen Erlösung.
An sie hat er geglaubt und hat nicht weiter
　Den Stank des Heidentumes mehr geduldet,
　Und er verwarf des Volkes Aberglauben.

Quelle tre donne gli fur per battesmo,
　Che tu vedesti dalla destra ruota,
　Dinanzi al battezzar più d'un millesmo.
O predestinazion, quanto remota
　È la radice tua da quelli aspetti,
　Che la prima cagion non veggion tota!
E voi, mortali, tenetevi stretti
　A giudicar; chè noi, che Dio vedemo,
　Non conosciamo ancor tutti gli eletti;
Ed ènne dolce così fatto scemo,
　Perchè il ben nostro in questo ben s'affina,
　Che quel che vuole Dio, e noi volemo.»
Così da quella imagine divina,
　Per farmi chiara la mia corta vista,
　Data mi fu soave medicina.
E come a buon cantor buon citarista
　Fa seguitar lo guizzo della corda,
　In che più di piacer lo canto acquista,
Sì, mentre che parlò, sì mi ricorda
　Ch'io vidi le due luci benedette,
　Pur come batter d'occhi si concorda,
Con le parole muover le fiammette.

Ihm galten statt der Taufe die drei Frauen,
 Die du gesehn am rechten Rad des Wagens,
 Schon mehr als tausend Jahre, eh man taufte.
O Vorbestimmung, wie ist deine Wurzel
 Doch weit entfernt von allen jenen Blicken,
 Die nicht die ganze erste Ursach sehen.
Ihr Sterblichen, ihr müsset langsam treten
 Im Urteil, denn auch wir, die wir Gott schauen,
 Wir kennen noch nicht alle Auserwählten.
Und diese Lücke ist uns lieb und teuer,
 Weil unser Gut in diesem Gut sich läutert,
 Denn Gottes Wille ist auch unser Wille.»
So wurde mir von jenem göttlichen Bilde,
 Um meiner Augen kurze Sicht zu klären,
 Ein süßes Heilungsmittel dargeboten.
Und wie mit seinem Saitenspiel das Singen
 Ein guter Zitherspieler oft begleitet,
 Wodurch das Lied gewinnt an Wohlgefallen;
So kann ich mich erinnern, daß beim Sprechen
 Ich sah, wie jene beiden heiligen Lichter,
 So wie der Schlag der Augenlider einig,
Bei diesen Worten ihre Flämmchen schwenkten.

CANTO VENTESIMOPRIMO

Già eran gli occhi miei rifissi al volto
  Della mia donna, e l'animo con essi,
  E da ogni altro intento s'era tolto.
E quella non ridea; ma « S'io ridessi »
  Mi cominciò, « tu ti faresti quale
  Fu Semelè quando di cener fessi;
Chè la bellezza mia, che per le scale
  Dell'eterno palazzo più s'accende,
  Com' hai veduto, quanto più si sale,
Se non si temperasse, tanto splende,
  Che il tuo mortal podere al suo fulgore
  Sarebbe fronda che tuono scoscende.
Noi sem levati al settimo splendore,
  Che sotto il petto del Leone ardente
  Raggia mo misto giù del suo valore.
Ficca diretro agli occhi tuoi la mente,
  E fa di quelli specchi alla figura
  Che in questo specchio ti sarà parvente.»

EINUNDZWANZIGSTER GESANG

Schon schauten meine Augen zum Gesichte
   Der Herrin wieder und der Geist mit ihnen,
   Und jedem andern Denken war er ferne.
Und jene lachte nicht, doch: « Wenn ich lachte »,
   So sprach sie, « würde es dir so geschehen
   Wie Semele, als sie zu Asche wurde;
Denn meine Schönheit, die auf allen Stufen
   Des ewigen Hauses immer mehr entzündet,
   Wie du gesehn, je höher wir gestiegen,
Die würde ohne Dämpfung so sehr leuchten,
   Daß deine sterbliche Kraft vor ihrem Feuer
   Wie Laub nur wäre, das der Blitz getroffen.
Wir sind zum siebten Glanze aufgestiegen,
   Den man jetzt an der Brust des glühenden Löwen
   Erstrahlen sieht, vereint mit dessen Kräften.
Laß deinen Geist nun deinen Augen folgen,
   Und diese laß das Bildnis widerspiegeln,
   Das dir in diesem Spiegel wird erscheinen.»

Chi sapesse qual era la pastura
  Del viso mio nell'aspetto beato
  Quand' io mi trasmutai ad altra cura,
Conoscerebbe quanto m'era a grato
  Ubidire alla mia celeste scorta,
  Contrapesando l'un con l'altro lato.
Dentro al cristallo che il vocabol porta,
  Cerchiando il mondo, del suo caro duce
  Sotto cui giacque ogni malizia morta,
Di color d'oro in che raggio traluce
  Vid' io uno scaleo eretto in suso
  Tanto, che nol seguiva la mia luce.
Vidi anche per li gradi scender giuso
  Tanti splendor, ch'io pensai ch'ogni lume
  Che par nel ciel quindi fosse diffuso.
E come per lo natural costume
  Le pole insieme, al cominciar del giorno,
  Si muovono a scaldar le fredde piume;
Poi altre vanno via senza ritorno,
  Altre rivolgon sè onde son mosse,
  Ed altre roteando fan soggiorno;
Tal modo parve a me che quivi fosse
  In quello sfavillar che insieme venne,
  Sì come in certo grado si percosse.
E quel che presso più ci si ritenne
  Si fè sì chiaro, ch'io dicea pensando:
  « Io veggio ben l'amor che tu m'accenne. »

Wer wüßte, welche Nahrung dort empfangen
 Mein Aug aus jenem seligen Angesichte,
 Als ich zu andrer Sorge mich gewandelt,
Der würd erkennen, mit wie großer Freude
 Ich meinem himmlischen Geleit gehorchte,
 Das eine mit dem andern aufzuwiegen.
In dem Kristalle, das, die Welt umkreisend,
 Den Namen trägt von seinem teuren Führer,
 Der keine Bosheit unter sich geduldet,
Sah ich wie Gold, durch das die Strahlen leuchten,
 Nach droben aufgerichtet eine Leiter,
 So hoch, daß ihr mein Aug nicht folgen konnte.
Und ich sah auf den Sprossen niedersteigen
 So viele Lichter, daß ich glauben mochte,
 Daß aller Himmelsglanz dort ausgebreitet.
Und wie nach ihrer Sitte sich die Krähen
 Beim Anbeginn des Tags zu tummeln pflegen,
 Um sich die kalten Federn zu erwärmen,
Da einige ohne Wiederkehr entfliegen,
 Andre zum Ausgangsort zurück sich wenden
 Und wieder andre auf der Stelle kreisen;
Ein solches Treiben schien mir hier zu walten
 In jenem Sprühen, das zusammenströmte,
 Sobald sie eine feste Stufe trafen.
Und der, der uns am nächsten noch verweilte,
 Der ward so leuchtend, daß ich bei mir sagte:
 «Ich sehe wohl, du zeigst mir deine Liebe.»

Ma quella ond' io aspetto il come e il quando
  Del dire e del tacer, si sta; ond' io,
  Contra il disio, fo ben ch'io non dimando.
Per ch'ella, che vedea il tacer mio
  Nel veder di colui che tutto vede,
  Mi disse: « Solvi il tuo caldo disio. »
Ed io incominciai: « La mia mercede
  Non mi fa degno della tua risposta;
  Ma per colei che il chieder mi concede,
Vita beata che ti stai nascosta
  Dentro alla tua letizia, fammi nota
  La cagion che sì presso mi t'ha posta;
E dì perchè si tace in questa ruota
  La dolce sinfonia di paradiso,
  Che giù per l'altre suona sì devota. »
« Tu hai l'udir mortal sì come il viso, »
  Rispose a me; « onde qui non si canta
  Per quel che Beatrice non ha riso.
Giù per li gradi della scala santa
  Discesi tanto sol per farti festa
  Col dire e con la luce che m'ammanta;
Nè più amor mi fece esser più presta;
  Chè più e tanto amor quinci su ferve,
  Sì come il fiammeggiar ti manifesta.
Ma l'alta carità, che ci fa serve
  Pronte al consiglio che il mondo governa,
  Sorteggia qui sì come tu osserve. »

Doch die, von der ich Wie und Wann des Redens
 Und Schweigens stets erwarte, schweigt, und deshalb
 Ist's gut, auch gegen meinen Wunsch zu schweigen.
Worauf sie, die mein Schweigen selbst im Auge
 Desjenigen gesehn, der alles siehet,
 Mir sagte: «Löse nun dein heißes Sehnen.»
Und ich begann: «Die eigenen Verdienste,
 Die machen deiner Antwort mich nicht würdig,
 Doch der zulieb, die mir erlaubt zu fragen,
O seliges Leben, das sich selber hüllte
 In seine eigne Freude, gib die Gründe
 Mir kund, warum du mir so nahe tratest;
Und sage mir, warum in diesem Kreise
 Die süße Paradiesmusik verstummte,
 Die in den andern dort so fromm erklungen.»
«Dein Ohr ist sterblich, so wie auch dein Auge»,
 Gab er zur Antwort, «aus dem gleichen Grunde
 Schweigt hier der Sang, wie Beatrices Lachen.
Ich stieg die Stufen dieser heiligen Leiter
 So tief herab, nur um dich zu begrüßen
 Mit Worten und dem Licht, das mich umkleidet.
Auch hat mich größre Liebe nicht getrieben,
 Denn hier brennt gleiche und noch größre Liebe,
 So wie der Lichter Flammen dir verkünden.
Doch jene hohe Liebe, die zu Dienern
 Des Rats uns machte, der die Welt regieret,
 Gibt uns das Los, wie du es hier gesehen.»

« *Io veggio ben,* » *diss' io,* « *sacra lucerna,*
  Come libero amore in questa corte
  Basta a seguir la providenza eterna;
Ma questo è quel ch'a cerner mi par forte.
  Perchè predestinata fosti sola
  A questo ufficio tra le tue consorte. »
Nè venni prima all'ultima parola,
  Che del suo mezzo fece il lume centro,
  Girando sè come veloce mola;
Poi rispose l'amor che v'era dentro:
  « *Luce divina sopra me s'appunta,*
  Penetrando per questa in ch'io m'inventro,
La cui virtù, col mio veder congiunta,
  Mi leva sopra me tanto, ch'io veggio
  La somma essenza della quale è munta.
Quinci vien l'allegrezza ond' io fiammeggio;
  Perchè alla vista mia, quant'ella è chiara,
  La chiarità della fiamma pareggio.
Ma quell'alma nel ciel che più si schiara,
  Quel serafin che in Dio più l'occhio ha fisso,
  Alla domanda tua non satisfara;
Però che sì s'inoltra nello abisso
  Dell'eterno statuto quel che chiedi,
  Che da ogni creata vista è scisso.
Ed al mondo mortal, quando tu riedi,
  Questo rapporta, sì che non presumma
  A tanto segno più muover li piedi.

« Nun seh ich wohl», sprach ich, « du heilige Leuchte,
　Wie freie Liebe hier an diesem Hofe
　Genügt, der ewigen Vorsehung zu folgen.
Doch dieses scheint mir schwer zu unterscheiden,
　Weswegen du allein von all den Deinen
　Zu diesem Amte ausersehen wurdest.»
Noch hatt ich nicht das letzte Wort gesprochen,
　Als schon das Licht um seine eigne Mitte
　Gleich einem schnellen Mühlenrade kreiste.
Dann sprach die Liebe, die im Innern lebte:
　« Es strahlt das Gotteslicht auf mich hernieder
　Und dringt durch das, in dem ich mich verhülle,
Und seine Kraft, vereint mit meinen Augen
　Erhebt mich über mich, daß ich das höchste
　Wesen erkennen kann, aus dem es strömte.
Das macht die Fröhlichkeit, in der ich glühe,
　Denn meiner Sehkraft, wie sie hell geworden,
　Laß ich die Helle meiner Flamme gleichen.
Doch auch die allerhellste Himmelsseele,
　Der Seraphim, des Auge Gott am nächsten,
　Der könnte deiner Frage nicht genügen,
Denn so weit würde in die Tiefe dringen
　Der ewigen Ordnung, was du wissen möchtest,
　Daß niemals hinreicht ein geschaffnes Auge.
Und wenn du heimkehrst in die Welt der Menschen,
　So sage dies, daß sie sich nicht erkühnen,
　Jemals den Schritt nach diesem Ziel zu lenken.

La mente, che qui luce, in terra fumma;
  Onde riguarda come può laggiue
  Quel che non puote perchè il ciel l'assumma.»
Sì mi prescrisser le parole sue,
  Ch'io lasciai la questione, e mi ritrassi
  A dimandarla umilmente chi fue.
« *Tra due liti d'Italia surgon sassi,*
  E non molto distanti alla tua patria,
  Tanto che i tuoni assai suonan più bassi,
E fanno un gibbo che si chiama Catria,
  Disotto al quale è consecrato un ermo,
  Che suole esser disposto a sola latria.»
Così ricominciommi il terzo sermo;
  E poi, continuando, disse: «Quivi
  Al servigio di Dio mi fè sì fermo,
Che pur con cibi di liquor d'ulivi
  Lievemente passava caldi e geli,
  Contento nei pensier contemplativi.
Render solea quel chiostro a questi cieli
  Fertilemente; ed ora è fatto vano,
  Sì che tosto convien che si riveli.
In quel loco fui io Pietro Damiano,
  E Pietro Peccator fui nella casa
  Di Nostra Donna in sul lito adriano.
Poca vita mortal m'era rimasa,
  Quando fui chiesto e tratto a quel cappello
  Che pur di male in peggio si travasa.

Der Geist, hier leuchtend, muß auf Erden rauchen,
   Drum sieh, wie sollt er drunten das schon können,
   Was er nicht kann selbst hier im Himmel oben.»
So haben seine Worte mir geboten,
   Die Frage aufzugeben, und in Demut
   Hab ich ihn nur gefragt, wer er gewesen.
«Zwischen Italiens Küsten ragen Felsen,
   Nicht allzuweit entfernt von deiner Heimat,
   So hoch, daß Donner unter ihnen hallen.
Sie tragen einen Gipfel, der heißt Catria;
   An dessen Fuß liegt eine heilige Klause,
   Die pflegt dem Gottesdienst nur zu gehören.»
Also begann er seine dritte Rede
   Und sagte weiter dann: «An diesem Orte
   Bin ich so stark in Gottes Dienst geworden,
Daß nur mit Speisen vom Olivenöle
   Ich Hitz und Kälte leicht ertragen konnte,
   Zufrieden in beschaulichen Gedanken.
Einst brachte jenes Kloster diesen Himmeln
   Gar reiche Ernte; heute ist es öde;
   Das wird sich zeitig offenbaren müssen.
Dort nannte man mich Petrus Damianus,
   Und Petrus Peccator hieß ich im Hause
   Der Lieben Frau am Adriagestade.
Nur wenig blieb mir noch vom Leben übrig,
   Als man mich einst zu jenem Hut bestimmte,
   Der jetzt von immer Schlechteren getragen.

Venne Cefàs, e venne il gran vasello
  Dello Spirito Santo, magri e scalzi,
  Prendendo il cibo da qualunque ostello.
Or voglion quinci e quindi chi rincalzi
  Li moderni pastori, e chi li meni,
  Tanto son gravi!, e chi di retro li alzi;
Cuopron dei manti loro i palafreni,
  Sì che due bestie van sott' una pelle:
  Oh pazienza che tanto sostieni!»
A questa voce vid' io più fiammelle
  Di grado in grado scendere e girarsi,
  Ed ogni giro le facea più belle.
Dintorno a questa vennero e fermarsi,
  E fero un grido di sì alto suono,
  Che non potrebbe qui assomigliarsi:
Nè io lo intesi; sì mi vinse il tuono.

Es kam einst Petrus, kam der große Träger
  Des Heiligen Geistes barfuß nur und mager,
  Und nahmen ihre Kost in jeder Herberg.
Jetzt wollen überall, daß man sie stütze,
  Die neuen Hirten, und daß man sie führe,
  So schwer sind sie, und ihre Schleppen trage.
Mit ihren Mänteln decken sie die Zelter;
  Man sieht zwei Tiere gehn in einem Felle.
  O göttliche Geduld, die soviel duldet!»
Bei diesen Worten sah ich viele Flämmchen
  Die Sprossen niedersteigen und sich drehen,
  Und jede Wendung machte sie noch schöner.
Sie schlossen einen Kreis um ihn und hielten
  Und ließen einen Ruf so laut ertönen,
  Daß man ihn hier mit nichts vergleichen könnte;
Doch ich verstand ihn nicht, betäubt vom Donner.

CANTO VENTESIMOSECONDO

Oppresso di stupore, alla mia guida
  Mi volsi, come parvol che ricorre
  Sempre colà dove più si confida;
E quella, come madre che soccorre
  Subito al figlio pallido ed anelo
  Con la sua voce, che il suol ben disporre,
Mi disse: « Non sai tu che tu sei in cielo?
  E non sai tu che il cielo è tutto santo,
  E ciò che ci si fa vien da buon zelo?
Come t'avrebbe trasmutato il canto,
  Ed io ridendo, mo pensar lo puoi,
  Poscia che il grido t'ha mosso cotanto;
Nel qual, se inteso avessi i preghi suoi,
  Già ti sarebbe nota la vendetta
  Che tu vedrai innanzi che tu muoi.
La spada di quassù non taglia in fretta
  Nè tardo, ma' che al parer di colui
  Che disiando o temendo l'aspetta.

ZWEIUNDZWANZIGSTER GESANG

Von Staunen überwältigt blickt ich wieder
  Auf mein Geleit, so wie ein Kind, das immer
  Sich zu dem nächstvertrauten Menschen wendet.
Sie sprach gleich einer Mutter, die dem Kinde,
  Das blaß und keuchend, schnelle Hilfe leistet,
  Mit dem gewohnten Klange ihrer Stimme
Zu mir: «Weißt du denn nicht, daß du im Himmel?
  Und weißt nicht, daß der ganze Himmel heilig
  Und alles dort geschieht aus gutem Eifer?
Wie du verwandelt würdest vom Gesange
  Und meinem Lachen, kannst du jetzt bedenken,
  Da dich der Ruf so sehr erschüttern konnte.
Er hätte, wenn du sein Gebet verstanden,
  Dir auch die Rache schon verkünden können,
  Die du noch sehen wirst vor deinem Tode.
Das Schwert hier oben schneidet nicht in Eile
  Und auch nicht spät, nur in der Meinung dessen,
  Der es mit Sehnsucht oder Furcht erwartet.

Ma rivolgiti omai inverso altrui;
  Ch'assai illustri spiriti vedrai,
  Se com' io dico l'aspetto redui.»
Come a lei piacque, gli occhi ritornai,
  E vidi cento sperule che insieme
  Più s'abbellivan con mutui rai.
Io stava come quei che in sè represse
  La punta del disio, e non s'attenta
  Di domandar, sì del troppo si teme.
E la maggiore e la più luculenta
  Di quelle margarite innanzi fessi,
  Per far di sè la mia voglia contenta.
Poi dentro a lei udi': «Se tu vedessi
  Com' io la carità che tra noi arde,
  Li tuoi concetti sarebbero espressi.
Ma perchè tu, aspettando, non tarde
  All'alto fine, io ti farò risposta
  Pure al pensier di che sì ti riguarde.
Quel monte a cui Cassino è nella costa,
  Fu frequentato già in sulla cima
  Dalla gente ingannata e mal disposta;
Ed io son quel che su vi portai prima
  Lo nome di colui che in terra addusse
  La verità che tanto ci sublima;
E tanta grazia sopra me rilusse,
  Ch'io ritrassi le ville circostanti
  Dall'empio culto che il mondo sedusse.

Doch wende dich nun nach der andern Seite,
 Dort siehst du viele hochberühmte Geister,
 Wenn du, wie ich dir sage, dorthin schauest.»
Wie's ihr gefiel, hab ich den Blick gerichtet,
 Und ich sah hundert Kugeln, die einander
 Mit ihren Strahlen immer noch verschönten.
Ich war wie einer, der der Sehnsucht Stachel
 In sich zurückdrängt, ohne eine Frage
 Zu wagen, so sehr scheut er ihre Größe.
Da ist der größte und der allerhellste
 Von jenen Edelsteinen vorgetreten,
 Um selber meinen Wunsch mir zu erfüllen.
Dann hört ich in ihm: «Wenn du sehen könntest
 Wie ich der Liebe Glut, die uns verbindet,
 So würden deine Wünsche kundgegeben.
Doch damit durch dein Warten du nicht später
 Zum hohen Ziel gelangst, geb ich dir Antwort
 Auf den Gedanken, den du so sehr hütest.
Der Berg, an dem Cassino liegt am Hange,
 Der war dereinst bewohnt auf seinem Gipfel
 Von jenem irrgeführten Heidenvolke.
Ich war der erste, der dorthin getragen
 Den Namen dessen, der auf Erden brachte
 Die Wahrheit, die uns also hat geläutert.
Und solche Gnade hat mir dort geleuchtet,
 Daß ich die Orte ringsumher befreite
 Vom Götzendienste, der die Welt verführte.

Questi altri fuochi tutti contemplanti
Uomini furo, accesi di quel caldo
Che fa nascere i fiori e i frutti santi.
Qui è Macario, qui è Romualdo,
Qui son li frati miei che dentro ai chiostri
Fermar li piedi e tennero il cuor saldo.»
Ed io a lui: «L'affetto che dimostri
Meco parlando, e la buona sembianza
Ch'io veggio e noto in tutti gli ardor vostri,
Così m'ha dilatata mia fidanza,
Come il sol fa la rosa, quando aperta
Tanto divien quant' ell' ha di possanza.
Però ti prego, e tu, padre, m'accerta
S'io posso prender tanta grazia, ch'io
Ti veggia con immagine scoperta.»
Ond'egli: «Frate, il tuo alto disio
S'adempierà in sull'ultima spera,
Ove s'adempion tutti gli altri e il mio.
Ivi è perfetta, matura ed intera
Ciascuna disianza; in quella sola
È ogni parte là dove sempr'era,
Perchè non è in loco, e non s'impola;
E nostra scala infino ad essa varca,
Onde così dal viso ti s'invola.
Infin lassù la vide il patriarca
Iacob porgere la superna parte,
Quando gli apparve d'angeli sì carca.

Hier diese andern Feuer lebten alle
  Nur der Betrachtung, voll von jener Wärme,
  Die heilige Blüten treibt und heilige Früchte.
Hier ist Macarius, hier ist Romualdus,
  Hier sind auch meine Brüder, die in Klöstern
  Sich aufgehalten und ihr Herz bewahrten.»
Und ich zu ihm: «Die Liebe, die in Worten
  Du mir gezeigt, und euer gütig Antlitz,
  Das ich in allem eurem Glühen sehe,
Hat mein Vertrauen also aufgeschlossen
  Wie Sonnenschein die Rose, wenn sie offen
  So groß geworden als sie irgend konnte.
Drum bitt ich dich, o Vater, und du wollest
  Mir sagen, ob ich so viel Gnade finde,
  Daß ich dein Bildnis offen schauen möge.»
Und er: «O Bruder, dies dein hohes Sehnen
  Wird sich erfüllen in der letzten Sphäre,
  Wo meins und alle andern sich erfüllen.
Dort ist ganz rein und reif und ganz vollkommen
  Ein jeder Wunsch, und nur in jenem Kreise
  Ist jeder Teil, wo er von je gewesen.
Denn er ist ohne Ort und ohne Pole,
  Und unsre Leiter kann bis dorthin reichen,
  Weshalb sie deinen Augen so entschwindet.
Bis dorthin hat auch der Erzvater Jakob
  Sie mit den obern Teilen reichen sehen,
  Als sie ihm voll von Engeln einst erschienen.

Ma per salirla mo nessun diparte
  Da terra i piedi, e la regola mia
  Rimasa è giù per danno delle carte.
Le mura che soleano esser badia,
  Fatte sono spelonche, e le cocolle
  Sacca son piene di farina ria.
Ma grave usura tanto non si tolle
  Contra il piacer di Dio, quanto quel frutto
  Che fa il cuor dei monaci sì folle;
Chè quantunque la Chiesa guarda, tutto
  È della gente che per Dio domanda;
  Non di parenti nè d'altro più brutto.
La carne dei mortali è tanto blanda,
  Che giù non basta buon cominciamento
  Dal nascer della quercia al far la ghianda.
Pier cominciò senz'oro e senz'argento,
  Ed io con orazione e con digiuno,
  E Francesco umilmente il suo convento;
E se guardi il principio di ciascuno,
  Poscia riguardi là dov' è trascorso,
  Tu vederai del bianco fatto bruno.
Veramente Iordan volto retrorso
  Più fu, e il mar fuggir, quando Dio volse,
  Mirabile a veder che qui il soccorso.»
Così mi disse, ed indi si raccolse
  Al suo collegio; e il collegio si strinse,
  Poi, come turbo, in su tutto s'avvolse.

Doch um sie zu besteigen hebt jetzt keiner
    Den Fuß auf Erden; meine Ordensregel
    Ist drunten nutzlos ein Papier geblieben.
Die Mauern, die einst die Abtei gewesen,
    Sind nun Spelunken, und der Mönche Kutten
    Sind Säcke voll von schlechtem Mehl geworden.
Der schwerste Wucher ist nicht so sehr gegen
    Den Willen Gottes wie die bösen Früchte,
    Die also toll gemacht das Herz der Mönche.
Denn alles, was die Kirche hat, gehörte
    Den Leuten, die um Gottes Willen bitten,
    Und nicht Verwandten oder schlimmerem Anhang.
Das Fleisch der Menschen ist ja so gebrechlich,
    Daß guter Anbeginn dort nicht genug ist
    Vom Eichentrieb bis zu den Eichelfrüchten.
Petrus begann einst ohne Gold und Silber,
    Und ich begann mit Beten und mit Fasten,
    Und auch Franziskus demutvoll den Orden.
Wenn du betrachtest wie sie angefangen,
    Und dann betrachtest wie ihr Werk geendet,
    So siehst du, daß aus Weißem Schwarz geworden.
Doch wahrlich, daß der Jordan aufwärts strebte,
    Und daß das Meer geteilt nach Gottes Willen,
    War wunderbarer noch als hier die Hilfe.»
So sagt' er mir, um dann zurückzutreten
    In seine Schar; die Schar hat sich geschlossen,
    Dann ist sie wie ein Wirbel aufgestiegen.

La dolce donna dietro a lor mi pinse
  Con un sol cenno su per quella scala,
  Sì sua virtù la mia natura vinse.
Nè mai quaggiù, dove si monta e cala
  Naturalmente, fu sì ratto moto,
  Ch'agguagliar si potesse alla mia ala.
S'io torni mai, lettore, a quel devoto
  Trionfo per lo quale io piango spesso
  Le mie peccata e il petto mi percuoto,
Tu non avresti in tanto tratto e messo
  Nel fuoco il dito, in quanto io vidi il segno
  Che segue il Tauro e fui dentro da esso.
O gloriose stelle, o lume pregno
  Di gran virtù, dal quale io riconosco
  Tutto, qual che si sia, lo mio ingegno,
Con voi nasceva e s'ascondeva vosco
  Quegli ch'è padre d'ogni mortal vita,
  Quand' io senti' di prima l'aere tosco;
E poi, quando mi fu grazia largita
  D'entrar nell'alta ruota che vi gira,
  La vostra region mi fu sortita.
A voi devotamente ora sospira
  L'anima mia, per acquistar virtute
  Al passo forte che a sè la tira.
« Tu sei sì presso all'ultima salute »,
  Cominciò Beatrice, « che tu dei
  Aver le luci tue chiare ed acute.

Die liebe Frau, die trieb mich hinter ihnen
  Die Leiter hoch mit einem einzigen Zeichen;
  So hatte ihre Kraft mich überwältigt.
Nie war dort unten, wo man auf und nieder
  Als Körper steigt, solch reißende Bewegung,
  Die sich vergleichen ließe meinem Fluge.
So wahr ich, Leser, wiederkehren möchte
  Zum frommen Fest, weshalb ich meine Sünde
  Gar oft beweine und die Brust mir schlage,
Du hättest nicht so schnell die Hand ins Feuer
  Gesteckt und weggetan, wie ich das Zeichen
  Gesehn, das hinterm Stier, und drin gewesen.
O ruhmesreiche Sterne, Licht, das trächtig
  Von großer Kraft, von dem ich hergenommen
  All meinen Geist, wie immer er gewesen;
Mit euch stand einst im Auf- und Untergange
  Die Sonne, Urquell alles irdischen Lebens,
  Als ich Toskanas Luft zuerst geatmet;
Und dann, als mir die Gnade war geworden,
  Zum hohen Kreis, der euch bewegt, zu treten,
  Da wurde euer Ort mir auserkoren.
Zu euch erhebt sich nunmehr meine Seele
  Mit frommen Seufzern, um die Kraft zu finden
  Zum schweren Gange, der sie angezogen.
«Du bist dem allerletzten Heil so nahe»,
  Begann Beatrice, «daß mit deinen Augen
  Du nunmehr scharf und klar wirst sehen müssen.

E però, prima che tu più t'inlei,
Rimira in giù, e vedi quanto mondo
Sotto li piedi già esser ti fei;
Sì che il tuo cuor, quantunque può, giocondo
S'appresenti alla turba trionfante,
Che lieta vien per questo etera tondo.»
Col viso ritornai per tutte quante
Le sette spere, e vidi questo globo
Tal ch'io sorrisi del suo vil sembiante;
E quel consiglio per migliore approbo
Chel' ha per meno; e chi ad altro pensa
Chiamar si puote veramente probo.
Vidi la figlia di Latona incensa
Senza quell'ombra che mi fu cagione
Per che già la credetti rara e densa.
L'aspetto del tuo nato, Iperione,
Quivi sostenni, e vidi com' si muove
Circa e vicino a lui, Maia e Dione.
Quindi m'apparve il temperar di Giove
Tra il padre e il figlio; e quindi mi fu chiaro
Il variar che fanno di lor dove.
E tutti e sette mi si dimostraro
Quanto son grandi, e quanto son veloci,
E come sono in distante riparo.
L'aiuola che ci fa tanto feroci,
Volgendom' io con gli eterni Gemelli,
Tutta m'apparve dai colli alle foci.
Poscia rivolsi gli occhi agli occhi belli.

Drum schau, bevor du weiter dringst nach oben
  Hinunter, um zu sehn, wie viele Welten
  Du mit mir hinter dir zurückgelassen;
Auf daß dein Herz so froh wie irgend möglich
  Dem hohen Siegeszug entgegengehe,
  Der fröhlich herkommt durch des Äthers Runde. ›
Mein Auge ist zu allen sieben Sphären
  Zurückgekehrt, und ich sah diese Erde
  So, daß ich ob der Kleinheit lächeln mußte.
Und diesen Rat, die Welt gering zu achten,
  Halt ich für gut, und wer nach andrem trachtet,
  Den kann man wahrlich recht und tüchtig nennen.
Ich sah die Tochter der Latona, brennend,
  Nicht mit dem Schatten, der mir Grund gewesen,
  Daß ich sie einst für dicht und dünn gehalten.
Den Anblick deines Sohnes, Hyperion,
  Hielt ich hier aus, und sah, wie in der Nähe
  Maia und Dion sich um ihn bewegten.
Und dann erschien mir zwischen Sohn und Vater
  Der milde Jupiter, und ich erkannte
  Den Wandel, den sie beide machen müssen.
Und alle sieben haben ihre Größe
  Mir nun gezeigt und die Geschwindigkeiten,
  Und wie sie Abstand voneinander halten.
Die kleine Erde, wo wir so sehr toben,
  Erschien mir ganz mit Bergen und mit Schluchten,
  Als ich im ewigen Zwiegestirne kreiste.
Dann wandt' mein Aug sich zu den schönen Augen.

CANTO VENTESIMOTERZO

Come l'augello, intra l'amate fronde,
  Posato al nido dei suoi dolci nati
  La notte che le cose ci nasconde,
Che, per veder gli aspetti disiati
  E per trovar lo cibo onde li pasca,
  In che gravi labor gli sono grati,
Previene il tempo in su l'aperta frasca,
  E con ardente affetto il sole aspetta,
  Fiso guardando pur che l'alba nasca;
Così la donna mia stava eretta
  Ed attenta, rivolta inver la plaga
  Sotto la quale il sol mostra men fretta:
Sì che, veggendola io sospesa e vaga,
  Fecimi qual è quei che disiando
  Altro vorria, e sperando s'appaga.
Ma poco fu tra uno ed altro quando,
  Del mio attender, dico, e del vedere
  Lo ciel venir più e più rischiarando.

DREIUNDZWANZIGSTER GESANG

So wie der Vogel im geliebten Laube,
  Wenn er im Neste seiner lieben Kleinen
  Die Nacht verbracht, die uns verhüllt die Dinge,
Dann die ersehnten Bilder neu zu schauen
  Und Speise suchend, sie damit zu nähren,
  Wobei die schwere Last ihm dient zur Freude;
Dem Tag voraneilt auf dem offnen Zweige,
  Voll heißer Liebe auf die Sonne wartend,
  Mit unverwandtem Blick zur Morgenröte:
So sah ich meine Herrin aufgerichtet
  Und aufmerksam zur Stelle hingewendet,
  Wo sich am langsamsten bewegt die Sonne;
So daß, da ich sie voll Erwartung schaute,
  Ich selber einer ward, der voll von Wünschen
  Nach andrem strebt und sich an Hoffnung weidet.
Doch kurze Zeit verging von dem zu jenem,
  Von jenem Warten, mein ich, bis der Himmel
  In einer hellern Klarheit war zu sehen.

E Beatrice disse: « Ecco le schiere
  Del trionfo di Cristo e tutto il frutto
  Ricolto del girar di queste spere! »
Pareami che il suo viso ardesse tutto;
  E gli occhi avea di letizia sì pieni,
  Che passar men convien senza costrutto.
Quale nei plenilunii sereni
  Trivia ride tra le ninfe eterne
  Che dipingon lo ciel per tutti i seni,
Vid' io sopra migliaia di lucerne
  Un sol, che tutte quante l'accendea,
  Come fa il nostro le viste superne;
E per la viva luce trasparea
  La lucente sustanza tanto chiara
  Nel viso mio, che non la sostenea.
Oh Beatrice, dolce guida e cara!
  Ella mi disse: « Quel che ti sopranza
  È virtù da cui nulla si ripara.
Quivi è la sapienza e la possanza
  Ch'aprì le strade tra il cielo e la terra,
  Onde fu già sì lunga disianza. »
Come fuoco di nube si disserra
  Per dilatarsi sì che non vi cape,
  E fuor di sua natura in giù s'atterra,
La mente mia così, tra quelle dape
  Fatta più grande, di sè stessa uscìo,
  E che si fesse rimembrar non sape.

Und Beatrice sagte: « Sieh die Scharen
  Von Christi Siegeszug und all die Früchte,
  Die dieser Sphären Umkreis hat geerntet!»
Mir schien, als ob ihr ganzes Antlitz brannte,
  Und ihre Augen waren so voll Freude,
  Daß ich sie nicht in Worte fassen könnte.
Wie oftmals in den hellen Vollmondnächten
  Trivia lächelt unter ewigen Nymphen,
  Die überall am ganzen Himmel strahlen,
So sah ich über tausenden von Lichtern
  Ein Sonnenlicht, das sie zum Leuchten brachte,
  Wie unsre Sonne alle andern Sterne.
Und durch das helle Licht ist durchgebrochen
  Die leuchtende Gewalt mit solcher Klarheit,
  Daß sie mein Auge nicht ertragen konnte.
O Beatrice, lieb und treu Geleite!
  Sie sprach zu mir: « Was dich so überwältigt,
  Ist eine Kraft, der nichts entgehen könnte.
Hier ist die Weisheit und hier ist die Stärke,
  Die zwischen Erd und Himmel schuf die Wege,
  Nach denen man so lange Zeit sich sehnte.»
So wie der Blitz hervorbricht aus der Wolke,
  Weil er vergrößert keinen Raum mehr findet,
  Und gegen die Natur sich stürzt nach unten:
So ist mein Geist, der sich so sehr geweitet
  Von jenen Gaben, aus sich selbst gefahren,
  Und was geschah, kann er sich nicht erinnern.

« *Apri gli occhi e riguarda qual son io:*
   Tu hai vedute cose, che possente
   Sei fatto a sostener lo riso mio. »
Io era come quei che si risente
   Di visione oblita e che s'ingegna
   Indarno di ridurlasi alla mente,
Quand' io udi' questa proferta, degna
   Di tanto grado, che mai non si stingue
   Del libro che il preterito rassegna.
Se mo sonasser tutte quelle lingue
   Che Polimnìa con le suore fero
   Del latte lor dolcissimo più pingue,
Per aiutarmi, al millesmo del vero
   Non si verria, cantando il santo riso
   E quanto il santo aspetto facea mero.
E così, figurando il paradiso,
   Convien saltar lo sacrato poema,
   Come chi trova suo cammin reciso.
Ma chi pensasse il ponderoso tema,
   E l'omero mortal che se ne carca,
   Nol biasmerebbe se sott'esso trema.
Non è pileggio da piccola barca
   Quel che fendendo va l'ardita prora,
   Nè da nocchier ch'a sè medesmo parca.
« *Perchè la faccia mia sì t'innamora,*
   Che tu non ti rivolgi al bel giardino
   Che sotto i raggi di Cristo s'infiora?

« Tu deine Augen auf und sieh mein Bildnis.
　Du durftest Dinge sehn, daß du nun fähig
　Geworden, auch mein Lächeln zu ertragen. »
Ich war wie einer, der vergeßne Träume
　Noch in sich fühlt und sich vergeblich mühet,
　Sie sich in seinen Geist zurückzurufen;
Als ich den Anruf hörte, welcher würdig
　So großen Dankes, daß er nie im Buche
　Erlöschen kann, das das Vergangne schildert.
Wenn mir auch alle Zungen helfen würden,
　Die Polyhymnia einst und ihre Schwestern
　Mit ihrer süßen Milch am meisten nährten,
So würde doch ein Tausendstel der Wahrheit
　Noch nicht erreicht, vom heiligen Antlitz singend
　Und von der Reinheit seines heiligen Bildes.
Und so muß in der Paradiesbeschreibung
　Das heilige Gedicht hier überspringen,
　Wie jemand, der den Weg versperrt gefunden.
Doch wer die schwere Last bedenken würde
　Und Menschenschultern, die sie aufgeladen,
　Der würde den, der zittert, auch nicht tadeln.
Denn es ist keine Bahn für leichte Nachen,
　Die jetzt befahren wird vom kühnen Buge,
　Und nicht für einen Fährmann, der sich fürchtet.
« Was fesselt dich mein Antlitz so mit Liebe,
　Daß du dich nicht zum schönen Garten wendest,
　Der voll von Blüten steht in Christi Strahlen?

Quivi è la rosa in che il verbo divino
   Carne si fece; quivi son li gigli
   Al cui odor si prese il buon cammino.»
Così Beatrice; ed io, che ai suoi consigli
   Tutto era pronto, ancora mi rendei
   Alla battaglia dei debili cigli.
Come a raggio di sol che puro mei
   Per fratta nube già prato di fiori
   Vider, coperti d'ombra, gli occhi miei,
Vid' io così più turbe di splendori,
   Fulgorate di su da raggi ardenti,
   Senza veder principio di fulgori.
O benigna virtù che sì gl'imprenti,
   Su t'esaltasti, per largirmi loco
   Agli occhi lì che non t'eran possenti.
Il nome del bel fior ch'io sempre invoco
   E mane e sera, tutto mi ristrinse
   L'animo ad avvisar lo maggior fuoco.
E come ambo le luci mi dipinse
   Il quale e il quanto della viva stella
   Che lassù vince, come quaggiù vinse,
Per entro il cielo scese una facella,
   Formata in cerchio a guisa di corona,
   E cinsela e girossi intorno ad ella.
Qualunque melodia più dolce suona
   Quaggiù, e più a sè l'anima tira,
   Parrebbe nube che squarciata tuona,

Du siehst die Rose dort, in der verkörpert
  Das Gotteswort, und dort siehst du die Lilien,
  Die mit dem Duft den rechten Weg gewiesen.»
So sprach Beatrice. Ich, der immer willig
  Für ihren Rat, ergab mich nun aufs neue
  Dem schweren Kampfe meiner schwachen Brauen.
So wie im Sonnenlicht, das durch die Wolken
  Ganz rein hindurchbricht, eine Blumenwiese,
  Mit Schatten drüber, meine Augen sahen,
So sah ich viele Scharen jener Lichter
  Von oben angeblitzt mit heißen Strahlen,
  Ohne des Glanzes Ursprung selbst zu sehen.
O gütige Kraft, die also sie gestaltet,
  Du bist emporgestiegen, Raum zu geben
  Für meine Augen, die dich nicht ertrugen.
Der schönen Blume Namen, die ich immer
  Am Morgen und am Abend rufe, hatte
  Den Geist zum größten Lichte hingetrieben.
Und während beide Augen mir die Größe
  Und Schönheit des lebendigen Sterns erfüllte,
  Der droben siegt so wie er drunten siegte,
Stieg dort am Himmel eine Fackel nieder,
  Die war zum Ring geformt wie eine Krone
  Und hat dann kreisend jenen Stern umschlossen.
Die Melodie, die je am schönsten tönte
  Hier unten, und am meisten lockt die Seele,
  Die wäre nur wie Donner aus den Wolken,

Comparata al sonar di quella lira
  Onde si coronava il bel zaffiro
  Del quale il ciel più chiaro s'inzaffira.
« Io sono amore angelico, che giro
  L'alta letizia che spira del ventre
  Che fu albergo del nostro disiro;
E girerommi, donna del ciel, mentre
  Che seguirai tuo figlio, e farai dia
  Più la spera suprema perchè gli entre. »
Così la circulata melodia
  Si sigillava, e tutti gli altri lumi
  Facean sonare il nome di Maria.
Lo real manto di tutti i volumi
  Del mondo, che più ferve e più s'avviva
  Nell'alito di Dio e nei costumi,
Avea sopra di noi l'interna riva
  Tanto distante, che la sua parvenza,
  Là dov' io era, ancor non m'appariva:
Però non ebber gli occhi miei potenza
  Di seguitar la coronata fiamma,
  Che si levò appresso sua semenza.
E come fantolin che inver la mamma
  Tende le braccia, poi che il latte prese,
  Per l'animo che infin di fuor s'infiamma;
Ciascun di quei candori in su si stese
  Con la sua fiamma, sì che l'alto affetto
  Ch'egli aveano a Maria mi fu palese.

Verglichen mit dem Klange jener Leier,
  Mit der der schöne Saphirstein sich krönte,
  Der dort zum Schmucke dient dem hellsten Himmel.
«Ich bin die Engelsliebe, die die hohe
  Freude umkreist, die ausströmt aus dem Leibe,
  In dem einst unser aller Sehnsucht wohnte;
Und ich will kreisen, Himmelsherrin, während
  Du deinem Sohne folgst und durch dein Kommen
  Die höchste Sphäre heller leuchten lässest.»
So hatte sich die Melodie im Kreise
  Herausgeformt, und alle andern Lichter,
  Die sangen nun den Namen der Maria.
Der königliche Mantel aller Sphären
  Der Welt, der von dem Hauch und Walten Gottes
  Am meisten glüht und voll des höchsten Lebens,
Der hatte über uns die Innenseite
  Noch so entfernt, daß seine Lichterscheinung
  Dort, wo ich stand, mir noch nicht sichtbar wurde.
Drum hatten meine Augen nicht die Stärke,
  Um der gekrönten Flamme nachzufolgen,
  Die sich erhob in ihres Sohnes Nähe.
Und wie ein Kindlein oft die Arme wendet
  Zu seiner Mutter, wenn's die Milch getrunken,
  Weil auch nach außen seine Seele glühend,
So reckte sich nach oben mit der Flamme
  Ein jedes Licht, daß mir die hohe Liebe,
  Die sie Maria brachten, sichtbar wurde.

Indi rimaser lì nel mio cospetto,
   'Regina cœli' cantando sì dolce,
   Che mai da me non si partì il diletto.
Oh quanta è l'ubertà che si soffolce
   In quelle arche ricchissime, che fuoro
   A seminar quaggiù buone bobolce!
Quivi si vive e gode del tesoro
   Che s'acquistò piangendo nello esilio
   Di Babilon, ove si lasciò l'oro.
Quivi trionfa, sotto l'alto filio
   Di Dio e di Maria, di sua vittoria,
   E con l'antico e col nuovo concilio,
Colui che tien le chiavi di tal gloria.

Dann blieben sie vor meinen Augen stehen,
 « Regina Coeli » singend so voll Süße,
 Daß mich daran die Freude nie verlassen.
Wie groß ist doch die Fülle, die geborgen
 In jenen reichen Schreinen, die hier unten
 Schon voll von guten Saaten einst gewesen!
Hier lebt man voller Freude von den Schätzen,
 Die man im fremden Babel unter Tränen
 Sich einst erwarb, wo man das Gold gelassen.
Hier freut sich unter Gottes hohem Sohne
 Und der Maria nun an seinem Siege
 Zusammen mit dem alt und neuen Bunde
Der, der die Schlüssel trägt zu solchem Glanze.

CANTO VENTESIMOQUARTO

« *O sodalizio eletto alla gran cena*
  Del benedetto agnello, il qual vi ciba
  Sì, che la vostra voglia è sempre piena,
Se per grazia di Dio questi preliba
  Di quel che cade della vostra mensa,
  Anzi che morte tempo gli prescriba,
Ponete mente all'affezione immensa,
  E roratelo alquanto: voi bevete
  Sempre del fonte onde vien quel ch'ei pensa.»
Così Beatrice. E quelle anime liete
  Si fèro spere sopra fissi poli,
  Fiammando, volte, a guisa di comete.
E come cerchi in tempra d'oriuoli
  Si giran sì, che il primo a chi pon mente
  Quieto pare, e l'ultimo che voli;
Così quelle carole, differente-
  Mente danzando, della sua ricchezza
  Mi faceano stimar, veloci e lente.

VIERUNDZWANZIGSTER GESANG

«O ihr geladnen Gäste an dem Tische
  Des heiligen Lammes, das euch also sättigt,
  Daß eure Wünsche stets Erfüllung finden;
Wenn dieser durch die Gnade Gottes früher
  Vom Überflusse eures Tisches kostet
  Als noch die Zeit den Tod ihm vorgeschrieben,
So denket an die ungemeßne Liebe
  Und spendet ihm ein wenig; denn ihr trinket
  Stets aus dem Quell, aus dem sein Denken fließet.»
So sprach Beatrice. Jene frohen Seelen,
  Die wurden Kugeln über festen Polen,
  In Flammen kreisend so wie die Kometen.
Und wie die Räder im Getrieb der Uhren
  So kreisen, daß das erste dem Betrachter
  Stillstehend scheint, das letzte wie im Fluge,
So sind auch jene Reigen, ganz verschieden
  In ihrem Tanze, nach des Lichtes Fülle
  Mehr oder weniger eilig mir erschienen.

Di quella ch'io notai di più bellezza
  Vid' io uscire un fuoco sì felice,
  Che nullo vi lasciò di più chiarezza;
E tre fiate intorno di Beatrice
  Si volse con un canto tanto divo
  Che la mia fantasia nol mi ridice:
Però salta la penna e non lo scrivo;
  Chè l'imagine nostra a cotai pieghe,
  Non che il parlare, è troppo color vivo.
« O santa suora mia, che sì ne preghe
  Divota, per lo tuo ardente affetto
  Da quella bella spera mi disleghe. »
Poscia, fermato, il fuoco benedetto
  Alla mia donna dirizzò lo spiro,
  Che favellò così com' io ho detto.
Ed ella: « O luce eterna del gran viro
  A cui Nostro Signor lasciò le chiavi,
  Ch'ei portò giù di questo gaudio miro,
Tenta costui dei punti lievi o gravi,
  Come ti piace, intorno della fede,
  Per la qual tu su per lo mare andavi.
S'egli ama bene e bene spera e crede,
  Non t'è occulto, perchè il viso hai quivi
  Dov'ogni cosa dipinta si vede;
Ma perchè questo regno ha fatto civi
  Per la verace fede, a gloriarla
  Di lei parlare è buon ch'a lui arrivi. »

Aus dem, das mir am allerschönsten dünkte,
 Sah ich ein also glücklich Feuer brechen,
 Daß ich dort keines sah von größrer Helle.
Und dreimal sah ich rings um Beatrice
 Es mit so göttlichem Gesange kreisen,
 Daß meine Bildkraft es nicht festgehalten.
So muß ich es im Schreiben überspringen;
 Denn unsre Bilder sind für solche Züge,
 Erst recht die Sprache, allzu grelle Farben.
« O meine heilige Schwester, durch dein Bitten
 Und deiner heißen Liebe frommes Wesen
 Entführst du mich aus jenem schönen Kreise. »
Dann hat das segensreiche Licht gehalten,
 Mit seinem Hauch gewandt zu meiner Herrin,
 Der so gesprochen, wie ich oben sagte.
Und sie: « O ewiges Licht des großen Mannes,
 Dem unser Herr zu diesem Freudenwunder
 Die Schlüssel, die er drunten trug, gelassen;
Prüf diesen hier mit leicht und schweren Fragen,
 Wie's dir gefallen mag, in seinem Glauben,
 Durch den du selbst einst auf dem Meer gewandelt.
Ob er auch richtig glaubt und liebt und hoffet,
 Das ist dir nicht verborgen, denn du siehest
 Dorthin, wo jeglich Ding gemalt zu sehen.
Jedoch weil dieses Reich durch wahren Glauben
 Sich Bürger schafft, wird es ihm wohl anstehen,
 Daß er zu seinem Preise davon rede. »

Sì come il baccellier s'arma e non parla
Fin che il maestro la question propone,
Per approvarla, non per terminarla,
Così m'armava io d'ogni ragione,
Mentre ch'ella dicea, per esser presto
A tal querente ed a tal professione.
« Dì, buon cristiano, fatti manifesto:
Fede che è?» Ond' io levai la fronte
In quella luce onde spirava questo;
Poi mi volsi a Beatrice, ed essa pronte
Sembianze femmi perchè io spandessi
L'acqua di fuor del mio interno fonte.
« La grazia che mi dà ch'io mi confessi »,
Comincia' io, « dall'alto primopilo,
Faccia li miei concetti bene espressi.»
E seguitai: « Come il verace stilo
Ne scrisse, padre, del tuo caro frate
Che mise teco Roma nel buon filo,
Fede è sustanza di cose sperate,
Ed argomento delle non parventi;
E questa pare a me sua quiditate.»
Allora udi': « Dirittamente senti,
Se bene intendi perchè la ripose
Tra le sustanzie e poi tra gli argomenti.»
Ed io appresso: « Le profonde cose
Che mi largiscon qui la lor parvenza,
Agli occhi di laggiù son sì nascose,

So wie ein Prüfling stumm sich vorbereitet,
 Bis daß der Meister seine Fragen stellte,
 Sie zu belegen, nicht sie zu entscheiden,
So rüstet ich mich nun mit allen Gründen,
 Solang sie sprach, um dann bereit zu stehen
 Für solchen Prüfer und für solch Bekenntnis.
«Sag, guter Christ, und gib dich zu erkennen:
 Was ist der Glaube?» Ich erhob die Stirne
 Zu jenem Licht, aus dem der Hauch gekommen.
Dann schaut ich auf Beatrice, und sie machte
 Mir schnell ein Zeichen, daß ich meine Wasser
 Dem innern Quell entströmen lassen sollte.
«Die Gnade, die erlaubt, mich zu bekennen»,
 Begann ich nun, «vor jenem hohen Kämpfer,
 Mag mir zum Ausdruck der Gedanken helfen.»
Und ich fuhr fort: «So, wie der wahre Griffel,
 O Vater, deines Bruders hat geschrieben,
 Der mit dir Rom zum rechten Wege führte,
Ist Glaube Wesenheit erhoffter Dinge
 Und die Begründung der noch nicht geschauten,
 Und dieses ist, so scheint es mir, sein Wesen.»
Da hörte ich: «Ganz recht ist deine Meinung,
 Wenn du verstehst, warum er zugehörig
 Erst zu den Wesenheiten, dann den Gründen.»
Und ich darauf: «Es sind die tiefen Dinge,
 Die hier mir ihre Sichtbarkeit gewähren,
 Den Augen von dort unten noch verborgen,

Che l'esser loro v' è in sola credenza,
  Sopra la qual si fonda l'alta spene;
  E però di sustanza prende intenza:
E da questa credenza ci conviene
  Sillogizzar, senza aver altra vista;
  Però intenza d'argomento tiene.»
Allora udi': «Se quantunque s'acquista
  Giù per dottrina, fosse così inteso,
  Non li avria loco ingegno di sofista.»
Così spirò di quello amore acceso;
  Indi soggiunse: «Assai bene è trascorsa
  D'esta moneta già la lega e-il peso;
Ma dimmi se tu l'hai nella tua borsa.»
  Ed io: «Sì, ho, sì lucida e sì tonda,
  Che nel suo conio nulla mi s'inforsa.»
Appresso uscì della luce profonda
  Che lì splendeva: «Questa cara gioia,
  Sopra la quale ogni virtù si fonda,
Onde ti venne?» Ed io: «La larga ploia
  Dello Spirito Santo ch'è diffusa
  In sulle vecchie e in sulle nuove cuoia,
È sillogismo che la mi ha conchiusa
  Acutamente sì, che inverso d'ella
  Ogni dimostrazion mi pare ottusa.»
Io udi' poi: «L'antica e la novella
  Proposizion che così ti conchiude,
  Perchè l'hai tu per divina favella?»

Daß man ihr Sein im Glauben nur kann finden,
 Auf dem die hohe Hoffnung sich begründet;
 Drum muß er sich zur Wesenheit erheben.
Doch da wir auch noch, ohne selbst zu sehen,
 Aus diesem Glauben Schlüsse ziehen müssen,
 So hat er als Beweisgrund auch zu dienen.»
Dann hörte ich: «Wenn alles, was man drunten
 Durch Lehre sich erwirbt, so klar verständlich,
 Dann wär kein Platz mehr für Sophistengeister.»
So hauchte er, entbrannt von jener Liebe,
 Und fuhr dann fort: «Recht gut ist abgelaufen
 Das Gießen und das Wägen dieser Münze;
Doch sag mir: Hast du sie in deinem Beutel?»
 Und ich: «Jawohl, und auch so rund und glänzend,
 Daß nichts mir fraglich ist an ihrer Prägung.»
Dann hört' ich aus der Tiefe jenes Lichtes,
 Das dort erglänzte: «Dieses teure Kleinod,
 Auf welchem alle Tugend steht begründet,
Wer gab es dir?» Und ich: «Das reiche Wasser
 Des Heiligen Geistes, das sich ausgebreitet
 Im Alten und im Neuen Testamente,
Ist eine Lehre, die durch scharfe Schlüsse
 Es mir so zeigte, daß damit verglichen
 Ein jeglicher Beweis mir stumpf erschienen.»
Ich hörte dann: «Die alt und neuen Schriften,
 Die dich so feste Schlüsse ziehen lassen,
 Warum hältst du sie denn für Worte Gottes?»

Ed io: « *La prova che il ver mi dischiude,*
  Son l'opere seguite, a che natura
  Non scaldò ferro mai nè battè ancude.»
Risposto fummi: « *Dì, chi t'assicura*
  Che quell'opere fosser? Quel medesmo
  Che vuol provarsi, non altri, il ti giura?»
« *Se il mondo si rivolse al cristianesmo*»
  Diss' io « *senza miracoli, quest' uno*
  È tal, che gli altri non sono il centesmo;
Chè tu entrasti povero e digiuno
  In campo, a seminar la buona pianta
  Che fu già vite ed ora è fatta pruno.»
Finito questo, l'alta corte santa
  Risonò per le spere un « *Dio laudamo*»
  Nella melode che lassù si canta.
E quel baron che sì di ramo in ramo,
  Esaminando, già tratto m'avea,
  Che all'ultime fronde appressavamo,
Ricominciò: « *La Grazia, che donnea*
  Con la tua mente, la bocca t'aperse
  Infino a qui come aprir si dovea,
Sì ch'io approvo ciò che fuori emerse:
  Ma or conviene esprimer quel che credi,
  Ed onde alla credenza tua s'offerse.»
« *O santo padre, spirito che vedi*
  Ciò che credesti sì che tu vincesti
  Ver lo sepulcro più giovani piedi,»

Und ich: «Mir hat die Wahrheit sich erwiesen
　Aus jenen Werken, denen nie das Eisen
　Natur erhitzt und nie den Amboß hämmert.»
Mir kam die Antwort: «Wer hat dir bewiesen,
　Daß diese Werke wahr sind? Nur das Gleiche,
　Das erst noch zu beweisen, und nichts andres.»
«Wenn sich die Welt zum Christentum bekehrte»,
　Sprach ich, «auch ohne Wunder, ist das eine
　So groß, daß alle andern nur ein Teilchen.
Denn du bist arm und hungrig hingetreten
　Zum Felde mit der guten Pflanze Samen,
　Die Rebstock einst, ein Dornbusch jetzt geworden.»
Darauf erklang im hohen heiligen Hofe
　Durch alle Sphären: «Te Deum laudamus!»
　Mit jenem Tone, den man singt dort oben.
Und jener Herr, der so von Zweig zu Zweige
　Mich prüfte und schon soweit fortgeschritten,
　Daß wir den letzten Blättern nahekamen,
Begann aufs neu: «Die Gnade, die befreundet
　Mit deinem Geist, hat deinen Mund geöffnet
　Bis hierher, so wie er sich öffnen sollte;
So daß ich lobe, was er ausgesprochen,
　Doch nun muß er auch, was du glaubest, sagen,
　Und woher dieser Glaube dir erwachsen.»
«O heiliger Vater, Geist, der das kann sehen,
　Was er so fest geglaubt hat, daß er schneller
　Zum Grabe kam als selbst die jüngern Füße»,

Comincia' io, « tu vuoi ch'io manifesti
  La forma qui del pronto creder mio,
  Ed anche la cagion di lui chiedesti.
Ed io rispondo: Io credo in uno Dio
  Solo ed eterno, che tutto il ciel muove,
  Non moto, con amore e con disio.
Ed a tal creder non ho io pur prove
  Fisiche e metafisice, ma dalmi
  Anche la verità che quinci piove
Per Moisè, per profeti e per salmi,
  Per l'Evangelio e per voi che scriveste
  Poi che l'ardente Spirto vi fè almi.
E credo in tre persone eterne, e queste
  Credo una essenza sì una e sì trina,
  Che soffera congiunto 'sono' ed 'este'.
Della profonda condizion divina
  Ch'io tocco mo, la mente mi sigilla
  Più volte l'evangelica dottrina.
Quest' è il principio, quest' è la favilla
  Che si dilata in fiamma poi vivace,
  E come stella in cielo in me scintilla.»
Come il segnor ch'ascolta quel che i piace,
  Da indi abbraccia il servo, gratulando
  Per la novella, tosto ch'ei si tace;
Così, benedicendomi cantando,
  Tre volte cinse me, sì com' io tacqui,
  L'apostolico lume al cui comando
Io avea detto; sì nel dir gli piacqui.

So sprach ich nun, « du willst, ich soll die Formen
   Von meinem schnellen Glauben nun verkünden
   Und auch die Gründe willst du von mir wissen.
Ich sag darauf: Ich glaub an Gott den einen
   Und ewigen, der bewegt den ganzen Himmel,
   Selbst unbewegt, mit Liebe und mit Sehnen.
Für diesen Glauben habe ich Beweise
   Nicht nur aus Welt und Überwelt, sie kommen
   Auch aus der Wahrheit, die herniederregnet
Von Moses, den Propheten und den Psalmen,
   Vom Evangelium und von euch, die schrieben,
   Als sie erhoben hat des Geistes Feuer.
Ich glaube an drei ewige Personen,
   Und diese glaub ich so in drei und einem,
   Daß sie zugleich das Ist und Sind erlauben.
Und diese tiefen Eigenschaften Gottes,
   Die ich erwähnt, stehn mehrmals mir im Geiste
   Geschrieben durch des Evangeliums Lehre.
Dies ist der Grundsatz, dieses ist der Funke,
   Der zu lebendiger Flamme angewachsen
   Und wie ein Stern am Himmel in mir schimmert.
So wie ein Herr, der eine frohe Kunde   [wünscht
   Vernimmt, den Knecht umarmt und ihn beglück-
   Für seine Nachricht, wenn er kaum gesprochen,
So kreiste um mich segnend im Gesange
   Dreimal, sobald ich ausgeredet hatte,
   Das apostolische Licht, das mir zu sprechen
Geboten, so gefiel ihm meine Rede.

CANTO VENTESIMOQUINTO

Se mai continga che il poema sacro
   Al quale ha posto mano e cielo e terra,
   Sì che m'ha fatto per più anni macro,
Vinca la crudeltà che fuor mi serra
   Del bello ovile, ov'io dormi'agnello
   Nimico ai lupi che gli danno guerra;
Con altra voce omai, con altro vello
   Ritornerò poeta, ed in sul fonte
   Del mio battesmo prenderò il cappello:
Però che nella fede, che fa conte
   L'anime a Dio, quivi intra'io, e poi
   Pietro per lei sì mi girò la fronte.
Indi si mosse un lume verso noi
   Di quella spera ond'uscì la primizia
   Che lasciò Cristo dei vicari suoi.
E la mia donna, piena di letizia,
   Mi disse: « Mira, mira: ecco il barone
   Per cui laggiù si visita Galizia. »

FÜNFUNDZWANZIGSTER GESANG

Wenn es dem heiligen Liede je gelänge,
   An welchem Erd und Himmel Anteil haben,
   So daß es viele Jahre an mir zehrte,
Die Grausamkeit zu überwinden, welche
   Mich aus der schönen Hürde ausgetrieben,
   Wo ich als Lamm, den Wölfen feind, geschlafen,
Dann kehre ich mit andrem Ton und Haare
   Als Dichter heim und werde an dem Brunnen,
   Wo ich getauft, den Dichterkranz empfangen;
Denn dort hab ich den Glauben angenommen,
   An welchem Gott die Seelen kennt, und später
   Hat Petrus mir dafür die Stirn umwunden.
Dann ist ein Feuer zu uns hergekommen
   Aus jenem Kreis, aus dem hervorgegangen
   Der, welchen Christus ließ an seiner Stelle.
Und meine Herrin sprach mit großer Freude
   Zu mir: « Schau nur, schau nur, und sieh den Herren,
   Zu dem sie drunten wallen nach Galizien!»

Sì come quando il colombo si pone
  Presso al compagno, l'uno all'altro pande,
  Girando e mormorando, l'affezione;
Così vid'io l'uno dall'altro grande
  Principe glorioso essere accolto,
  Laudando il cibo che lassù li prande.
Ma poi che il gratular si fu assolto,
  Tacito coram me ciascun s'affisse,
  Ignito sì che vinceva il mio volto.
Ridendo allora Beatrice disse:
  « Inclita vita per cui la larghezza
  Della nostra basilica si scrisse,
Fa risonar la Speme in questa altezza:
  Tu sai, che tante fiate la figuri,
  Quante Iesù ai tre fè più carezza. »
« Leva la testa e fa che t'assicuri;
  Chè ciò che vien quassù del mortal mondo,
  Convien ch'ai nostri raggi si maturi. »
Questo conforto del fuoco secondo
  Mi venne; ond' io levai gli occhi ai monti
  Che l'incurvaron pria col troppo pondo.
« Poi che per grazia vuol che tu t'affronti
  Lo nostro imperadore, anzi la morte,
  Nell'aula più segreta coi suoi conti,
Sì che, veduto il ver di questa corte,
  La Speme, che laggiù bene innamora,
  In te ed in altrui di ciò conforte;

So wie wenn eine Taube sich gesellet
  Zu der Gefährtin, und sie gurrend kreisen,
  Einander ihre Liebe zu erzeigen:
So sah ich, wie der eine nun den andern
  Ruhmreichen, großen Herren dort begrüßte,
  Die Speise lobend, die sie droben kosten.
Doch als sie ihre Grüße ausgewechselt,
  Da haben beide stumm vor mir gehalten,
  So glühend, daß mein Aug es nicht ertragen.
Und lachend hört' ich Beatrice sprechen:
  «Erhabnes Leben, das den großen Reichtum,
  Den unsre Kirche birgt, dereinst beschrieben,
Laß hier in dieser Höh die Hoffnung tönen;
  Du kannst es, da du sie so oft verkörperst,
  Als Christus einst euch Dreien Gunst bezeugte.»
«Erheb dein Haupt und werde wieder sicher,
  Denn was heraufkommt von der sterblichen Erde,
  Das muß erst reifen hier in unsern Strahlen.»
Dies Trostwort kam mir von dem zweiten Feuer,
  Weshalb ich meine Augen zu den Höhen
  Erhob, die sie zuvor darniederdrückten.
«Da unser Kaiser will, daß du aus Gnade
  Noch vor dem Tod in dem geheimsten Saale
  Mit seinen Grafen sollst zusammentreffen,
Damit du, dieses Hofes Wahrheit kennend,
  Die Hoffnung, die dort unten Lieb erwecket,
  In dir und andern dadurch stärken mögest,

Dì quel ch'ell'è, e come se ne infiora
  La mente tua, e dì onde a te venne.»
    Così seguì il secondo lume ancora.
E quella pia che guidò le penne
  Delle mie ali a così alto volo,
    Alla risposta così mi prevenne:
«*La Chiesa militante alcun figliuolo*
  Non ha con più speranza, com' è scritto
    Nel sol che raggia tutto nostro stuolo:
Però gli è conceduto che d'Egitto
  Venga in Ierusalemme per vedere,
    Anzi che il militar gli sia prescritto.
Gli altri due punti, che non per sapere
  Son dimandati, ma perch' ei rapporti
    Quanto questa virtù t'è in piacere,
A lui lasc'io, che non gli saran forti
  Nè di iattanza; ed egli a ciò risponda,
    E la grazia di Dio ciò gli comporti.»
Come discente ch'a dottor seconda,
  Pronto e libente, in quello ch'egli è esperto,
    Perchè la sua bontà si disasconda,
«*Speme*» *diss' io* «*è uno attender certo*
  Della gloria futura, il qual produce
    Grazia divina e precedente merto.
Da molte stelle mi vien questa luce;
  Ma quei la distillò nel mio cor pria
    Che fu sommo cantor del sommo duce.

Sag, was sie ist und wie sich damit schmücket
 Dein Geist, und sag, woher sie dir gekommen»;
 So ist das zweite Licht dann fortgefahren.
Und jene Fromme, die die Federn führte
 An meinen Flügeln zu so hohem Fluge,
 Ist meiner Antwort so zuvorgekommen:
«In keinem einzigen Sohn der irdischen Kirche
 Lebt größere Hoffnung; so steht es geschrieben
 In jener Sonne, die uns allen leuchtet.
Drum wurde ihm gestattet, aus Ägypten
 Zu kommen, um Jerusalem zu schauen,
 Bevor des Kampfes End ihm vorgeschrieben.
Die beiden andern Punkte, die du fragtest,
 Nicht, zu erfahren, sondern daß er sage,
 Wie sehr dir diese Tugend wohlgefällig,
Die laß ich ihm; sie werden ihm nicht schwer sein
 Und nicht zum Prunk, er mag von ihnen sprechen
 Und Gottes Gnade mag es ihm gewähren.»
So wie ein Schüler, der dem Meister folgt
 Bereit und gern in dem, was ihm bekannt ist,
 Damit sich seine Kenntnis offenbare:
«Hoffnung», so sprach ich, «ist des künftigen Glanzes
 Gewiß Erwarten, das die Gnade Gottes
 Und das vollendete Verdienst erzeugen.
Dies Licht kommt mir herab von vielen Sternen,
 Doch der es erstmals in mein Herz geträufelt,
 Der war des höchsten Führers höchster Sänger.

'Sperino in te', nella sua teodìa
  Dice 'color che sanno il nome tuo':
  E chi nol sa, s'egli ha la fede mia?
Tu mi stillasti, con lo stillar suo,
  Nella pistola poi, sì ch'io son pieno,
  Ed in altrui vostra pioggia repluo.»
Mentr' io diceva, dentro al vivo seno
  Di quello incendio tremolava un lampo
  Subito e spesso a guisa di baleno.
Indi spirò: «L'amore ond' io avvampo
  Ancor ver la virtù che mi seguette
  Infin la palma ed all'uscir del campo,
Vuol ch'io respiri a te che ti dilette
  Di lei; ed emmi a grato che tu diche
  Quello che la speranza ti promette.»
Ed io: «Le nuove e le scritture antiche
  Pongon il segno, ed esso lo mi addita,
  Dell'anime che Dio s'ha fatte amiche.
Dice Isaia che ciascuna vestita
  Nella sua terra fia di doppia vesta,
  E la sua terra è questa dolce vita;
E il tuo fratello assai vie più digesta,
  Là dove tratta delle bianche stole,
  Questa rivelazion ci manifesta.»
E prima, appresso al fin d'este parole,
  «Sperent in te», di sopra noi s'udì;
  Al che risposer tutte le carole.

‚Sperent in te‘, sagt er in seinem Psalme,
 Diejenigen, die deinen Namen kennen;
 Wer aber kennt ihn nicht, mit meinem Glauben?
Dann hast du selber mich mit seinem Tranke
 Getränkt in deinem Brief, daß ich erfüllet
 Nur eure Ströme andern weitergebe.»
Indes ich sprach, hat im lebendigen Innern
 Von jenem Feuer dort ein Blitz gezittert,
 Plötzlich und oft gleich einem Wetterleuchten.
Er sprach: «Die Liebe, die mich läßt entbrennen
 Noch jetzt für jene Tugend, die mir folgte
 Bis zu der Palme und des Kampfes Ende,
Treibt mich, dich anzuhauchen mit der Freude
 An ihr; drum ist mein Wunsch, du mögest sagen
 All das, was dir die Hoffnung kann versprechen.»
Und ich: «Die neuen und die alten Schriften,
 Die können mir das Ziel der Seelen zeigen,
 Die Gott befreundet, und er zeigt mirs selber.
Es sagt Jesaias: «Jede wird sich kleiden
 In ihrem Land mit doppeltem Gewande»,
 Und dies ihr Land ist hier das selige Leben.
Und auch dein Bruder hat uns dies Geheimnis
 Dort, wo er von den weißen Kleidern redet,
 Noch viel verständlicher geoffenbaret.»
Und alsogleich am Ende dieser Worte
 War über uns: «Sperent in te» zu hören,
 Worauf die Reigen alle Antwort gaben.

Poscia tra esse un lume si schiarì
  Sì che, se il Cancro avesse un tal cristallo,
  L'inverno avrebbe un mese d'un sol dì.
E come surge e va ed entra in ballo
  Vergine lieta, sol per fare onore
  Alla novizia, non per alcun fallo,
Così vid' io lo schiarato splendore
  Venire ai due che si volgeano a nota,
  Qual conveniasi al loro ardente amore.
Misesi lì nel canto e nella rota:
  E la mia donna in lor tenea l'aspetto,
  Pur come sposa tacita ed immota.
« Questi è colui che giacque sopra il petto
  Del nostro pellicano; e questi fue
  Di su la croce al grande ufficio eletto. »
La donna mia così: nè però piue
  Mosser la vista sua di stare attenta
  Poscia che prima le parole sue.
Qual è colui ch'adocchia e s'argomenta
  Di vedere eclissar lo sole un poco,
  Che, per veder, non vedente diventa;
Tal mi fec' io a quell' ultimo fuoco,
  Mentre che detto fu: « Perchè t'abbagli
  Per veder cosa che qui non ha loco?
In terra è terra il mio corpo, e saragli
  Tanto con gli altri, che il numero nostro
  Con l'eterno proposito s'agguagli.

Dann ist ein Licht erschienen unter ihnen,
  So daß, wenn gleicher Glanz dem Krebs gegeben,
  Zu einem Tag ein Wintermonat würde.
Wie eine fröhliche Jungfrau, die zum Tanze
  Aufsteht und schreitet, um die Braut zu ehren
  Und nicht aus irgendwelchem eitlen Grunde,
So sah ich dort das hell entbrannte Feuer
  Zu jenen beiden kommen, die sich drehten,
  So wie es ihrer heißen Liebe ziemte.
Es hat sich ihrem Sang und Tanz verbunden,
  Und meine Herrin sah ich auf sie schauen
  Wie eine Braut, wortlos und unbeweglich.
«Dies ist der Mann, der unsrem Pelikane
  An seiner Brust gelegen, und er wurde
  Vom Kreuz herab zum großen Amt erkoren.»
So sprach die Herrin, aber ihre Worte,
  Die haben sie nicht früher oder später
  Vom aufmerksamen Schauen abgehalten.
Wie einer, der hinschaut und gern ein wenig
  Die Sonnenfinsternis erkennen möchte,
  Und weil er sehn will, gar nichts mehr kann sehen,
So ging es mir bei jenem letzten Feuer,
  Indes man zu mir sagte: «Warum blendest
  Du dich, etwas zu sehn, was hier nicht wirklich?
Mein irdischer Leib ist Erde; er bleibt drunten
  Den andern gleich, bis unsre Zahl sich völlig
  Nach ewigem Ratschluß wird versammelt haben.

Con le due stole nel beato chiostro
  Son le due luci sole che saliro;
  E questo apporterai nel mondo vostro. »
A questa voce l'infiammato giro
  Si quietò con esso il dolce mischio,
  Che si facea nel suon del trino spiro;
Sì come, per cessar fatica o rischio,
  Li remi, pria nell'acqua ripercossi,
  Tutti si posano al sonar d'un fischio.
Ahi quanto nella mente mi commossi,
  Quando mi volsi per veder Beatrice,
  Per non poter veder, ben che io fossi
Presso di lei, e nel mondo felice!

Mit beiden Hüllen sind im seligen Kloster
   Nur jene beiden aufgefahrnen Lichter,
   Und dies wirst du in eurer Welt verkünden.»
Bei diesem Worte ist der Lichterreigen
   Mit seinem süßen Tone stillgestanden,
   Der aus dem Dreiklang sich vereinigt hatte;
So wie wenn Mühe und Gefahr vorüber,
   Die Ruder, die das Wasser erst geschlagen,
   Gemeinsam ruhen, wenn der Pfiff ertönte.
Wie wurde ich im Geist zutiefst ergriffen,
   Als ich nach Beatrice um mich schaute,
   Da ich nichts sehen konnte und doch nahe
Bei ihr und in der Welt des Glückes weilte!

CANTO VENTESIMOSESTO

Mentr' io dubbiava per lo viso spento,
  Della fulgida fiamma che lo spense
  Uscì un spiro che mi fece attento,
Dicendo: « Intanto che tu ti risense
  Della vista che hai in me consunta,
  Ben è che ragionando la compense.
Comincia dunque, e dì ove s'appunta
  L'anima tua, e fa' ragion che sia
  La vista in te smarrita e non defunta;
Perchè la donna, che per questa dia
  Region ti conduce, ha nello sguardo
  La virtù ch'ebbe la man d'Anania. »
Io dissi: « Al suo piacere e tosto e tardo
  Venga rimedio agli occhi, che fur porte
  Quand'ella entrò col fuoco ond' io sempr'ardo.
Lo ben che fa contenta questa corte,
  Alfa ed O è di quanta scrittura
  Mi legge Amore o lievemente o forte. »

SECHSUNDZWANZIGSTER GESANG

Indes ich ob der Augen Blendung bangte,
   Kam aus dem hellen Licht, das mich geblendet,
   Ein Hauch zu mir, der mich aufmerken machte.
Und sprach: « Bis du die Sehkraft wiederfindest,
   Die du an meinem Anblick hier verloren,
   Ist's gut, sie durch dein Reden zu ersetzen.
Drum fang nur an und sag, wo deine Seele
   Hinstrebt, und denke dir, daß deine Augen
   Nur in Verwirrung sind, nicht abgestorben.
Denn jene Frau, die durch die Himmelskreise
   Dich führt, die hat in ihrem Angesichte
   Die Kraft, die Ananias' Hand besessen. »
Ich sprach: « Wie's ihr beliebt, früh oder später,
   Mag mir das Auge heilen, das sie einließ
   Mit jener Glut, in der ich immer brenne.
Das Gut, das diesem Hof gereicht zum Glücke,
   Ist A und O von allen jenen Schriften,
   Die Liebe mir verliest, ob laut, ob leise.

Quella medesma voce che paura
   Tolta m'avea del subito abbarbaglio,
   Di ragionare ancor mi mise in cura;
E disse: « Certo a più angusto vaglio
   Ti conviene schiarar: dicer convienti
   Chi drizzò l'arco tuo a tal bersaglio. »
Ed io: « Per filosofici argomenti
   E per autorità che quinci scende
   Cotale amor convien che in me s'imprenti;
Chè il bene, in quanto ben, come s'intende,
   Così accende amore, e tanto maggio
   Quanto più di bontate in sè comprende.
Dunque all'essenza ov' è tanto avvantaggio,
   Che ciascun ben che fuor di lei si trova
   Altro non è ch'un lume di suo raggio,
Più che in altra convien che si muova
   La mente, amando, di ciascun che cerne
   Lo vero in che si fonda questa prova.
Tal vero all'intelletto mio sterne
   Colui che mi dimostra il primo Amore
   Di tutte le sustanze sempiterne.
Sternel la voce del verace autore,
   Che dice a Moisè, di sè parlando:
   'Io ti farò vedere ogni valore.'
Sternilmi tu ancora, incominciando
   L'alto preconio che grida l'arcano
   Di qui laggiù sopra ogni altro bando. »

Die gleiche Stimme, die mir meine Sorge
 Der plötzlichen Erblindung weggenommen,
 Gab mir den Ansporn noch zu weitrer Rede,
Und sagte: «Wahrlich, in noch feinerem Siebe
 Mußt du es klären, und du mußt nun sagen,
 Wer deinen Bogen hob zu solchem Ziele.»
Und ich: «Aus philosophischer Begründung
 Und durch die Macht, die niedersteigt von oben,
 Hat solche Liebe mich durchdringen müssen.
Denn Gutes, wenn es gut, wie man es aufnimmt,
 Entzündet Liebe; sie ist um so größer,
 Je mehr an Güte darin liegt beschlossen.
Drum wird zum Wesen, das so überragend,
 Daß jedes Gut, das außer ihm zu finden,
 Nichts andres ist als Strahl von seinem Lichte,
Mehr als zu andern Dingen hingezogen
 Liebend der Geist von allen denen, welche
 Den Wahrheitsgrund für den Beweis erkennen.
Und diese Wahrheit lehret dem Verstande
 Der, der mir auch beweist die erste Liebe,
 Die wohnt in allen ewigen Wesenheiten.
Es lehret sie des wahren Schöpfers Stimme,
 Der von sich selbst zu Mose so gesprochen:
 ‚Ich will dir alle meine Kräfte zeigen.'
Es lehrst auch du sie mir am Anbeginne
 Der hohen Botschaft, welche das Geheimnis
 Von hier dort unten mehr als andre kündet.»

Ed io udi': « Per intelletto umano
  E per autoritadi a lui concorde
  Dei tuoi amori a Dio guarda il sovrano.
Ma di' ancor se tu senti altre corde
  Tirarti verso lui, sì che tu suone
  Con quanti denti questo amor ti morde. »
Non fu latente la santa intenzione
  Dell'aquila di Cristo, anzi m'accorsi
  Dove volea menar mia professione.
Però ricominciai: « Tutti quei morsi,
  Che posson far lo cuor vòlgere a Dio,
  Alla mia caritate son concorsi;
Chè l'essere del mondo e l'esser mio,
  La morte ch'ei sostenne perch' io viva,
  E quel che spera ogni fedel com' io,
Con la predetta conoscenza viva,
  Tratto m'hanno del mar dell'amor torto,
  E del diritto m'han posto alla riva:
Le fronde onde s'infronda tutto l'orto
  Dell'ortolano eterno, amo io cotanto
  Quanto da lui a lor di bene è porto. »
Sì com'io tacqui, un dolcissimo canto
  Risonò per lo cielo; e la mia donna
  Dicea con gli altri: « Santo, santo, santo! »
E come a lume acuto si dissonna
  Per lo spirto visivo che ricorre
  Allo splendor che va di gonna in gonna,

Und ich vernahm: «Nach menschlichem Verstande
   Und nach den Lehren, die mit diesem einig,
   Hat deine höchste Liebe Gott zum Ziele;
Doch sag mir noch, ob dich auch andre Bande
   Zu ihm hinziehn, damit wir alle hören,
   Wie sehr dich dieser Liebe Zähne beißen.»
Die heilige Absicht dieses Adlers Christi,
   Die blieb mir nicht verborgen; ich bemerkte,
   Wohin er mein Bekenntnis führen wollte.
Darum begann ich: «Alle jene Bisse,
   Die unser Herz zu Gott hinwenden können,
   Die haben mitgewirkt zu meiner Liebe.
Denn durch das Dasein dieser Welt und meines,
   Den Tod, den er erlitt, damit ich lebe,
   Und das, was gleich mir jeder Gläubige hoffet,
Samt dem lebendigen Wissen, das ich nannte,
   Ward ich vom Meere der verfehlten Liebe
   Zum Strand der rechten Liebe hergezogen.
Die Blätter, die im ganzen Garten grünen
   Des ewigen Gärtners, lieb ich in dem Maße,
   In dem er selber ihnen Gutes spendet.»
Als ich verstummte, wurde rings im Himmel
   Ein süßes Singen laut, und meine Herrin
   Rief mit den andern: «Heilig, heilig, heilig!»
Wie man erwachen muß vom scharfen Lichte,
   Der Sehkraft wegen, die durch alle Hüllen
   Dem Lichte, das da kommt, entgegentrachtet,

E lo svegliato ciò che vede abborre
  Sì nescia è la subita vigilia
  Fin che la stimativa non soccorre;
Così degli occhi miei ogni quisquilia
  Fugò Beatrice col raggio dei suoi,
  Che rifulgea da più di mille milia:
Onde mei che dinanzi vidi poi;
  E quasi stupefatto domandai
  D'un quarto lume ch'io vidi con noi.
E la mia donna: « Dentro da quei rai
  Vagheggia il suo fattor l'anima prima
  Che la prima virtù creasse mai. »
Come la fronda, che flette la cima
  Nel transito del vento e poi si leva
  Per la propria virtù che la sublima,
Fec' io in tanto in quant' ella diceva,
  Stupendo, e poi mi rifece sicuro
  Un disio di parlare ond' io ardeva.
E cominciai: « O pomo che maturo
  Solo prodotto fosti, o padre antico
  A cui ciascuna sposa è figlia e nuro,
Devoto quanto posso a te supplíco
  Perchè mi parli. Tu vedi mia voglia,
  E per udirti tosto, non la dico. »
Tal volta un animal coverto broglia
  Sì che l'affetto convien che si paia
  Per lo seguir che face a lui la invoglia;

Und der Erwachte, was er sieht, verabscheut,
  So unbewußt ist noch sein schnell Erwachen,
    Solange der Verstand noch nicht geholfen;
So hat von meinen Augen jedes Stäubchen
  Beatrice weggefegt mit ihren Augen,
    Die über tausend Meilen weit erstrahlten;
Weshalb ich mehr als vorher sehen konnte
  Und ganz erstaunt nach einem vierten Lichte
    Gefragt, das ich in unsrem Kreis erblickte.
Und meine Herrin: « Hier in diesen Strahlen
  Verehrt die erste Seele ihren Schöpfer,
    Die je von seiner ersten Kraft geschaffen. »
Wie in den Wipfeln sich die Blätter beugen
  Beim Wehn des Winds und dann sich neu erheben,
    Aus eigner Kraft, die sie nach oben richtet,
So tat auch ich, indessen sie gesprochen,
  Erstaunt, dann ließ mich wieder sicher werden
    Der Wunsch zu sprechen, der in mir entbrannte.
Und ich begann: « O Frucht, die ganz alleine
  Schon reif geschaffen ward, o erster Vater,
    Dem alle Bräute Töchter sind und Schwieger,
So fromm als ich vermag, möcht ich dich bitten,
  Du wollest zu mir sprechen; sieh mein Wünschen,
    Das ich verschweige, um dich bald zu hören. »
Wie oft ein Tier sich regt in seiner Hülle,
  So daß man sein Begehren muß erkennen,
    Weil die Umhüllung der Bewegung nachgibt:

E similmente l'anima primaia
  Mi facea trasparer per la coperta
  Quant'ella a compiacermi venia gaia.
Indi spirò: « Senz'essermi proferta
  Da te, la voglia tua discerno meglio
  Che tu qualunque cosa t'è più certa;
Perch' io la veggio nel verace speglio
  Che fa di sè pareglio all'altre cose,
  E nulla face lui di sè pareglio.
Tu vuoi udir quant' è che Dio mi pose
  Nell'eccelso giardino ove costei
  A così lunga scala ti dispose;
E quanto fu diletto agli occhi miei,
  E la propria cagion del gran disdegno,
  E l'idioma ch'usai e ch'io fei.
Or, figliuol mio, non il gustar del legno
  Fu per sè la cagion di tanto esilio,
  Ma solamente il trapassar del segno.
Quindi onde mosse tua donna Virgilio,
  Quattromila trecento e due volumi
  Di sol desiderai questo concilio;
E vidi lui tornare a tutti i lumi
  Della sua strada novecento trenta
  Fiate, mentre ch'io in terra fu'mi.
La lingua ch'io parlai fu tutta spenta
  Innanzi che all'opra inconsummabile
  Fosse la gente di Nembrot attenta;

So ließ dort auch die erste Menschenseele
  Durchleuchtend durch die Hülle mich erkennen,
  Wie froh sie meinem Wunsch entgegeneilte.
Dann hauchte sie: « Auch ohne sie zu hören
  Von dir, erkenn ich deine Wünsche besser
  Als du ein jeglich Ding, das noch so sicher.
Denn ich erblicke sie im wahren Spiegel,
  Der alle andern Dinge widerspiegelt
  Und selbst gespiegelt wird von keinem andern.
Du wüßtest gern, wann Gott mich niederlegte
  In dem erhabnen Garten, darin jene
  Dich zu so hohem Aufstieg hat bereitet;
Wie lang die Freude meiner Augen währte,
  Und was der wahre Grund des großen Zornes,
  Und welche Sprache ich mir schuf und brauchte.
Mein Sohn, nicht daß ich von dem Baum genossen,
  War selbst dereinst der Grund des großen Bannes,
  Nein, nur die Übertretung des Gebotes.
Drum hab ich dort, woher Virgil gekommen,
  Viertausend und dreihundertzwei der Sonnen
  Voll Sehnsucht zugebracht nach diesem Reiche.
Ich sah auf ihrer Bahn zu allen Sternen
  Neunhundertdreißigmal sie wiederkehren,
  Solang ich auf der Erde drunten weilte.
Die Sprache, die ich sprach, ist ganz erloschen
  Schon lang bevor zu dem unmöglichen Werke
  Die Völker Nimrods angetreten waren.

Chè nullo effetto mai razionabile,
  Per lo piacere uman che rinnovella
  Seguendo il cielo, sempre fu durabile.
Opera naturale è ch'uom favella,
  Ma così o così, natura lascia
  Poi fare a voi, secondo che v'abbella;
Pria ch'io scendessi all'infernale ambascia,
  I s'appellava in terra il sommo bene,
  Onde vien la letizia che mi fascia,
E EL si chiamò poi: e ciò conviene;
  Chè l'uso dei mortali è come fronda
  In ramo, che sen va ed altra viene.
Nel monte che si leva più dall'onda
  Fu' io, con vita pura e disonesta,
  Dalla prim'ora a quella che seconda,
Come il sol muta quadra, l'ora sesta. »

Denn niemals sind die Werke des Verstandes,
  Weil sie der Menschen Wille mit dem Drehen
  Des Himmels ändert, dauerhaft gewesen.
Werk der Natur ist, daß die Menschen sprechen,
  Doch hat sie, ob auf die und jene Weise,
  Euch selber nach Belieben überlassen.
Eh ich hinabstieg in der Hölle Bangen,
  Hieß ‚I‘ auf Erden jenes höchste Wesen,
  Von dem die Freude kommt, die mich umhüllet.
‚El‘ hieß es später, und das mußte kommen,
  Denn aller Menschen Sitte gleicht dem Laube
  Der Bäume, das vergeht und wiederkehret.
Der höchste Berg, der aufsteigt aus den Wogen,
  Sah mich mit reinem und mit sündigem Leben
  Vom Morgen bis zur Stunde, welche folget
Der sechsten, da der Sonne Stand sich ändert.

CANTO VENTESIMOSETTIMO

« *Al Padre, al Figlio, allo Spirito Santo* »
  Cominciò « *gloria!* » *tutto il paradiso,*
  Sì che m'inebriava il dolce canto.
Ciò ch'io vedeva mi sembiava un riso
  Dell'universo; per che mia ebbrezza
  Entrava per l'udire e per lo viso.
Oh gioia! oh ineffabile allegrezza!
  Oh vita integra d'amore e di pace!
  Oh senza brama sicura ricchezza!
Dinanzi agli occhi miei le quattro face
  Stavano accese, e quella che pria venne
  Incominciò a farsi più vivace,
E tal nella sembianza sua divenne,
  Qual diverrebbe Giove, s'egli e Marte
  Fossero augelli e cambiassersi penne.
La providenza, che quivi comparte
  Vice ed ufficio, nel beato coro
  Silenzio posto avea da ogni parte;

SIEBENUNDZWANZIGSTER GESANG

Dem Vater und dem Sohne und dem Geiste
  Erscholl im ganzen Paradiese « Gloria »,
  So daß die süßen Klänge mich berauschten.
Das, was ich sah, erschien mir wie ein Lachen
  Des Weltalls, also daß durch Aug und Ohren
  Zugleich mich süße Trunkenheit erfüllte.
O Fröhlichkeit, o unsagbare Freuden!
  O Leben ganz in Liebe und in Frieden!
  O sichrer Reichtum, frei von allen Lüsten!
Vor meinen Augen standen angezündet
  Der Fackeln vier, und die zuerst gekommen,
  Die sah ich plötzlich noch lebendiger brennen;
Sie wurde so in ihrer Lichterscheinung
  Wie Jupiter, wenn er und Mars zusammen
  Als Vögel ihr Gefieder tauschen würden.
Die Vorsehung, die hier bei uns die Rollen
  Und Ämter zuteilt, hat dem seligen Chore
  An allen Orten Schweigen dann geboten.

Quand'io udi': «Se io mi trascoloro,
  Non ti maravigliar; chè, dicend' io,
  Vedrai trascolorar tutti costoro.
Quegli ch'usurpa in terra il luogo mio,
  Il luogo mio, il luogo mio, che vaca
  Nella presenza del Figliuol di Dio,
Fatto ha del cimitero mio cloaca
  Del sangue e della puzza, onde il perverso
  Che cadde di quassù, laggiù si placa.»
Di quel color che per lo sole avverso,
  Nube dipinge da sera e da mane,
  Vid' io allora tutto il ciel cosperso.
E come donna onesta che permane
  Di sè sicura e per l'altrui fallanza,
  Pure ascoltando, timida si fane,
Così Beatrice trasmutò sembianza;
  E tale eclissi credo che in ciel fue,
  Quando patì la suprema possanza.
Poi procedetter le parole sue
  Con voce tanto da sè trasmutata,
  Che la sembianza non si mutò piue:
«Non fu la sposa di Cristo allevata
  Del sangue mio, di Lin, di quel di Cleto,
  Per essere ad acquisto d'oro usata;
Ma per acquisto d'esto viver lieto,
  E Sisto e Pio e Calisto ed Urbano
  Sparser lo sangue dopo molto fleto.

Da hörte ich: «Wenn ich die Farbe wechsle,
　Darf's dich nicht wundern, denn bei meiner Rede
　Wirst du sie alle sich verfärben sehen.
Der meine Stelle an sich riß auf Erden,
　Ja, meine Stelle, die im Angesichte
　Des Gottessohnes unbesetzt geblieben,
Der machte meine Grabesstatt zum Pfuhle
　Von Blut und Unrat; drob hat der Verruchte,
　Von hier Gestürzte, drunten seine Freude.»
Die Farbe, die am Morgen und am Abend
　Die Wolken färbt beim Fernestehn der Sonne,
　Sah ich am ganzen Himmel ausgebreitet.
Und so wie eine Frau, ehrbar und sicher
　Stets ihrer selbst, durch eines andern Fehler,
　Den sie vernommen, plötzlich kann erschrecken,
So hat Beatrice ihr Gesicht verändert,
　Und so hat wohl der Himmel sich verfinstert
　Beim Duldertode unsres höchsten Herren.
Dann hat er seine Worte ausgesprochen
　Mit einer Stimme, die so sehr verwandelt,
　Daß sich sein Antlitz mehr nicht wandeln konnte.
«Die Braut des Herren ward nicht auferzogen
　Mit meinem, Linus' und des Cletus Blute,
　Um später feil mit Gold gekauft zu werden;
Nein, zum Erwerbe dieses frohen Lebens
　Hat Sixtus, Pius, Urban und Calixtus
　Sein Blut gelassen nach so vielen Tränen.

Non fu nostra intenzion, ch'a destra mano
  Dei nostri successor parte sedesse,
  Parte dall'altra del popol cristiano;
Nè che le chiavi che mi fur concesse,
  Divenisser segnacolo in vessillo,
  Che contra i battezzati combattesse;
Nè ch'io fossi figura di sigillo
  A privilegi venduti e mendaci,
  Ond' io sovente arrosso e disfavillo.
In veste di pastor lupi rapaci
  Si veggion di quassù per tutti i paschi:
  O difesa di Dio, perchè pur giaci?
Del sangue nostro Caorsini e Guaschi
  S'apparecchian di bere: o buon principio,
  A che vil fine convien che tu caschi!
Ma l'alta providenza che con Scipio
  Difese a Roma la gloria del mondo,
  Soccorrà tosto, sì com'io concipio.
E tu, figliuol, che per lo mortal pondo
  Ancor giù tornerai, apri la bocca,
  E non asconder quel ch'io non ascondo».
Sì come di vapor gelati fiocca
  In giuso l'aere nostro, quando il corno
  Della capra del ciel col sol si tocca,
In su vid' io così l'etere adorno
  Farsi e fioccar di vapor trionfanti,
  Che fatto avean con noi quivi soggiorno.

Es war nicht unsre Absicht, daß zur Rechten
  Des, der uns nachgefolgt, ein Teil der Christen
  Und auf der andern sollt ein andrer sitzen,
Noch daß die Schlüssel, die mir einst verliehen,
  Ein Zeichen auf der Fahne werden sollten,
  Die gegen die Getauften steht im Felde;
Noch daß ich auf dem Siegel sei zu sehen
  Für die verkauften und verlognen Rechte,
  Darob ich oft in heißem Zorn erröte.
Im Hirtenkleide reißend wilde Wölfe
  Muß ich von hier auf allen Weiden sehen.
  O Gottes Schutz, was liegst du so darnieder!
Der Baske und der Caorsiner trinken
  Von unsrem Blute. O der gute Anfang,
  Zu welcher niedern Zeit bist du gesunken!
Jedoch die hohe Vorsehung, die einstens
  Zu Rom mit Scipio allen Ruhm verteidigt,
  Kommt bald zu Hilfe, wie ich glauben möchte.
Und du, mein Sohn, der mit dem sterblichen Leibe
  Nach drunten kehrt, sollst deinen Mund nur öffnen
  Und nicht verbergen, was ich nicht verberge.»
So wie gefrorne Dünste niederschneien
  In unsern Lüften, wenn des Steinbocks Zeichen
  Am Himmel mit der Sonne sich berührte,
So sah ich droben sich den Äther schmücken
  Und niederschneien siegesfrohe Dünste,
  Die dort mit uns zusammen erst verweilten.

Lo viso mio seguiva i suoi sembianti,
  E seguì fin che il mezzo, per lo molto,
  Gli tolse il trapassar del più avanti.
Onde la donna, che mi vide assolto
  Dell'attendere in su, mi disse: « Adima
  Il viso, e guarda come tu sei volto. »
Dall'ora ch'io avea guardato prima
  Io vidi mosso me per tutto l'arco
  Che fa dal mezzo al fine il primo clima;
Sì ch'io vedea di là da Gade il varco
  Folle d'Ulisse, e di qua presso il lito
  Nel qual si fece Europa dolce carco.
E più mi fora discoperto il sito
  Di questa aiuola; ma il sol procedea
  Sotto i miei piedi un segno e più partito.
La mente innamorata, che donnea
  Con la mia Donna sempre, di ridure
  Ad essa gli occhi più che mai ardea;
E se natura od arte fè pasture
  Da pigliar occhi, per aver la mente,
  In carne umana o nelle sue pitture,
Tutte adunate parrebber niente
  Ver lo piacer divin che mi refulse,
  Quando mi volsi al suo viso ridente.
E la virtù che lo sguardo m'indulse,
  Dal bel nido di Leda mi divelse,
  E nel ciel velocissimo m'impulse.

Mein Auge folgte ihren lichten Bildern
   Solange, bis der Raum in seiner Größe
   Ihm nicht erlaubte, weiter vorzudringen;
Weshalb die Frau, die mich von diesem Schauen
   Nach oben sah erlöst, mir sagte: « Senke
   Den Blick und schaue um dich, wie du kreisest. »
Seit ich zum erstenmal hinunterschaute,
   Sah ich mich hinziehn durch den ganzen Bogen
   Des ersten Runds vom Mittel bis zum Ende;
So konnt ich hinter Cadix noch erkennen
   Odysseus' tollen Weg, und hier die Ufer,
   Die einst Europas süße Last getragen.
Und mehr noch hätte ich entdecken können
   Von unsrem Erdball, doch die Sonne eilte
   Zu meinen Füßen, zwischen andern Sternen.
Der liebevolle Geist, der meiner Herrin
   In steter Liebe huldigt, der entbrannte
   Mehr als zuvor, mein Aug auf sie zu richten.
Und wenn Natur und Kunst je Bilder schufen
   Zur Augenweide, um den Geist zu halten,
   In Menschenleibern oder in Gemälden,
So würden allesamt vereint zunichte
   Vor jener Himmelsfreude, die mir blitzte,
   Als ich ihr lachend Antlitz vor mir schaute.
Und jene Kraft, die mir der Blick gewährte,
   Hat mich vom Neste Ledas losgerissen
   Und mich zum schnellsten Himmel hingetrieben.

Le parti sue vivissime ed eccelse
  Sì uniformi son, ch'io non so dire
  Qual Beatrice per loco mi scelse.
Ma ella, che vedea il mio disire,
  Incominciò, ridendo tanto lieta
  Che Dio parea nel volto suo gioire:
« La natura del mondo, che quieta
  Il mezzo e tutto l'altro intorno muove,
  Quinci comincia come da sua meta.
E questo cielo non ha altro dove
  Che la mente divina, in che s'accende
  L'amor che il volge e la virtù ch'ei piove.
Luce ed amor d'un cerchio lui comprende,
  Sì come questo gli altri; e quel precinto
  Colui che il cinge solamente intende.
Non è suo moto per altro distinto;
  Ma gli altri son misurati da questo,
  Sì come dieci da mezzo e da quinto.
E come il tempo tenga in cotal testo
  Le sue radici e negli altri le fronde,
  Omai a te può esser manifesto.
Oh cupidigia che i mortali affonde
  Sì sotto te, che nessuno ha podere
  Di trarre gli occhi fuor delle tue onde!
Ben fiorisce negli uomini il volere;
  Ma la pioggia continua converte
  In bozzacchioni le susine vere.

Dort sind die hohen, lebensvollen Teile
  Solch gleicher Art, daß ich nicht sagen könnte
  Den Ort, den Beatrice mir erkoren.
Doch sie, die meine Sehnsucht schon erkannte,
  Begann mit einem solchen frohen Lachen,
  Daß Gott in ihrem Antlitz schien zu leuchten:
« Der Welt Natur, die ihre eigne Mitte
  In Ruhe hält und alles rings beweget,
  Hat hier zugleich den Anfang und das Ende;
Und keinen andern Ort hat dieser Himmel
  Als Gottes Geist, in dem entbrennt die Liebe,
  Die ihn bewegt, die Kraft, die er entsendet.
Von Licht und Liebe ist er selbst umfangen,
  Wie er umfängt die andern, dies Umschließen
  Kann der nur, der ihn selbst umschließt, verstehen.
Von keinem andern wird sein Schwung geleitet,
  Die andern aber sind an ihm gemessen,
  So wie in Zehn die Zwei und Fünf enthalten.
Und wie die Zeit in einer solchen Schale
  Die Wurzeln hat, ihr Laubwerk in den andern,
  Das ist dir nunmehr auch wohl klar geworden.
O Habgier, die die Menschen überflutet,
  So hoch, daß keiner mehr die Kräfte findet,
  Die Augen über deine Flut zu heben!
Wohl blühet in den Menschen noch das Wollen,
  Jedoch der erste Regen ließ verschrumpfen
  Und sauer werden die einst süßen Früchte.

Fede ed innocenza son reperte
  Solo nei pargoletti; poi ciascuna
  Pria fugge che le guance sian coperte.
Tale, balbuziendo ancor, digiuna,
  Che poi divora, con la lingua sciolta,
  Qualunque cibo per qualunque luna;
E tal, balbuziendo, ama ed ascolta
  La madre sua, che, con loquela intera,
  Disia poi di vederla sepolta.
Così si fa la pelle bianca nera
  Nel primo aspetto della bella figlia
  Di quel ch'apporta mane e lascia sera.
Tu, perchè non ti facci maraviglia,
  Pensa che in terra non è chi governi;
  Onde sì svia l'umana famiglia.
Ma prima che gennaio tutto si sverni,
  Per la centesma ch'è laggiù negletta,
  Raggeran sì questi cerchi superni,
Che la fortuna che tanto s'aspetta,
  Le poppe volgerà u' son le prore,
  Sì che la classe correrà diretta;
E vero frutto verrà dopo il fiore. »

Unschuld und Treue kann man nur noch finden
  Bei kleinen Kindlein, aber dann entfliehen
  Sie alsbald vor dem ersten Flaum der Wangen.
Ein mancher pflegt unmündig noch zu fasten,
  Und später wird er, wenn er mündig wurde,
  Zu jeder Stunde jede Speise schlingen.
Und mancher liebt unmündig noch und ehret
  Die Mutter, die er dann mit reifer Sprache
  Hernach so gern begraben sehen möchte.
So wandelt sich die weiße Haut in dunkel
  Beim ersten Anblick an der schönen Tochter
  Des Lichts, das morgens kommt und abends schwindet.
Auf daß es dich jedoch nicht wundern möge,
  Bedenk: Niemand regieret auf der Erde,
  Und darum geht die Menschheit in der Irre.
Jedoch eh Januar verläßt den Winter
  Ob jenem Hundertteil, das man vergessen,
  Wird es so hell in diesen Höhen leuchten,
Daß jenes Schicksal, das so lang ersehnte,
  Das Heck der Schiffe drehen wird zum Buge,
  So daß die Flotte rechten Kurs wird laufen,
Und nach den Blüten wahre Frucht wird kommen.

CANTO VENTESIMOTTAVO

Poscia che incontro alla vita presente
  Dei miseri mortali aperse il vero
  Quella che imparadisa la mia mente,
Come in lo specchio fiamma di doppiero
  Vede colui che se n'alluma retro,
  Prima che l'abbia in vista o in pensiero,
E sè rivolge, per veder se il vetro
  Gli dice il vero, e vede ch'ei s'accorda
  Con esso come nota con suo metro;
Così la mia memoria si ricorda
  Ch'io feci, riguardando nei belli occhi,
  Onde a pigliarmi fece Amor la corda.
E com'io mi rivolsi e furon tocchi
  Li miei da ciò che pare in quel volume,
  Quandunque nel suo giro ben s'adocchi,
Un punto vidi che raggiava lume
  Acuto sì, che il viso ch'egli affoca
  Chiuder conviensi per lo forte acume;

ACHTUNDZWANZIGSTER GESANG

So hat entgegen diesem heutigen Leben
   Der armen Menschen Wahrheit mir verkündet
   Die Frau, die meinen Geist zum Himmel führte.
Wie man im Spiegel einer Fackel Flamme
   Erkennen kann, die hinter einem leuchtet,
   Eh sie dem Auge und dem Geist erschienen,
Und sich umkehrt, zu sehen, ob der Spiegel
   Die Wahrheit sagt, und sieht, daß sie einander
   Entsprechen, wie die Töne ihren Takten;
So kann sich mein Gedächtnis wohl entsinnen,
   Daß ich getan beim Blick in ihre Augen,
   Mit denen Amor mich gefesselt hatte.
Und als ich mich gewandt, fiel in die meinen
   All das, was dort in jenem Himmel glänzet,
   Wohin man auch in seine Kreise schaue.
Ein Punkt war dort, der mit so scharfem Lichte
   Erstrahlte, daß das Aug, das er geblendet,
   Sich schließen mußte vor des Lichtes Schärfe.

E quale stella par quinci più poca,
  Parrebbe luna, locata con esso,
  Come stella con stella si colloca.
Forse cotanto quanto pare appresso
  Alo cigner la luce che il dipigne
  Quando il vapor che il porta più è spesso,
Distante intorno al punto un cerchio d'igne
  Si girava sì ratto, ch'avria vinto
  Quel moto che più tosto il mondo cigne;
E questo era d'un altro circumcinto,
  E quel dal terzo, e il terzo poi dal quarto,
  Dal quinto il quarto, e poi dal sesto il quinto;
Sopra seguiva il settimo sì sparto
  Già di larghezza che il messo di Iuno
  Intero a contenerlo sarebbe arto.
Così l'ottavo e il nono; e ciascheduno
  Più tardo si movea, secondo ch'era
  In numero distante più dall'uno;
E quello avea la fiamma più sincera
  Cui men distava la favilla pura,
  Credo, però che più di lei s'invera.
La donna mia, che mi vedea in cura
  Forte sospeso, disse: « Da quel punto
  Dipende il cielo e tutta la natura.
Mira quel cerchio che più gli è congiunto;
  E sappi che il suo muovere è sì tosto
  Per l'affocato amore ond'egli è punto. »

Und jeder Stern, der hier am schwächsten leuchtet,
 Erschien mir wie ein Mond an dessen Seite,
 Wenn sie wie Sterne beieinander stünden.
So nahe wohl wie bei des Mondes Hofe
 Des Lichtes Widerschein ihn selbst umgürtet,
 Wenn jenes Hofes Dunst ganz dicht geworden,
Hat um den Punkt ein Feuerkreis geschwungen
 So schnell, daß er noch übertroffen hätte
 Den Himmel, der die Welt als schnellster gürtet.
Und der wird noch von einem Kreis umgürtet,
 Und der vom dritten, dieser von dem vierten,
 Der vierte von dem fünften, der vom sechsten,
Dann kam der siebente so weit geschwungen
 In seinem Bogen, daß der ganze Bote
 Der Juno ihn nicht mehr umspannen könnte.
So kam der achte und der neunte, jeder
 Bewegte sich verlangsamt in dem Maße,
 Wie er vom ersten Kreise Abstand hatte.
Und jener hatte auch die reinste Flamme,
 Der sich am nächsten fand dem reinen Funken,
 Weil er bei ihm wohl höchste Wahrheit findet.
Und meine Herrin, die in schwerem Denken
 Mich sah, die sprach: « Von jenem Punkte hänget
 Der Himmel ab und alles, was geschaffen.
Sieh jenen Kreis, der ihm am allernächsten,
 Und wisse, daß er sich so schnell beweget
 Aus heißer Liebe, die ihn treibt zur Eile. »

Ed io a lei: « Se il mondo fosse posto
  Con l'ordine ch'io veggio in quelle ruote,
  Sazio m'avrebbe ciò che m'è proposto:
Ma nel mondo sensibile si puote
  Veder le volte tanto più divine,
  Quant' elle son dal centro più remote:
Onde, se il mio disio deve aver fine
  In questo miro ed angelico templo
  Che solo amore e luce ha per confine,
Udir convienmi ancor come l'esemplo
  E l'esemplare non vanno d'un modo;
  Chè io per me indarno a ciò contemplo. »
« Se li tuoi diti non sono a tal nodo
  Sufficienti, non è maraviglia;
  Tanto, per non tentare, è fatto sodo. »
Così la donna mia; poi disse: « Piglia
  Quel ch'io ti dicerò, se vuoi saziarti;
  Ed intorno da esso t'assottiglia.
Li cerchi corporai sono ampi ed arti,
  Secondo il più e il men della virtute
  Che si distende per tutte lor parti.
Maggior bontà vuol far maggior salute;
  Maggior salute maggior corpo cape,
  S'egli ha le parti ugualmente compiute.
Dunque costui che tutto quanto rape
  L'altro universo seco, corrisponde
  Al cerchio che più ama e che più sape.

Und ich zu ihr: « Wenn auch die Welt befolgte
  Die Ordnung, die ich seh in diesem Kreise,
  So wär ich satt von dem, was ich hier schaute,
Doch in der Sinnenwelt kann man die Kreise
  Nur um so schneller sehn in der Umdrehung
  Je weiter sie vom Mittelpunkte ferne.
Drum, wenn mein Sehnen soll Vollendung finden
  In diesem wunderbaren Engelsdome,
  Den Licht und Liebe ganz allein umgrenzen,
Muß ich noch hören, warum das Gebilde
  Mit seinem Urbild nicht von gleicher Ordnung,
  Weil ich allein vergeblich dies betrachte.»
« Wenn deine Finger nicht genügen können
  Für diesen Knoten, ist's nicht zu verwundern;
  Er ist, weil nie versucht, so fest geworden.»
So sprach die Herrin, und darauf: « Vernimm nun,
  Was ich dir sage, wenn du satt willst werden,
  Und denk darüber nach mit scharfem Geiste.
Es sind des Weltalls Kreise eng und weiter
  Je nach den kleinern oder größern Kräften,
  Die sich durch alle seine Teile breiten.
Die größre Güte führt zu größrem Heile,
  Und größres Heil umfaßt den größern Körper,
  Wenn alle seine Teile gleich vollkommen.
Darum muß dieser, der das ganze andre
  Weltall mit sich bewegt, dem Kreis entsprechen,
  Der höchstes Wissen birgt und höchste Liebe.

Per che, se tu alla virtù circonde
  La tua misura, non alla parvenza
  Delle sustanzie che t'appaion tonde,
Tu *vederai mirabil consequenza*
  Di maggio a più e di minore a meno,
  In ciascun cielo, a sua intelligenza. »
Come rimane splendido e sereno
  L'emisperio dell'aere, quando soffia
  Borea da quella guancia ond' è più leno,
Per che si purga e risolve la roffia
  Che pria turbava, sì che il ciel ne ride
  Con le bellezze d'ogni sua paroffia;
Così fec' io, poi che mi provide
  La donna mia del suo risponder chiaro,
  E come stella in cielo il ver si vide.
E poi che le parole sue restaro,
  Non altrimenti ferro disfavilla
  Che bolle, come i cerchi sfavillaro.
L'incendio suo seguiva ogni scintilla;
  Ed eran tante, che il numero loro
  Più che il doppiar degli scacchi s'immilla.
Io sentiva osannar di coro in coro
  Al punto fisso che li tiene agli ubi,
  E terrà sempre, nei quai sempre foro.
E quella che vedea li pensier dubi
  Nella mia mente, disse: « *I cerchi primi*
  T'hanno mostrato Serafi e Cherubi.

Wenn du daher umschreibest nach den Kräften
  Dein Maß, und nicht nur nach dem äußern Bilde
  Der Wesenheiten, die dir rund erscheinen,
So wirst du wunderbar sich folgen sehen
  Auf Viel das Mehr und auf das Kleine Kleinres
  An jedem Himmel, nach den Engelswesen.»
So wie wenn strahlend heiter oft geworden
  Des Himmelskreises Lüfte, wenn der Nordwind
  Aus seiner milden Wange nur geblasen,
Wodurch er klar wird und die Dünste schwinden,
  Die ihn noch trübten, und des Himmels Schönheit
  Aus allen Teilen uns entgegenlächelt:
So ist es mir geschehn, als meine Herrin
  Mit ihrer klaren Antwort mir geholfen
  Und ich die Wahrheit sah gleich einem Sterne.
Und als sie mit den Worten eingehalten,
  Sah man nicht anders als aus glühendem Eisen
  Die Funken, aus den Kreisen Funken sprühen.
Ihr Feuerbrand verfolgte jeden Funken,
  Und soviel waren dort, daß ihre Anzahl
  Mehr als das Schachbrett sich vertausendfältigt.
Ich hört von Chor zu Chor Hosiannasingen
  Bis zu dem festen Punkte, der sie immer
  Am Ort wird halten, wo sie ewig waren.
Und jene, die in meinem Geist die Zweifel
  Gesehen, sprach: «In diesen ersten Kreisen
  Sind Seraphim und Cherubim zu schauen.

Così veloci seguono i suoi vimi,
   Per somigliarsi al punto quanto ponno;
   E posson quanto a veder son sublimi.
Quelli altri amor che dintorno gli vonno,
   Si chiaman Troni del divino aspetto,
   Per che il primo ternaro terminonno.
E dei saper che tutti hanno diletto,
   Quanto la sua veduta si profonda
   Nel vero in che si queta ogni intelletto.
Quinci si può veder come si fonda
   L'esser beato nell'atto che vede,
   Non in quel ch'ama, che poscia seconda;
E del vedere è misura mercede,
   Che grazia partorisce e buona voglia:
   Così di grado in grado si procede.
L'altro ternaro, che così germoglia
   In questa primavera sempiterna
   Che notturno Ariete non dispoglia,
Perpetualmente 'osanna' isverna
   Con tre melode, che suonano in tree
   Ordini di letizia onde s'interna.
In essa gerarchia son le tre dee:
   Prima Dominazioni, e poi Virtudi;
   L'ordine terzo di Podestadi èe.
Poscia nei due penultimi tripudi
   Principati ed Arcangeli si girano;
   L'ultimo è tutto d'Angelici ludi.

Sie folgen ihren Fesseln also schnelle,
  Um jenem Punkt sich möglichst anzugleichen
  Und können dies so wie ihr Schaun sich läutert.
Die andern Liebenden, die sie umkreisen,
  Die heißen Throne vor dem Bilde Gottes,
  Weil sie die letzte der drei Stufen schließen.
Und du mußt wissen, daß sich alle freuen
  So sehr als sie den Blick versenken können
  In Wahrheit, welche alle Geister sättigt.
Daraus kann man ersehn: es liegt begründet
  Die Seligkeit im Akte selbst des Schauens,
  Nicht dem des Liebens, der auf jenen folgt.
Und dieses Schaun hat das Verdienst zum Maße,
  Das Gnade hat erzeugt und guter Wille;
  So steigt man stufenweise dort nach oben.
Das andre Dreiblatt, das emporgewachsen
  In jenem Frühling dort, der ewig dauert
  Und den der Widder nächtens nicht entblättert,
Singt ewiglich ein Frühlingshosianna
  In drei Gesängen, die in drei Gestalten
  Der Freude tönen, die den Dreiklang bilden.
In dieser Ordnung sind drei Gotteswesen:
  Dominationes erst und dann Virtutes,
  Die dritte Reihe sind die Potestates.
Dann sieht man in den beiden nächsten Reigen
  Arcangeli und Principatus kreisen,
  Den letzten füllen lauter Engelsspiele.

Questi ordini di su tutti s'ammirano,
  E di giù vincon sì che verso Dio
  Tutti tirati sono e tutti tirano.
E Dionisio con tanto disio
  A contemplar questi ordini si mise,
  Che li nomò e distinse com'io.
Ma Gregorio da lui poi si divise;
  Onde, sì tosto come gli occhi aperse
  In questo ciel, di sè medesmo rise.
E se tanto secreto ver proferse
  Mortale in terra, non voglio ch'ammiri;
  Chè chi il vide quassù gliel discoperse
Con altro assai del ver di questi giri.»

All diese Reihen blicken so nach oben
   Und wirken abwärts, daß zu Gott sie alle
   Gezogen werden und zugleich auch ziehen.
Und Dionysius hat mit solchem Sehnen
   Sich der Betrachtung dieser Reihn ergeben,
   Daß er sie so wie ich benennt und scheidet.
Jedoch Gregor, der sich von ihm entfernte,
   Hat dann sobald er hier im Himmel oben
   Das Aug auftat, sich selbst belächeln müssen.
Und wenn ein Sterblicher ein solch Geheimnis
   Auf Erden kündet, soll's dich nicht verwundern,
   Denn der es droben sah, hat's ihm eröffnet
Mit andrer Wahrheit noch aus diesen Kreisen.»

CANTO VENTESIMONONO

Quando ambedue li figli di Latona,
   Coperti del Montone e della Libra,
   Fanno dell'orizzonte insieme zona,
Quant' è dal punto che il cenit inlibra,
   Infin che l'uno e l'altro da quel cinto,
   Cambiando l'emisperio, si dilibra;
Tanto, col volto di riso dipinto,
   Si tacque Beatrice, riguardando
   Fiso nel punto che m'aveva vinto.
Poi cominciò: « Io dico, e non domando,
   Quel che tu vuoli udir, perch' io l'ho visto
   Dove s'appunta ogni ubi ed ogni quando.
Non per avere a sè di bene acquisto,
   Ch'esser non può, ma perchè suo splendore
   Potesse, risplendendo, dir: 'Subsisto,'
In sua eternità di tempo fuore,
   Fuor d'ogni altro comprender, come i piacque,
   S'aperse in nuovi amor l'eterno amore.

NEUNUNDZWANZIGSTER GESANG

Zur Zeit, da beide Kinder der Latona,
   Im Widderzeichen und der Waage stehend
   Am Horizonte in der gleichen Zone,
Vom Augenblick, da der Zenith sie ausgleicht,
   Bis eines und das andre von dem Kreise,
   Die Himmelshälfte wechselnd, sich gelöst hat:
Solange schwieg, ein Lächeln im Gesichte,
   Beatrice still und schaute festen Blickes
   Zum Punkte, der mich überwältigt hatte.
Dann fing sie an: « Ich künde ohne Frage
   Das, was du hören möchtest, denn ich sah es
   Dort, wo ein jedes Wo und Wann sich findet.
Nicht um sich neue Güter zu erwerben,
   Das kann sie nicht, nein nur damit ihr Leuchten
   Durch Widerschein kann sagen: ‚Ich bestehe';
Hat, wie es ihr gefiel, die ewige Liebe
   In Ewigkeit, jenseits von Zeit und Wissen,
   In neuen Liebeswesen sich entfaltet.

Nè prima quasi torpente si giacque;
  Chè nè prima nè poscia procedette
  Lo discorrer di Dio sopra quest'acque.
Forma e matera, congiunte e purette,
  Usciro ad esser che non avia fallo,
  Come d'arco tricordo tre saette;
E come in vetro, in ambra od in cristallo
  Raggio risplende sì, che dal venire
  All'esser tutto non è intervallo,
Così il triforme effetto del suo sire
  Nell'esser suo raggiò insieme tutto,
  Senza distinzione, in esordire.
Concreato fu ordine e costrutto
  Alle sustanze; e quelle furon cima
  Nel mondo in che puro atto fu produtto;
Pura potenza tenne la parte ima;
  Nel mezzo strinse potenza con atto
  Tal vime che giammai non si divima.
Ieronimo vi scrisse lungo tratto
  Di secoli degli angeli creati
  Anzi che l'altro mondo fosse fatto;
Ma questo vero è scritto in molti lati
  Dagli scrittor dello Spirito Santo;
  E tu te n'avvedrai, se bene agguati;
Ed anche la ragion lo vede alquanto,
  Che non concederebbe che i motori
  Senza sua perfezion fosser cotanto.

Auch vorher lag sie müßig nicht darnieder,
   Denn weder vorher noch hernach bewegte
   Sich Gottes Rede über diesen Wassern.
Rein und verbunden sind einst Stoff und Formen
   Zur Welt gekommen ohne jeden Makel,
   So wie drei Pfeile von drei Bogensehnen.
Und wie im Glase, im Kristall und Bernstein
   Ein Strahl erglänzt, so daß von seinem Kommen
   Zum vollen Glanze keine Zeit vergehet,
So hat die dreigestalte Macht des Herren
   Sein Wesen mit den Strahlen ganz durchdrungen
   Ohn jeden Unterschied vom Anbeginne.
Ordnung und Bau ward einstens miterschaffen
   Den Wesenheiten, die die Gipfel bilden
   Der Welt, in welcher reines Tun erschienen.
Die reine Kraft wohnt in dem untern Teile,
   Und in dem mittlern haben Kraft und Handeln
   Sich so verbunden, daß sie nie sich lösen.
Hieronymus hat euch davon berichtet,
   Daß Engel hunderte von Jahren eher
   Geschaffen worden als die Welt geschaffen.
Doch diese Wahrheit steht an vielen Stellen
   Geschrieben in des Heiligen Geistes Schriften;
   Du kannst es merken, wenn du wohl drauf achtest.
Auch der Verstand kann dies ein wenig sehen,
   Denn er kann nicht verstehn, daß die Beweger
   Ausreichten, wenn sie nicht vollkommen wären.

Or sai tu dove e quando questi amori
Furon creati e come; sì che spenti
Nel tuo disio già sono tre ardori.
Nè giugneriesi, numerando, al venti
Sì tosto, come degli angeli parte
Turbò il suggetto dei vostri elementi.
L'altra rimase, e cominciò quest'arte
Che tu discerni, con tanto diletto
Che mai da circuir non si diparte.
Principio del cader fu il maledetto
Superbir di colui che tu vedesti
Da tutti i pesi del mondo costretto.
Quelli che vedi qui furon modesti
A riconoscer sè dalla bontate
Che gli avea fatti a tanto intender presti;
Per che le viste lor furo esaltate
Con grazia illuminante e con lor merto,
Sì c'hanno ferma e piena volontate.
E non voglio che dubbi, ma sie certo,
Che ricever la grazia è meritorio,
Secondo che l'affetto l'è aperto.
Omai d'intorno a questo consistorio
Puoi contemplare assai, se le parole
Mie son ricolte, senz'altro aiutorio.
Ma perchè in terra per le vostre scuole
Si legge che l'angelica natura
È tal che intende e si ricorda e vuole,

Jetzt weißt du, wo und wann die Liebeswesen
  Erschaffen sind, und wie, und also wären
  Drei Brände schon gelöscht in deinem Sehnen.
Nicht schneller könnte man auf zwanzig zählen,
  Als schon ein Teil von jenen Engelswesen
  Das tiefste eurer Elemente trübte.
Der andre blieb, und er begann die Künste,
  Die du hier schauen darfst, mit solcher Freude,
  Daß sie ihr Kreisen niemals unterbrechen.
Beginn des Sturzes war einst der verfluchte
  Hochmut des Bösen, den du selbst gesehen
  Von aller Last der Erde festgehalten.
Die du hier siehst, die haben sich in Demut
  Und Dankbarkeit gebeugt vor jener Güte,
  Die sie bereit erschuf zu solchem Wissen.
Drum wurden ihre Blicke so erhoben
  Von Gnadenlicht und eigenem Verdienste,
  Daß ganzer, fester Wille sie erfüllte.
Und du sollst nicht bezweifeln, sondern wissen,
  Daß auch verdienstlich der Empfang der Gnade,
  Je nach dem Drang, der sich ihr aufgeschlossen.
Nun kannst du an der himmlischen Versammlung
  Noch viel betrachten, wenn du meine Worte
  Recht aufgenommen, ohne fremde Hilfe.
Weil aber auf der Welt in euren Schulen
  Man liest, so sei auch die Natur der Engel,
  Daß sie begreift und will und sich erinnert,

Ancor dirò, perchè tu veggi pura
  La verità che laggiù si confonde,
  Equivocando in sì fatta lettura.
Queste sustanzie, poi che fur gioconde
  Della faccia di Dio, non volser viso
  Da essa, da cui nulla si nasconde;
Però non hanno vedere interciso
  Da nuovo obietto, e però non bisogna
  Rimemorar per concetto diviso;
Sì che laggiù non dormendo si sogna,
  Credendo e non credendo dicer vero;
  Ma nell'uno è più colpa e più vergogna.
Voi non andate giù per un sentiero
  Filosofando; tanto vi trasporta
  L'amor dell'apparenza e il suo pensiero!
Ed ancor questo quassù si comporta
  Con men disdegno che quando è posposta
  La divina scrittura, o quando è torta.
Non vi si pensa quanto sangue costa
  Seminarla nel mondo, e quanto piace
  Chi umilemente con essa s'accosta.
Per apparer ciascun s'ingegna, e face
  Sue invenzioni; e quelle son trascorse
  Dai predicanti, e il Vangelio si tace.
Un dice che la luna si ritorse
  Nella passion di Cristo e s'interpose,
  Per che il lume del sol giù non si porse;

Sag ich noch etwas, daß du klar kannst sehen
   Die Wahrheit, die dort unten man verwechselt,
   Indem man solche Schriften fälschlich deutet.
Die Wesenheiten, da sie fröhlich waren
   Im Anblick Gottes, haben nie das Auge
   Von ihm gewandt, vor dem kein Ding verborgen.
Drum ist ihr Schauen auch nicht unterbrochen
   Von neuen Gegenständen, und sie brauchen
   Auch kein Erinnern an entfernte Dinge.
So phantasiert man ohne Schlaf dort unten
   Von Wahrheit, mit und ohne beßres Wissen,
   Doch in dem einen liegt mehr Schuld und Schande.
Ihr steiget nicht hinab auf einem Pfade
   Im Denken, so sehr hat euch mitgerissen
   Die Liebe zu dem Schein und sein Gedanke.
Und doch wird das hier oben noch ertragen
   Mit mindrem Zorn, als wenn die Heiligen Schriften
   Hintangesetzt und mißgedeutet werden.
Man denkt nicht daran, wieviel Blut es kostet,
   Sie in der Welt zu sän, und wie genehm sind,
   Die sich in Demut an die Schriften halten.
Ein jeder müht sich, Eignes zu erfinden,
   Nur um zu glänzen, jene läßt man liegen,
   Und ihre Predigt schweigt vom Evangelium.
Der eine sagt, der Mond hat sich gewendet
   Beim Tode Christi, und er trat dazwischen,
   So daß das Sonnenlicht nicht war zu sehen.

Ed altri, che la luce si nascose
  Da sè, però agl'Ispani e agl'Indi,
  Come ai Giudei, tale eclissi rispose.
Non ha Fiorenza tanti Lapi e Bindi,
  Quante sì fatte favole per anno
  In pergamo si gridan quinci e quindi;
Sì che le pecorelle, che non sanno,
  Tornan dal pasco pasciute di vento,
  E non le scusa non veder lo danno.
Non disse Cristo al suo primo convento:
  'Andate, e predicate al mondo ciance;'
  Ma diede lor verace fondamento.
E quel tanto sonò nelle sue guance,
  Sì ch'a pugnar, per accender la fede,
  Dell'Evangelio fero scudi e lance.
Ora si va con motti e con iscede
  A predicare, e pur che ben si rida,
  Gonfia il cappuccio, e più non si richiede.
Ma tale uccel nel becchetto s'annida,
  Che, se il vulgo il vedesse, vederebbe
  La perdonanza di che si confida;
Per cui tanta stoltezza in terra crebbe,
  Che, senza prova d'alcun testimonio,
  Ad ogni promission si converrebbe.
Di questo ingrassa il porco sant'Antonio
  Ed altri ancor che sono assai più porci,
  Pagando di moneta senza conio.

Ein andrer meint, das Licht hat sich von selber
  Verborgen, daß die Spanier und die Inder
  Den Juden gleich die Finsternis erlebten.
Florenz hat soviel Hinze nicht und Kunze
  Wie solche Fabeln man in jedem Jahre
  An allen Orten ausruft von den Kanzeln;
So daß die armen Schäflein, die nichts wissen,
  Mit Wind gefüttert von der Weide kommen,
  Und daß sie die Verblendung nicht entschuldigt.
Christus sprach nicht zu seinen ersten Jüngern:
  Geht hin und predigt Possen vor den Leuten;
  Nein, er hat ihnen wahren Stoff gegeben.
Und der hat so in ihrem Mund geklungen,
  Daß sie zum Kampf, den Glauben anzufeuern,
  Sich Schild und Lanze aus der Botschaft machten.
Jetzt schreitet man mit Späßen und mit Witzen
  Zur Predigt, und wenn alle Leute lachen,
  Schwillt die Kapuze, mehr ist nicht vonnöten.
Jedoch im Zipfel nistet solch ein Vogel,
  Daß, wär das Volk nicht blind, es sehen könnte
  Den Ablaß, den es hinnimmt voll Vertrauen.
Drob ward so groß die Dummheit auf der Erde,
  Daß sie auch ohne irgendwelches Zeugnis
  Bei jedem Angebot zusammenlaufen.
So wächst das Schwein des heiligen Antonius
  Und andre auch, die noch viel größre Schweine,
  Und die mit ungeprägter Münze zahlen.

Ma perchè siam digressi assai, ritorci
  Gli occhi oramai verso la dritta strada,
  Sì che la via col tempo si raccorci.
Questa natura sì oltre s'ingrada
  In numero, che mai non fu loquela
  Nè concetto mortal che tanto vada:
E se tu guardi quel che si rivela
  Per Daniel, vedrai che in sue migliaia
  Determinato numero si cela.
La prima luce, che tutta la raia,
  Per tanti modi in essa si recepe,
  Quanti son gli splendori a che s'appaia.
Onde, perocchè all'atto che concepe
  Segue l'affetto, d'amor la dolcezza
  Diversamente in essa ferve e tepe.
Vedi l'eccelso omai e la larghezza
  Dell'eterno valor, poscia che tanti
  Speculi fatti s'ha in che si spezza,
Uno manendo in sè come davanti.»

Doch da wir abgeschweift, kehr deine Augen
  Nunmehr zurück zu der geraden Straße,
  So daß der Weg sich mit der Zeit verkürze.
So hoch empor stuft sich die Zahl der Engel,
  Daß niemals eine Sprache ward gefunden,
  Noch Menschendenken, das so weit hin reichte.
Und wenn du schaust, was Daniel enthüllte,
  Siehst du, daß doch in seinen Tausendzahlen
  Noch eine feste Anzahl liegt verborgen.
Das erste Licht, das auf sie alle leuchtet,
  Empfangen sie in soviel Einzelarten
  Als Lichter sind, mit denen es sich gattet.
Weshalb, dieweil dem Akte des Begreifens
  Die Liebe folgt, die Süßigkeit der Liebe
  In ihnen auch verschieden glüht und wärmet.
Sieh die Erhabenheit nun und die Weite
  Der ewigen Kraft, da sie sich soviel Spiegel
  Geschaffen hat, in denen sie gebrochen,
Und dennoch eine bleibt, wie sie gewesen.»

CANTO TRENTESIMO

Forse seimila miglia di lontano
  Ci ferve l'ora sesta, e questo mondo
  China già l'ombra quasi al letto piano,
Quando il mezzo del cielo, a noi profondo,
  Comincia a farsi tal, che alcuna stella
  Perde il parere infino a questo fondo;
E come vien la chiarissima ancella
  Del sol più oltre, così il ciel si chiude
  Di vista in vista infino alla più bella.
Non altrimenti il trionfo che lude
  Sempre dintorno al punto che mi vinse,
  Parendo inchiuso da quel ch'egli inchiude,
A poco a poco al mio veder si stinse;
  Per che tornar con gli occhi a Beatrice
  Nulla vedere ed amor mi costrinse.
Se quanto infino a qui di lei si dice
  Fosse conchiuso tutto in una loda,
  Poco sarebbe a fornir questa vice.

DREISSIGSTER GESANG

Sechstausend Meilen glüht wohl von uns ferne
  Die Mittagsstunde, und auf dieser Erde
    Sinkt schon der Schatten hin zum ebnen Bette,
Indes des Himmels Mitte, uns am fernsten,
  So dämmert, daß schon einige der Sterne
    Den Glanz verlieren bis zu diesem Grunde;
Und da die hellste Dienerin der Sonne
  Zu oberst kommt, so schließt sich dann der Himmel
    Von Bild zu Bild bis zu dem allerschönsten;
Nicht anders ist der Engelschor, der immer
  Um jene Mitte spielt, die mich besiegte,
    Und scheint von dem, was er umschließt, umschlossen,
Allmählich hier vor meinem Blick erloschen;
  Drum hat Nichtsehn und Liebe mich getrieben,
    Das Aug zu Beatrice hinzuwenden.
Wenn alles, was bisher von ihr gesprochen,
  In einem einzigen Lob zusammenkäme,
    So würd es diesmal doch noch nicht genügen.

La bellezza ch'io vidi si trasmoda
  Non pur di là da noi, ma certo io credo
  Che solo il suo fattor tutta la goda.
Da questo passo vinto mi concedo,
  Più che giammai da punto di suo tema
  Soprato fosse comico o tragedo;
Chè, come sole in viso che più trema,
  Così lo rimembrar del dolce riso
  La mente mia da me medesmo scema.
Dal primo giorno ch'io vidi il suo viso
  In questa vita, infino a questa vista,
  Non m'è il seguire al mio cantar preciso;
Ma or convien che il mio seguir desista
  Più dietro a sua bellezza, poetando,
  Come all'ultimo suo ciascuno artista.
Cotal qual io la lascio a maggior bando
  Che quel della mia tuba, che deduce
  L'ardua sua matera terminando,
Con atto e voce di spedito duce
  Ricominciò: « Noi siamo usciti fuore
  Del maggior corpo al ciel ch'è pura luce:
Luce intellettual piena d'amore;
  Amor di vero ben pien di letizia;
  Letizia che trascende ogni dolzore.
Qui vederai l'una e l'altra milizia
  Di paradiso, e l'una in quegli aspetti
  Che tu vedrai all'ultima giustizia.

Die Schönheit, die ich sah, ist so erhaben,
  Nicht über uns nur, nein, ich möchte glauben,
  Daß nur ihr Schöpfer selbst sie ganz genieße.
An dieser Stelle geb ich mich geschlagen,
  Mehr als von einer Stelle seines Werkes
  Jemals ein Dichter überwältigt wurde.
Denn wie das Sonnenlicht die schwachen Augen,
  Muß das Gedächtnis dieses süßen Lächelns
  Mir meines Geistes Kraft von selber schwächen.
Vom ersten Tag, da ich ihr Bild gesehen
  Im Erdenleben, bis zu diesem Schauen
  Ist meinem Sang zu folgen nicht verboten,
Doch jetzt muß meine Dichtung drauf verzichten,
  Noch weiter ihre Schönheit zu verfolgen,
  Wie jeder Dichter vor dem letzten Ziele.
So wie ich sie nun einem höheren Rufe
  Als dem der eigenen Posaune lasse,
  Die jetzt ihr schweres Werk zu End muß bringen,
Mit Ton und Haltung eines flinken Führers,
  Sprach sie zu mir: « Wir sind herausgekommen
  Vom größten Kreis zum Himmel reinsten Lichtes;
Zum Geisteslichte, ganz erfüllt mit Liebe,
  Mit Liebe zu dem wahren Gut voll Freude,
  Voll Freude, jede Wonne übersteigend.
Hier kannst du alle beiden Scharen sehen
  Des Paradieses; eine so gestaltet,
  Wie du sie sehn wirst einst am Jüngsten Tage.

Come subito lampo che discetti
  Gli spiriti visivi, sì che priva
  Dall'atto l'occhio di più forti obietti,
Così mi circonfulse luce viva,
  E lasciommi fasciato di tal velo
  Del suo fulgor, che nulla m'appariva.
« Sempre l'amor che queta questo cielo
  Accoglie in sè con sì fatta salute,
  Per far disposto a sua fiamma il candelo. »
Non fur più tosto dentro a me venute
  Queste parole brevi, ch'io compresi
  Me sormontar di sopra a mia virtute;
E di novella vista mi raccesi
  Tale, che nulla luce è tanto mera,
  Che gli occhi miei non si fosser difesi.
E vidi lume in forma di riviera
  Fluvido di fulgore, intra due rive
  Dipinte di mirabil primavera.
Di tal fiumana uscian faville vive,
  E d'ogni parte si mettean nei fiori,
  Quasi rubin che oro circoscrive:
Poi, come inebriate dagli odori,
  Riprofondavan sè nel miro gurge;
  E s'una entrava, un'altra n'uscia fuori.
« L'alto disio che mo t'infiamma ed urge
  D'aver notizia di ciò che tu vei,
  Tanto mi piace più quanto più turge;

So wie ein schneller Blitz des Sehens Kräfte
Zerstreut, daß selbst die größten Gegenstände
Auf unser Auge nicht mehr wirken können,
So ward ich vom lebendigen Licht umflutet
Und eingehüllt in einen solchen Schleier
Von seinem Glanze, daß ich nichts mehr schaute.
« Stets hat die Liebe, die den Himmel stillet,
Mit einem solchen Gruß bei sich empfangen,
Um ihrer Glut die Kerze zu bereiten. »
Ich hatte nicht so bald in mir vernommen
Die kurzen Worte, als ich schon begriffen,
Daß ich die eignen Kräfte überstiegen.
Ich ward mit einem neuen Blick entzündet,
So daß kein Licht mehr ist von solcher Reine,
Daß es mein Auge nicht ertragen könnte.
Und ich sah Licht in eines Stromes Formen
Von Feuern fließend, zwischen zwei Gestaden,
Bemalt mit wunderbaren Frühlingsfarben.
Aus diesem Strome sah ich Funken sprühen,
Die überall sich auf die Blumen senkten,
So wie Rubine, eingefaßt vom Golde.
Dann sah ich, gleichsam von den Düften trunken,
Sie wieder in den Wunderstrudel tauchen,
Und neue kamen, wenn die ersten tauchten.
« Die hohe Sehnsucht, die dich jetzt entzündet,
Von dem, was du gesehen, zu erfahren,
Gefällt mir um so mehr, je mehr sie brennend.

Ma di quest'acqua convien che tu bei
Prima che tanta sete in te si sazii.»
Così mi disse il sol degli occhi miei.
Anche soggiunse: « Il fiume e li topazii
Ch'entrano ed escono e il rider dell'erbe
Son di lor vero umbriferi prefazii.
Non che da sè sian queste cose acerbe,
Ma è difetto dalla parte tua,
Che non hai viste ancor tanto superbe.»
Non è fantin che sì subito rua
Col volto verso il latte, se si svegli
Molto tardato dall'usanza sua,
Come fec' io, per far migliori spegli
Ancor degli occhi, chinandomi all'onda
Che si deriva perchè vi s'immegli.
E sì come di lei bevve la gronda
Delle palpebre mie, così mi parve
Di sua lunghezza divenuta tonda.
Poi come gente stata sotto larve
Che pare altro che prima, se si sveste
La sembianza non sua in che disparve,
Così mi si cambiaro in maggior feste
Li fiori e le faville, sì ch'io vidi
Ambo le corti del ciel manifeste.
O isplendor di Dio, per cu'io vidi
L'alto trionfo del regno verace,
Dammi virtù a dir com' io il vidi!

Doch mußt du noch von diesem Wasser trinken,
Bevor man stillen wird dein großes Dürsten»,
So sprach zu mir die Sonne meiner Augen.
Sie sagte noch: « Der Fluß und jene Funken,
Die auf- und niedersteigen, und die Blumen
Sind ihrer Wahrheit schattenhafte Boten.
Nicht, daß sie selber unvollkommen wären,
Es ist ein Mangel nur auf deiner Seite,
Der du noch nie so hehre Dinge sahest.»
Kein Kindlein kann so schnell mit dem Gesichte
Zur Milch sich stürzen, wenn es wach geworden
Viel später als es sonst erwachen mochte,
Als ich mich beugte, daß aus meinen Augen
Noch beßre Spiegel würden, auf die Wogen,
Die, um uns zu verschönen, niederströmen.
Und als ich mit dem Rande meiner Wimpern
Daraus getrunken, schien es mir, als wäre
Aus ihrer Länge jetzt ein Rund geworden.
Dann haben, so wie Menschen unter Masken,
Die sich verändern, wenn sie sich der fremden
Gestalt entkleiden, die sie erst entstellte,
Sich mir in noch viel größern Glanz verwandelt
Die Blüten und die Funken, daß ich beide
Scharen des Himmels offen schauen konnte.
O Gottes Glanz, durch den ich sehen durfte
Den hohen Siegeszug des wahren Reiches,
Gib mir die Kraft, zu sagen, was ich schaute!

Lume è lassù, che visibile face
  Lo creatore a quella creatura
  Che solo in lui vedere ha la sua pace.
Ei si distende in circular figura
  In tanto che la sua circonferenza
  Sarebbe al sol troppo larga cintura.
Fassi di raggio tutta sua parvenza
  Riflesso al sommo del mobile primo,
  Che prende quindi vivere e potenza.
E come clivo in acqua di suo imo
  Si specchia, quasi per vedersi adorno,
  Quando è nel verde e neì fioretti opimo;
Sì, soprastando al lume intorno intorno,
  Vidi specchiarsi in più di mille soglie
  Quanto di noi lassù fatto ha ritorno.
E se l'infimo grado in sè raccoglie
  Sì grande lume, quanta è la larghezza
  Di questa rosa nell'estreme foglie?
La vista mia nell'ampio e nell'altezza
  Non si smarriva, ma tutto prendeva
  Il quanto e il quale di quell'allegrezza.
Presso e lontano, lì, nè pon nè leva;
  Chè dove Dio senza mezzo governa,
  La legge natural nulla rileva.
Nel giallo della rosa sempiterna,
  Che si dilata ed ingrada e redole
  Odor di lode al sol che sempre verna,

Ein Licht ist droben, das den Schöpfer selber
 Dort sichtbar macht für alle die Geschöpfe,
 Die nur in seinem Anblick Frieden finden.
Und es verbreitet sich in einer Runde
 So groß, daß es mit seinem ganzen Kreise
 Der Sonne ein zu weiter Gürtel wäre.
Sein ganzes Bild ist aufgebaut aus Strahlen,
 Die sich am obersten Beweger brechen,
 Der dorther seine Kraft empfängt und Leben.
Und wie ein Hügel sich im Wasser spiegelt
 Zu seinen Füßen, sich geschmückt zu sehen,
 Wenn er mit Rasen sich bedeckt und Blumen,
So sah ich über jenem Licht im Kreise
 In mehr als tausend Stufen widerspiegeln
 All die, die von uns heimgekehrt nach droben.
Und wenn schon auf der untern Stufe leuchtet
 So großes Licht, wie groß ist erst die Fülle
 Von dieser Rose in den höchsten Blättern!
Mein Aug hat in der Breite und der Höhe
 Sich nicht verloren, sondern ganz ergriffen
 Die Art und Weite dieser großen Freuden.
Nichts gibt und nimmt hier Nähe oder Ferne,
 Denn dort, wo Gott unmittelbar regieret,
 Ist das Naturgesetz nicht mehr in Geltung.
Ins gelbe Innre dieser ewigen Rose,
 Die sich entfaltet, die sich stuft und duftet
 Der Sonne Lob, die ewigen Frühling spendet,

Qual è colui che tace e dicer vuole,
   Mi trasse Beatrice, e disse: « Mira
   Quanto è il convento delle bianche stole!
Vedi nostra città quant' ella gira;
   Vedi li nostri scanni sì ripieni,
   Che poca gente più ci si disira.
E in quel gran seggio a che tu gli occhi tieni
   Per la corona che già v'è su posta,
   Prima che tu a queste nozze ceni,
Sederà l'alma che fia giù agosta,
   Dell'alto Arrigo, ch'a drizzare Italia
   Verrà in prima ch'ella sia disposta.
La cieca cupidigia che v'ammalia
   Simili fatti v'ha al fantolino,
   Che muor di fame e caccia via la balia.
E fia prefetto nel foro divino
   Allora tal, che palese e coperto
   Non anderà con lui per un cammino.
Ma poco poi sarà da Dio sofferto
   Nel santo ufficio; ch'ei sarà detruso
   Là dove Simon mago è per suo merto,
E farà quel d'Alagna andar più giuso. »

Hat so wie jemand, der gern sprechen möchte,
  Mich Beatrice hingezogen: « Siehe »,
  Sprach sie, « wie groß die Schar der weißen Kleider!
Sieh unsre Stadt in ihrem weiten Kreise!
  Sieh unsre Sitze mit so reicher Fülle,
  Daß wenig Leute nur noch bei uns fehlen!
Auf jenem hohen Stuhl, nach dem du blickest,
  Der Krone wegen, die darauf zu sehen,
  Wird, eh du speisen wirst bei diesem Feste,
Die Seele sitzen, die auf Erden mächtig,
  Des hohen Heinrich, der Italiens Zügel
  Ergreifen wird, noch eh es sich bereitet.
Die blinde Habgier, die euch überkommen,
  Hat euch dem Kinde gleich gemacht, das lieber
  Vor Hunger stirbt und seine Amme wegstößt;
Und auf dem Heiligen Stuhle wird dann sitzen
  Ein Mann, der weder insgeheim noch offen
  Mit ihm wird wandeln auf dem gleichen Wege.
Doch wird er kurz von Gott nur dort geduldet
  Im heiligen Amt; er wird hinabgestoßen,
  Wo seine Sünde büßt der Magier Simon,
Und wird den von Alagna tiefer treiben. »

CANTO TRENTESIMOPRIMO

In forma dunque di candida rosa
  Mi si mostrava la milizia santa,
  Che nel suo sangue Cristo fece sposa;
Ma l'altra, che volando vede e canta
  La gloria di colui che la innamora
  E la bontà che la fece cotanta,
Sì come schiera d'ape, che s'infiora
  Una fiata ed una si ritorna
  Là dove suo lavoro s'insapora,
Nel gran fior discendeva che s'adorna
  Di tante foglie, e quindi risaliva
  Là dove il suo amor sempre soggiorna.
Le facce tutte avean di fiamma viva,
  E l'ali d'oro, e l'altro tanto bianco,
  Che nulla neve a quel termine arriva.
Quando scendean nel fior, di banco in banco
  Porgevan della pace e dell'ardore
  Ch'egli acquistavan ventilando il fianco.

EINUNDREISSIGSTER GESANG

So ist im Bilde einer weißen Rose
  Mir jene heilige Kämpferschar erschienen,
  Die Christus sich mit seinem Blut verlobte.
Die andre, die im Flug die Glorie dessen
  Besingt und schaut, der sie mit Liebe fesselt,
  Und seine Güte, die sie so geschaffen,
Kam wie ein Bienenschwarm, der zu den Blüten
  Hinfliegt, um wieder dorthin heimzukehren,
  Wo seine süße Arbeit angesammelt,
Hernieder zu der großen Blume, welche
  So viele Blätter schmücken, und stieg wieder
  Empor zum Wohnsitz ihrer ewigen Liebe.
Die Angesichter waren alle flammend,
  Die Flügel golden, weiß war alles andre;
  Kein Schnee kann jemals solch ein Weiß erreichen.
Im Niederschweben zu der Blume gaben
  Sie stufenweise Frieden her und Gluten,
  Die sie im Flügelschlage sich erwarben.

Nè l'interporsi tra il disopra e il fiore
Di tanta plenitudine volante
Impediva la vista e lo splendore;
Chè la luce divina è penetrante
Per l'universo secondo ch'è degno,
Sì che nulla le puote essere ostante.
Questo sicuro e gaudioso regno,
Frequente in gente antica ed in novella,
Viso ed amore avea tutto ad un segno.
O trina luce che in unica stella
Scintillando a lor vista, sì li appaga,
Guarda quaggiuso alla nostra procella!
Se i barbari, venendo da tal plaga,
Che ciascun giorno d'Elice si copra,
Rotante col suo figlio ond'ella è vaga,
Veggendo Roma e l'ardua sua opra,
Stupefaciensi, quando Laterano
Alle cose mortali andò di sopra;
Io, che al divino dall'umano,
All'eterno dal tempo era venuto,
E di Fiorenza in popol giusto e sano,
Di che stupor dovea esser compiuto!
Certo tra esso e il gaudio mi facea
Libito non udire e starmi muto.
E quasi peregrin che si ricrea
Nel tempio del suo voto riguardando,
E spera già ridir com'ello stea,

Und wenn auch zwischen droben und der Blume
 Im Fluge sich bewegten solche Scharen,
  Hat dies den Blick und Glanz nicht unterbrochen.
Dieweil das Weltall von dem göttlichen Lichte
 Durchdrungen wird, soweit es dessen würdig,
  So daß ihm gar nichts widerstehen könnte.
Dies Königreich so sicher und so freudig,
 Erfüllt vom alten und vom neuen Volke,
  Hob Blick und Liebe ganz nach einem Ziele.
Dreieinig Licht, das dort in einem Sterne
 Mit seinem Glanze ihre Blicke stillet,
  Schau doch einmal auf unsre Stürme nieder!
Wenn die Barbaren, aus dem Lande kommend,
 Das jeden Tag der Große Bär bedecket,
  Mit seinem Sohne, der ihm lieb ist, kreisend,
Beim Anblick Roms und seiner schweren Werke
 Voll Staunen waren, als der Lateranus
  Hoch über alle Menschendinge herrschte;
Wie mußte ich, der von der Zeit zum Ewigen,
 Vom Menschlichen zum Göttlichen gekommen
  Und aus Florenz zum Rechten und Gesunden,
Von großem Staunen überwältigt werden!
 In diesem Staunen und in meiner Freude
  Gefiel mir, stumm zu sein und nicht zu hören.
Und wie ein Pilgersmann sich daran weidet,
 Sich umzuschaun in seiner Wallfahrtskirche,
  Voll Hoffnung, wieder von ihr zu erzählen,

Su per la viva luce passeggiando,
   Menava io gli occhi per li gradi
   Mo su, mo giù, e mo ricirculando.
Vedeva visi a carità suadi
   D'altrui lume fregiati e di suo riso,
   Ed atti ornati di tutte onestadi.
La forma general di paradiso
   Già tutta mio sguardo avea compresa,
   In nulla parte ancor fermato fiso;
E volgeami con voglia riaccesa
   Per domandar la mia donna di cose
   Di che la mente mia era sospesa.
Uno intendea, ed altro mi rispose:
   Credea veder Beatrice, e vidi un sene
   Vestito con le genti gloriose.
Diffuso era per gli occhi e per le gene
   Di benigna letizia, in atto pio
   Quale a tenero padre si conviene.
Ed: «Ov' è ella?» subito diss'io.
   Ond'egli: «A terminar lo tuo disiro
   Mosse Beatrice me del loco mio;
E se riguardi su nel terzo giro
   Dal sommo grado, tu la rivedrai
   Nel trono, che i suoi merti le sortiro.»
Senza risponder, gli occhi su levai,
   E vidi lei che si facea corona
   Riflettendo da sè gli eterni rai.

So ließ ich, im lebendigen Lichte wandelnd,
    Auf allen jenen Stufen meine Augen
    Bald auf bald abwärts, bald im Kreise schweifen.
Ich sah Gesichter, die zur Liebe lockten,
    Mit fremdem Licht geziert und eignem Lächeln,
    Gebärden schön von allen Ehrbarkeiten.
Das allgemeine Bild des Paradieses,
    Das hatte nun mein Blick schon ganz begriffen,
    Doch war mein Aug noch nirgends festgehalten.
Ich wandte mich mit neuentfachten Wünschen
    Zu meiner Herrin hin, um sie zu fragen
    Nach Dingen, die den Geist im Zweifel ließen.
Ich meinte eins, ein andres gab die Antwort;
    Statt Beatrice ist ein Greis erschienen,
    Gekleidet wie die ruhmesvollen Geister.
Von Augen und von Wangen strahlte Güte
    Und Fröhlichkeit, und seine fromme Miene
    War, wie sie einem guten Vater ziemte.
Und: «Wo ist sie?», hab ich da ausgerufen;
    Worauf er: «Deine Sehnsucht zu erfüllen,
    Rief Beatrice mich von meinem Sitze.
Wenn du emporschaust nach dem dritten Kreise
    Im höchsten Rang, kannst du sie wiedersehen
    Auf ihrem Thron, den ihr Verdienst ihr brachte.»
Ich hob die Augen ohne mehr zu sagen,
    Und ich sah sie, die eine Krone formte
    Vom Widerschein der ewigen Lichterstrahlen.

Da quella region che più su tuona,
   Occhio mortale alcun tanto non dista,
   Qualunque in mare più giù s'abbandona,
Quanto lì da Beatrice la mia vista;
   Ma nulla mi facea, chè sua effige
   Non discendea a me per mezzo mista.
« O donna in cui la mia speranza vige,
   E che soffristi per la mia salute,
   In inferno lasciar le tue vestige,
Di tante cose, quante io ho vedute,
   Dal tuo podere e dalla tua bontate
   Riconosco la grazia e la virtute.
Tu m'hai di servo tratto a libertate
   Per tutte quelle vie, per tutti i modi
   Che di ciò fare avei la potestate.
La tua magnificenza in me custodi,
   Sì che l'anima mia, che fatta hai sana,
   Piacente a te dal corpo si disnodi. »
Così orai; e quella, sì lontana
   Come parea, sorrise e riguardommi;
   Poi si tornò all'eterna fontana.
E il santo sene: « Acciò che tu assommi
   Perfettamente » disse « il tuo cammino,
   A che prego ed amor santo mandommi,
Vola con gli occhi per questo giardino;
   Chè veder lui t'acconcerà lo sguardo
   Più al montar per lo raggio divino.

Von jener Sphäre, die am höchsten donnert,
   Entfernt sich nie so weit ein menschlich Auge,
   Und wär es auf dem tiefsten Meeresgrunde,
Wie dort mein Auge fern war von Beatrice;
   Doch dies verschlug mir nichts, es kam ihr Bildnis
   Zu mir hernieder ohne jede Trübung.
« O Herrin, die du meine Hoffnung nährest
   Und die du gütig bis zur Hölle nieder
   Zu meinem Heile deine Spuren führtest;
Von allen Dingen, die ich hier gesehen,
   Verdank ich deiner Macht und deiner Güte
   Die Kraft und Gnade, die sie mir gewähren.
Du hast mich aus der Knechtschaft hin zur Freiheit
   Geführt auf allen Wegen, jede Weise,
   Die dir dazu in deine Macht gegeben.
Du wollst in mir dein hohes Werk behüten,
   Daß meine Seele, die durch dich gesundet,
   Dir wohlgefällig sich vom Leibe löse. »
So flehte ich, und jene aus der Ferne
   Hat, wie ich glaube, lächelnd mich betrachtet,
   Dann hat sie sich zum ewigen Quell gewendet.
Der heilige Greis: « Damit du ganz vollkommen »,
   So sprach er, « deinen Weg beschließen mögest,
   Zu dem Gebet und Liebe mich gerufen,
Flieg mit den Augen über diesen Garten,
   Sein Anblick wird dein Schauen dran gewöhnen,
   Noch höher auf zum göttlichen Licht zu steigen.

E la regina del cielo, ond' io ardo
 Tutto d'amor, ne farà ogni grazia,
 Però ch'io sono il suo fedel Bernardo.»
Qual è colui che forse di Croazia
 Viene a veder la Veronica nostra,
 Che per l'antica fame non sen sazia,
Ma dice nel pensier, fin che si mostra:
 « *Signor mio Gesù Cristo, Dio verace,*
 Or fu sì fatta la sembianza vostra? »;
Tal era io mirando la vivace
 Carità di colui che in questo mondo,
 Contemplando, gustò di quella pace.
« *Figliuol di grazia, questo esser giocondo* »,
 Cominciò egli, « *non ti sarà noto,*
 Tenendo gli occhi pur quaggiù al fondo;
Ma guarda i cerchi infino al più remoto,
 Tanto che veggi seder la regina
 Cui questo regno è suddito e devoto. »
Io levai gli occhi; e come da mattina
 La parte oriental dell'orizzonte
 Soperchia quella dove il sol declina,
Così, quasi di valle andando a monte
 Con gli occhi, vidi parte nello stremo
 Vincer di lume tutta l'altra fronte.
E come quivi ove s'aspetta il temo
 Che mal guidò Fetonte, più s'infiamma,
 E quinci e quindi il lume si fa scemo,

Die Himmelskönigin, für die ich brenne
   In heißer Liebe, schenkt uns jede Gnade,
   Denn ich bin Bernhard, ihr getreuer Diener.»
Wie wohl ein Pilger, aus Kroatien kommend,
   Bei uns das Tuch Veronikas zu sehen,
   Mit seinem ungestillten alten Hunger,
Sich in Gedanken sagt, solang er's siehet:
   «Wahrhaftiger Gott, o mein Herr Jesus Christus,
   Ist dergestalt denn Euer Bild gewesen?»
So ging mir's, als ich die lebendige Liebe
   Des Mannes schaute, der auf dieser Erde
   In der Betrachtung jenen Frieden spürte.
«Du Sohn der Gnade, dieses selige Leben»,
   So sprach er, «wirst du nicht an dir erfahren,
   Wenn du die Augen nur nach drunten richtest.
Schau nach den Kreisen hin bis zu dem fernsten,
   So weit bis du die Königin kannst sehen,
   Der untertan dies Reich ist und ergeben.»
Ich hob die Augen, und so wie am Morgen
   Des Ostens Himmel fern am Horizonte
   Den übertrifft, an dem die Sonn geht unter:
So sah ich, wie vom Tal zum Berge schweifend
   Mit meinen Augen, daß ein Stück der Ferne
   Mit seinem Licht den ganzen Kreis besiegte,
Und wie der Ort, wo man der Deichsel harret,
   Die schlecht von Phaëton geführt, aufleuchtet,
   Indessen da und dort das Licht erloschen:

Così quella pacifica orifiamma
Nel mezzo s'avvivava, e d'ogni parte
Per egual modo allentava la fiamma;
Ed a quel mezzo, con le penne sparte,
Vid' io più di mille angeli festanti,
Ciascun distinto e di fulgore e d'arte.
Vidi ai lor giuochi quivi ed ai lor canti
Ridere una bellezza, che letizia
Era negli occhi a tutti gli altri santi.
E s'io avessi in dir tanta divizia,
Quanta ad imaginar, non ardirei
Lo minimo tentar di sua delizia.
Bernardo, come vide gli occhi miei
Nel caldo suo calor fissi ed attenti,
Li suoi con tanto affetto volse a lei,
Che i miei di rimirar fè più ardenti.

So war auch dieses friedensreiche Banner
  In seiner Mitte heller und es dämpfte
  Im gleichen Maße ringsum alle Flammen.
In dieser Mitte sah ich freudig feiernd
  Mit weiten Flügeln mehr als tausend Engel,
  Mit eignem Glanz und eigner Kunst ein jeder.
Ich sah bei ihren Spielen und Gesängen
  Dort eine Schönheit lachen, die als Freude
  Aus aller andern Heiligen Augen strahlte.
Und wenn ich soviel reiche Worte fände
  Als ich geschaut, so würd ich doch nicht wagen,
  Den kleinsten Teil der Freude darzustellen.
Als Bernhard meine Augen fest und innig
  In ihre heiße Glut hat tauchen sehen,
  Wandt' er die seinen hin mit solcher Liebe,
Daß er die meinen mehr zum Schaun entflammte.

CANTO TRENTESIMOSECONDO

Affetto al suo piacer, quel contemplante
  Libero ufficio di dottore assunse,
  E cominciò queste parole sante:
« La piaga, che Maria richiuse ed unse,
  Quella ch'è tanto bella dai suoi piedi,
  È colei che l'aperse e che la punse.
Nell'ordine che fanno i terzi sedi
  Siede Rachel di sotto da costei
  Con Beatrice, sì come tu vedi.
Sara e Rebecca, Iudit e colei
  Che fu bisava al cantor che per doglia
  Del fallo disse « Miserere mei »,
Puoi tu veder così di soglia in soglia
  Giù digradar, com' io ch'a proprio nome
  Vo per la rosa giù di foglia in foglia.
E dal settimo grado in giù, sì come
  Infino ad esso, succedono Ebree,
  Dirimendo del fior tutte le chiome;

ZWEIUNDDREISSIGSTER GESANG

In seine Freude liebevoll versunken
  Hat der Beschauliche gern das Amt des Lehrers
  Erfüllt und sprach zu mir die heiligen Worte:
«Die Wunde, die Maria schloß und salbte,
  Hat jene, die so schön zu ihren Füßen,
  Dereinstens aufgerissen und geschlagen.
Im Range, den die dritten Sitze bilden,
  Hat Rahel ihren Platz zu ihren Füßen
  Mit Beatrice, wie du dort kannst sehen.
Sara, Rebecca, Judith sowie jene,
  Die Ahnin war des Sängers, der die Sünde
  Bereuend klagte: ‚Miserere mei!',
Die kannst du so herab von Stuf zu Stufe
  Dort sitzen sehn, so wie ich in der Rose,
  Von Blatt zu Blatt dir ihre Namen nenne.
Vom siebten Ringe abwärts siehst du folgen
  Hebräerfrauen, sowie auch darüber,
  Die alle Blätter voneinander scheiden.

Perchè, secondo lo sguardo che fee
  La fede in Cristo, queste sono il muro
  A che si parton le sacre scalee.
Da questa parte onde il fiore è maturo
  Di tutte le sue foglie, sono assisi
  Quei che credettero in Cristo venturo.
Dall'altra parte, onde sono intercisi
  Di voti i semicirculi, si stanno
  Quei ch'a Cristo venuto ebber li visi.
E come quinci il glorioso scanno
  Della Donna del cielo e gli altri scanni
  Di sotto lui cotanta cerna fanno,
Così di contra quel del gran Giovanni,
  Che sempre santo il diserto e il martiro
  Sofferse, e poi l'inferno da due anni;
E sotto lui così cerner sortiro
  Francesco, Benedetto ed Augustino,
  E altri fin quaggiù di giro in giro.
Or mira l'alto proveder divino;
  Chè l'uno e l'altro aspetto della fede
  Egualmente empierà questo giardino.
E sappi che dal grado in giù che fiede
  A mezzo il tratto le due discrezioni,
  Per nullo proprio merito si siede,
Ma per l'altrui, con certe condizioni;
  Chè tutti questi son spiriti assolti
  Prima ch'avesser vere elezioni.

Denn je nachdem ihr Glaube sich auf Christus
 Gerichtet, dürfen sie die Scheide bilden,
 An welcher sich die heiligen Stufen teilen.
Auf dieser Seite, wo in allen Blättern
 Die Blüte reif ist, haben ihre Sitze
 Die, welche an den künftigen Christus glaubten.
Zur andern Seite, wo noch Lücken blieben
 Im Halbkreis, kannst du jene sehen, welche
 Auf den gekommnen Christ den Blick gerichtet.
Und so wie hier die ruhmesreichen Sitze
 Der Himmelskönigin und all der andern,
 Die unter ihr, solch eine Scheide bilden,
So drüben der des großen Sankt Johannes,
 Der heilig stets in Einsamkeit und Marter
 Geduldet und zwei Jahre in der Hölle;
Und unter ihm zur Scheide sind erkoren
 Franziskus, Benedikt und Augustinus,
 Darunter alle andern Stuf um Stufe.
Nun sieh die hohe Vorsehung des Herren,
 Daß beide Sichten unsres Christenglaubens
 In gleichem Maße diesen Garten füllen!
Und wisse, daß von jenem Rang nach unten,
 Der beide Scheidewände mitten schneidet,
 Man ohne eigenes Verdienst gelanget,
Vielmehr durch fremdes, in besondrem Falle;
 All diese Geister fanden die Erlösung,
 Bevor sie selber recht entscheiden konnten.

Ben te ne puoi accorger per li volti,
  Ed anche per le voci puerili,
  Se tu li guardi bene e se li ascolti.
Or dubbi tu, e dubitando sili;
  Ma io ti solverò il forte legame
  In che ti stringon li pensier sottili.
Dentro all'ampiezza di questo reame
  Casual punto non puote aver sito,
  Se non come tristizia o sete o fame;
Chè per eterna legge è stabilito
  Quantunque vedi, sì che giustamente
  Ci si risponde dall'anello al dito.
E però questa festinata gente
  A vera vita non è sine causa
  Intra sè qui più e meno eccellente.
Lo rege per cui questo regno pausa
  In tanto amore ed in tanto diletto,
  Che nulla volontà è di più ausa,
Le menti tutte nel suo lieto aspetto
  Creando, a suo piacer di grazia dota
  Diversamente; e qui basti l'effetto.
E ciò espresso e chiaro vi si nota
  Nella Scrittura santa in quei gemelli
  Che nella madre ebber l'ira commota.
Però, secondo il color dei capelli,
  Di cotal grazia l'altissimo lume
  Degnamente convien che s'incappelli.

Du kannst es wohl an ihren Angesichtern
   Und auch an ihren Kinderstimmen merken,
   Wenn du sie recht betrachtest und belauschest.
Nun zweifelst oder schweigst du voll von Zweifel,
   Doch will ich dir den festen Knoten lösen,
   In den dein scharfes Denken dich verwickelt.
In aller Weite dieses Königreiches
   Hat nie ein Gran von Zufall Platz gefunden,
   So wenig wie das Hungern, Dürsten, Trauern;
Denn alles, was du siehst, ist fest geordnet
   Durch ewiges Gesetz, daß ganz vollkommen
   Es sich entspricht so wie der Ring dem Finger.
Und deshalb sind die frühgekommnen Scharen
   Im wahren Leben hier nicht ohne Gründe;
   Man kommt auch hierher mit verschiednen Würden.
Der König, der das Königreich läßt ruhen
   In solcher Liebe und in solcher Freude,
   Daß höher sich kein Wille kann erkühnen,
Erschafft vor seinem frohen Angesichte
   Die Geister all und schenkt nach seinem Willen
   Verschiedne Gnade; solches mag genügen.
Und dies kann man auch in den Heiligen Schriften
   An jenen beiden Zwillingen bemerken,
   Die schon im Mutterleibe Streit erhoben.
So muß, gemäß der Farbe ihrer Haare
   Das höchste Licht mit seinem Gnadenscheine
   Sie gleichfalls je nach ihrer Würde krönen.

Dunque, senza mercè di lor costume,
  Locati son per gradi differenti,
  Sol differendo nel primiero acume.
Bastavasi nei secoli recenti
  Con l'innocenza, per aver salute,
  Solamente la fede dei parenti.
Poi che le prime etadi fur compiute,
  Convenne ai maschi alle innocenti penne
  Per circoncidere acquistar virtute;
Ma poi che il tempo della grazia venne,
  Senza battesmo perfetto di Cristo,
  Tale innocenza là giù si ritenne.
Riguarda omai nella faccia che a Cristo
  Più si somiglia, chè la sua chiarezza
  Sola ti può disporre a veder Cristo.»
Io vidi sopra lei tanta allegrezza
  Piover, portata nelle menti sante,
  Create a trasvolar per quella altezza,
Che quantunque io avea visto davante
  Di tanta ammirazion non mi sospese,
  Nè mi mostrò di Dio tanto sembiante.
E quello amor che primo lì discese,
  Cantando «Ave Maria, gratia plena,»
  Dinanzi a lei le sue ali distese.
Rispose alla divina cantilena
  Da tutte parti la beata corte,
  Sì ch'ogni vista sen fè più serena.

Drum haben sie, nicht durch Verdienst des Wandels,
Dort auf verschiednen Stufen ihre Sitze,
Nur nach der Unterscheidung erster Triebe.

In jenen frühen Zeiten war zum Heile
Zusammen mit der Unschuld schon genügend,
Daß nur die Eltern selbst den Glauben hatten.

Als dann vorüber war das erste Alter,
Da mußten Knaben mit der Unschuld Flügeln
Durch die Beschneidung Tugend erst erwerben.

Doch als die Zeit der Gnade dann gekommen,
Hat ohne die vollzogene Christentaufe
Man solche Unschuld drunten festgehalten.

Schau nun in jenes Angesicht, das Christus
Am meisten gleicht, denn nur durch seine Klarheit
Wirst du bereitet, Christus selbst zu schauen.«

So große Freude sah ich niederregnen
Auf sie, getragen von den heiligen Geistern,
Geschaffen, nur in solcher Höh zu fliegen,

Daß alles, was ich je zuvor gesehen,
Mich niemals mit so großem Staunen packte,
Noch mir ein solches Abbild Gottes zeigte.

Und jene Liebe, die einst niederschwebte,
‚Ave Maria gratia plena' singend,
Hat vor ihr ihre Flügel ausgebreitet.

Es kam die Antwort zu dem göttlichen Liede
Aus allen Teilen jenes seligen Hofes,
Daß jedes Auge sich darob erhellte.

«O santo padre che per me comporte
　L'esser quaggiù, lasciando il dolce loco
　Nel qual tu siedi per eterna sorte,
Qual è quell'angel che con tanto gioco
　Guarda negli occhi la nostra regina,
　Innamorato sì che par di fuoco?»
Così ricorsi ancora alla dottrina
　Di colui che abbelliva di Maria,
　Come del sole stella mattutina.
Ed egli a me: «Baldezza e leggiadria,
　Quanta esser puote in angelo ed in alma,
　Tutta è in lui; e sì volem che sia,
Perch'egli è quegli che portò la palma
　Giuso a Maria, quando il Figliuol di Dio
　Carcar si volse della nostra salma.
Ma vieni omai con gli occhi sì com'io
　Andrò parlando, e nota i gran patrici
　Di questo imperio giustissimo e pio.
Quei due che seggon lassù più felici,
　Per esser propinquissimi ad Augusta,
　Son d'esta rosa quasi due radici.
Colui che da sinistra le s'aggiusta
　È il padre per lo cui ardito gusto
　L'umana specie tanto amaro gusta.
Dal destro vedi quel padre vetusto
　Di Santa Chiesa a cui Cristo le chiavi
　Raccomandò di questo fior venusto.

« O heiliger Vater, der nur mir zuliebe
Herabgestiegen von dem süßen Orte,
Der dir durch ewiges Los beschieden worden,
Wer ist der Engel, der mit solchem Spiele
Ins Auge unsrer Königin versunken
So voll von Liebe, daß er brennend scheinet? »
So bat ich noch einmal um die Belehrung
Von dem, der vor Maria sich verschönte
Gleichwie der Morgenstern im Licht der Sonne.
Und er zu mir: « Die Schönheit und die Kühnheit,
Die je in Engeln oder Seelen wohnte,
Ist ganz in ihm; und so ist unser Wille.
Denn er ist der, der einstmals zu Maria
Die Palme trug, als Gottes Sohn beschlossen,
Sich selbst mit unsrem Leibe zu beladen.
Doch folge nunmehr dem, was ich dir sage,
Mit deinem Aug, und sieh die großen Väter
In diesem frommen und gerechten Reiche.
Die zwei, die dort im höchsten Glücke sitzen,
Weil sie der Himmelskönigin am nächsten,
Sind gleichsam die zwei Wurzeln dieser Rose.
Der, welcher auf der linken Seite thronet,
Das ist der Vater, dessen kühner Gaumen
Der Menschheit soviel Bitternisse brachte.
Zur Rechten siehst du jenen alten Vater
Der heiligen Kirche, welchem einstens Christus
Der schönen Blume Schlüssel anvertraute.

E quei che vide tutti i tempi gravi,
   Pria che morisse, della bella sposa
   Che s'acquistò con la lancia e coi chiavi,
Siede lungh' esso; e lungo l'altro posa
   Quel duca sotto cui visse di manna
   La gente ingrata, mobile e ritrosa.
Di contro a Pietro vedi sedere Anna,
   Tanto contenta di mirar sua figlia,
   Che non muove occhio per cantare osanna.
E contro al maggior padre di famiglia
   Siede Lucia, che mosse la tua donna,
   Quando chinavi, a ruinar, le ciglia.
Ma perchè il tempo fugge che t'assonna,
   Qui farem punto, come buon sartore,
   Che com' egli ha del panno fa la gonna;
E drizzeremo gli occhi al primo amore,
   Sì che, guardando verso lui, penetri
   Quant' è possibil, per lo suo fulgore.
Veramente ne forse tu t'arretri,
   Movendo l'ali tue, credendo oltrarti,
   Orando grazia convien che s'impetri,
Grazia da quella che puote aiutarti;
   E tu mi seguirai con l'affezione,
   Sì che dal dicer mio lo cuor non parti.»
E cominciò questa santa orazione.

Und jener, der einst alle schweren Zeiten
  Der schönen Braut vor seinem Tode schaute,
  Die man mit Lanze und mit Nägeln freite,
Sitzt neben ihm, und bei dem andern thronet
  Der Führer jenes undankbaren, wilden
  Und störrischen Volks, das einst von Manna lebte.
Dem Petrus gegenüber siehst du Anna
  Im Anblick ihrer Tochter so zufrieden,
  Daß sie kein Auge beim Hosianna wendet.
Und gegenüber unsrem ältesten Vater
  Siehst du Lucia, die dir deine Herrin
  Gesandt hat, als du schon zu straucheln drohtest.
Doch da die Stunde deines Traums entschwindet,
  Will ich hier schließen wie ein guter Schneider,
  Der seinen Rock nach seinem Tuche richtet.
Wir wenden unser Aug zur ersten Liebe,
  Damit du mit den Blicken ihre Gluten
  Soweit als möglich noch durchdringen mögest.
In Wahrheit, daß du nicht zurückebleibest
  Bei deinem Flug, im Glauben, aufzusteigen,
  Mußt du die Gnade durch Gebet erflehen;
Gnade von der, die dir kann Hilfe bringen;
  Du mußt mir dann mit deiner Liebe folgen
  Und nicht dein Herz von meinem Wort entfernen.»
Dann hat sein heiliges Gebet begonnen.

CANTO TRENTESIMOTERZO

« *Vergine madre, figlia del tuo figlio,*
   Umile ed alta più che creatura,
   Termine fisso d'eterno consiglio,
Tu sei colei che l'umana natura
   Nobilitasti sì, che il suo fattore
   Non disdegnò di farsi sua fattura.
Nel ventre tuo si raccese l'amore,
   Per lo cui caldo nell'eterna pace
   Così è germinato questo fiore.
Qui sei a noi meridiana face
   Di caritate, e giuso, intra i mortali,
   Sei di speranza fontana vivace.
Donna, sei tanto grande e tanto vali,
   Che qual vuol grazia ed a te non ricorre,
   Sua disianza vuol volar senz' ali.
La tua benignità non pur soccorre
   A chi domanda, ma molte fiate
   Liberamente al domandar precorre.

DREIUNDDREISSIGSTER GESANG

›Jungfrau und Mutter, Tochter deines Sohnes,
   Vor allen Wesen groß und voll von Demut,
   Du vorbestimmtes Ziel im ewigen Rate,
Durch dich allein ist die Natur der Menschen
   So sehr geadelt, daß ihr Schöpfer selber
   Es nicht verschmäht hat, ihr Geschöpf zu werden.
In deinem Leib entbrannte jene Liebe,
   Durch deren Glut in diesem ewigen Frieden
   Uns diese Blume hier erblühen konnte.
Hier bist du uns die mittägliche Leuchte
   Der Nächstenliebe, drunten bei den Menschen
   Bist du der Hoffnung stets lebendige Quelle.
So groß bist du, o Herrin, und so mächtig,
   Daß, wer die Gnade sucht und dich nicht bittet,
   Sich ohne Flügel nach dem Fluge sehnet.
Und deine Güte kommt nicht nur zu Hilfe
   Dem, der da bittet, nein, gar viele Male
   Ist sie der Bitte gern zuvorgekommen.

In te misericordia, in te pietate,
  In te magnificenza, in te s'aduna
  Quantunque in creatura è di bontate.
Or questi, che dall'infima lacuna
  Dell'universo infin qui ha vedute
  Le vite spirituali ad una ad una,
Supplica a te, per grazia, di virtute
  Tanto, che possa con gli occhi levarsi
  Più alto verso l'ultima salute.
Ed io, che mai per mio veder non arsi
  Più ch'io fo per lo suo, tutti i miei preghi
  Ti porgo, e prego che non sieno scarsi,
Perchè tu ogni nube gli disleghi
  Di sua mortalità coi preghi tuoi,
  Sì che il sommo piacer gli si dispieghi.
Ancor ti prego, regina che puoi
  Ciò che tu vuoli, che conservi sani,
  Dopo tanto veder, gli affetti suoi.
Vinca tua guardia i movimenti umani;
  Vedi Beatrice con quanti beati
  Per li miei preghi ti chiudon le mani!»
Gli occhi da Dio diletti e venerati,
  Fissi nell'orator, ne dimostraro
  Quanto i devoti preghi le son grati;
Indi all'eterno lume si drizzaro,
  Nel qual non si dee creder che s'invii
  Per creatura l'occhio tanto chiaro.

In dir wohnt Mitleid, in dir wohnt Erbarmen,
In dir wohnt Herrlichkeit, in dir ist alles
Vereint, was in Geschöpfen je an Güte.
Und dieser, der vom untersten Gestade
Des Weltalls bis hierher nun nacheinander
Das Leben aller Geister hat gesehen,
Der fleht dich an um soviel Gnadenkräfte,
Daß er mit seinem Herzen sich noch höher
Erheben möge bis zum letzten Heile.
Und ich, der niemals um mein eignes Schauen
Mehr als um seins gebrannt, bring all mein Bitten
Vor dich und bitte, laß es dir genügen,
So daß du selber dann mit deiner Bitte
Ihm jeden Dunst der Sterblichkeit zerstreuest,
Und daß das höchste Glück sich ihm enthülle.
Auch bitt ich dich, o Königin, die alles
Gewollte kann, du mögest seine Triebe
Nach solchem Schauen ihm gesund erhalten.
Dein Schutz besiege seine menschliche Regung.
Sieh Beatrice mit so vielen Seelen
Zu meiner Bitte ihre Hände falten!»
Die gottgeliebten und verehrten Augen,
Gewandt zum Sprecher, haben mir bewiesen,
Wie sehr die frommen Bitten ihr gefallen.
Dann kehrte sie sich zu dem ewigen Lichte,
In welches man nicht glauben darf, daß jemals
Ein sterblich Aug so klar vermag zu schauen.

Ed io ch'al fine di tutti i disii
   Appropinquava, sì com'io dovea,
   L'ardor del desiderio in me finii.
Bernardo m'accennava e sorridea
   Perch'io guardassi suso; ma io era
   Già per me stesso tal qual ei volea;
Chè la mia vista, venendo sincera,
   E più e più entrava per lo raggio
   Dell'alta luce che da sè è vera.
Da quinci innanzi il mio veder fu maggio
   Che il parlar nostro, ch'a tal vista cede,
   E cede la memoria a tanto oltraggio.
Qual è colui che somniando vede,
   Che dopo il sogno la passione impressa
   Rimane, e l'altro alla mente non riede,
Cotal son io, che quasi tutta cessa
   Mia visione, ed ancor mi distilla
   Nel cor lo dolce che nacque da essa.
Così la neve al sol si disigilla;
   Così al vento nelle foglie levi
   Si perdea la sentenza di Sibilla.
O somma luce che tanto ti levi
   Dai concetti mortali, alla mia mente
   Ripresta un poco di quel che parevi,
E fa la lingua mia tanto possente,
   Ch'una favilla sol della tua gloria
   Possa lasciare alla futura gente;

Und da ich nun dem Ende aller Wünsche
　Mich nahte, wie es mir beschieden worden,
　War auch die Glut der Sehnsucht mir erloschen.
Bernhard gebot mir nur mit einem Lächeln,
　Nach oben aufzuschaun; doch tat ich selber
　Von mir aus schon, was er mir sagen wollte.
Denn meine Blicke, die nun klar geworden,
　Die tauchten immer tiefer in die Strahlen
　Des hohen Lichtes, das die Wahrheit selber.
Von jetzt ab war mein Schauen noch viel größer
　Als unsre Sprache, die ihm nicht gewachsen,
　Und das Gedächtnis weicht dem Unerhörten.
Wie einer, der im Traume etwas schaute,
　Und nach dem Traume bleibt nur die Erregung,
　Indes das andre aus dem Geist verschwunden:
So bin ich jetzt, da meine Traumerscheinung
　Fast ganz hinweg, und doch die große Süße,
　Die daraus kam, mir noch zum Herzen träufelt.
So pflegt der Schnee zu schmelzen in der Sonne,
　So hat im Winde auf den leichten Blättern
　Sich der Sibylle Spruch dereinst verloren.
O höchstes Licht, das über Menschensinne
　So weit erhaben, leihe meinem Geiste
　Ein wenig noch von dem, was du geschienen;
Und mache meine Zunge also mächtig,
　Daß sie ein Fünklein nur von deinem Glanze
　Den künftigen Geschlechtern lassen möge.

Chè, per tornare alquanto a mia memoria
  E per sonare un poco in questi versi,
  Più si conceperà di tua vittoria.
Io credo, per l'acume ch'io soffersi
  Del vivo raggio, ch'io sarei smarrito
  Se gli occhi miei da lui fossero aversi;
E mi ricorda ch'io fui più ardito
  Per questo a sostener, tanto ch'io giunsi
  L'aspetto mio col valore infinito.
Oh abbondante grazia ond'io presunsi
  Ficcar lo viso per la luce eterna,
  Tanto che la veduta vi consunsi!
Nel suo profondo vidi che s'interna,
  Legato con amore in un volume,
  Ciò che per l'universo si squaderna;
Sustanze ed accidenti e lor costume
  Quasi conflati insieme, per tal modo
  Che ciò ch'io dico è un semplice lume.
La forma universal di questo nodo
  Credo ch'io vidi, perchè più di largo,
  Dicendo questo, mi sento ch'io godo.
Un punto solo m'è maggior letargo
  Che venticinque secoli alla impresa
  Che fè Nettuno ammirar l'ombra d'Argo.
Così la mente mia, tutta sospesa
  Mirava fissa, immobile ed attenta,
  E sempre nel mirar faceasi accesa.

Denn wenn mir etwas ins Gedächtnis kehret
  Und noch ein wenig klingt in diesen Versen,
  So wird man mehr von deinem Sieg begreifen.
Ich glaub, die Schärfe des lebendigen Lichtes,
  Die ich ertrug, die hätte mich geblendet,
  Wenn ich mein Auge abgewendet hätte.
Und mir gedenkt, daß ich dadurch nur kühner
  Noch ward, sie zu ertragen, bis mein Auge
  Sich ganz mit der unendlichen Kraft vereinte.
O Gnadenfülle, die mich ließ erkühnen,
  Den Blick ins ewige Licht hineinzutauchen,
  So daß ich meine Sehkraft drin verzehrte!
In seiner Tiefe sah ich, daß zusammen
  In einem Band mit Liebe eingebunden
  All das, was sonst im Weltall sich entfaltet.
Die Wesenheiten, Zufall und ihr Walten
  Sind miteinander gleichsam so verschmolzen
  Daß, was ich sage, nur ein einfach Leuchten.
Die allgemeine Grundform dieses Knotens,
  Die hab ich wohl gesehen, darum fühl ich
  Bei meinem Wort die Freude reicher werden.
Ein Augenblick nur ist mir längeres Träumen
  Als Fünfundzwanzighundert Jahre waren,
  Seit einst Neptun ob Argos Schatten staunte.
So war mein Geist gespannt und unbeweglich,
  Vollkommen der Betrachtung hingegeben
  Und mit dem Schauen immer mehr entbrennend.

A quella luce cotal si diventa,
  Che volgersi da lei per altro aspetto
  È impossibil che mai si consenta;
Però che il ben, ch'è del volere obietto,
  Tutto s'accoglie in lei, e fuor di quella
  È difettivo ciò ch'è lì perfetto.
Omai sarà più corta mia favella,
  Pure a quel ch'io ricordo, che d'un fante
  Che bagni ancor la lingua alla mammella.
Non perchè più ch'un semplice sembiante
  Fosse nel vivo lume ch'io mirava,
  Che tal è sempre qual s'era davante;
Ma per la vista che s'avvalorava
  In me, guardando, una sola parvenza,
  Mutandom'io, a me si travagliava.
Nella profonda e chiara sussistenza
  Dell'alto lume parvermi tre giri
  Di tre colori e d'una contenenza;
E l'un dall'altro come iri da iri
  Parea riflesso, e il terzo parea fuoco
  Che quinci e quindi egualmente si spiri.
Oh quanto è corto il dire e come fioco
  Al mio concetto! e questo, a quel ch'io vidi,
  È tanto, che non basta a dicer 'poco'.
O luce eterna che sola in te sidi,
  Sola t'intendi, e da te intelletta
  Ed intendente te ami ed arridi!

In jenem Lichte muß man also werden,
  Daß man unmöglich sich entschließen könnte,
  Sich einem andern Bilde zuzuwenden.
Denn jenes Gut, nach dem der Wille trachtet,
  Ist ganz vereint in ihm, und außer diesem
  Ist mangelhaft nur das, was dort vollkommen.
Nunmehr wird meine Sprache noch viel ärmer
  Für das auch, was ich weiß, als die des Kindes,
  Das noch am Mutterbusen letzt die Zunge;
Nicht weil noch mehr als nur ein einfach Leuchten
  Im hellen Lichte war, auf das ich schaute,
  Das immer so ist wie es je gewesen;
Nein, durch die Sehkraft, die in mir gewachsen
  Beim Schauen, ward die einzige Erscheinung
  Verändert, während ich mich selbst gewandelt.
In jenem klaren, tiefen Wesensgrunde
  Des hohen Lichts erschienen mir drei Kreise
  Mit einem Umfang, drei verschiednen Farben.
Und zweie sah ich wie zwei Regenbogen
  Einander spiegeln, Feuer schien der dritte,
  Von beiden Seiten gleichermaßen lebend.
Wie arm ist doch die Sprache und wie kläglich
  Für den Gedanken, und nach dem Geschauten
  Ist der so groß, daß Worte nicht genügen.
O ewiges Licht, das sich nur selbst bewohnet,
  Nur selbst begreift, und von sich selbst begriffen
  Und sich begreifend sich auch liebt und lächelt!

Quella circulazion che sì concetta
   Pareva in te come lume riflesso,
   Dagli occhi miei alquanto circonspetta,
Dentro da sè, del suo colore stesso,
   Mi parve pinta della nostra effige,
   Per che il mio viso in lei tutto era messo.
Qual è il geometra, che tutto s'affige
   Per misurar lo cerchio, e non ritrova,
   Pensando, quel principio ond'egli indige;
Tal era io a quella vista nuova;
   Veder voleva come si convenne
   L'imago al cerchio e come vi s'indova;
Ma non eran da ciò le proprie penne:
   Se non che la mia mente fu percossa
   Da un fulgore in che sua voglia venne.
All'alta fantasia qui mancò possa;
   Ma già volgeva il mio disio e il velle,
   Sì come rota ch'egualmente è mossa,
L'Amor che muove il sole e l'altre stelle.

Des Kreises Umfang, der in dir beschlossen
  Vor mir erschien, wie rückgestrahlte Helle,
  Und den mein Aug ein wenig überschaute,
Der ist mir in sich selbst mit eigner Farbe
  Mit unsrem Angesicht bemalt erschienen,
  Weshalb ich ganz den Blick in ihn versenkte.
So wie der Geometer, der sich mühet,
  Den Kreis zu messen, und mit allem Denken
  Doch jene Regel, die er braucht, nicht findet,
So ging es mir bei diesem neuen Bilde:
  Ich wollte sehn, wie sich das Bild zum Kreise
  Verhält und wie es darin Raum gefunden.
Doch reichten dazu nicht die eignen Flügel.
  Vielmehr ist da mein Geist getroffen worden
  Von einem Blitz, der seinen Wunsch erfüllte.
Die hohe Bildkraft mußte hier versagen,
  Doch schon bewegte meinen Wunsch und Willen,
  So wie ein Rad in gleichender Bewegung
Die Liebe, die beweget Sonn und Sterne.

INHALT DER GESÄNGE

ERSTER GESANG

Nachdem Dante die Hilfe Apollos für den dritten Teil seines Liedes erfleht hat, schildert er den Aufstieg mit Beatrice in das Lichtmeer des Himmels. Beatrice entwickelt die neuplatonische Lehre von der Ordnung des Weltalls und den Trieben der Wesen, die sie auf verschiedenen Wegen zum Ziele führen.

ZWEITER GESANG

Nach einer Warnung des Lesers vor der Schwierigkeit des Stoffes läßt Dante, mit Beatrice zum Mondhimmel emporgestiegen, anläßlich der Mondflecken Beatrice die Lehre von Geist und Stoff, von der Bewegung und Durchdringung der himmlischen Sphären mit dem Lichtgeist des höchsten Himmels entwickeln. Mit scholastischer Beweisführung und einem komplizierten optischen Vergleich widerlegt Beatrice die Meinung Dantes, die Mondflecken kämen von der materiellen Eigenschaft des Mondes her, und führt sie wie alle Unterschiede im Bilde der Himmel auf die verschiedenen Formkräfte des vielfältig gegliederten einen höchsten Geistes zurück.

DRITTER GESANG

Im Mondhimmel sieht Dante die Seelen wie Spiegelbilder vor sich glänzen und erkennt nach einigem Nachdenken unter ihnen Piccarda Donati, die ihm erklärt, daß hier die Seelen wohnen, die an der Erfüllung eines Gelübdes gewaltsam verhindert wurden. Sie klärt Dante über einen Zweifel auf, ob hier die Seelen weniger glücklich sein könnten als in den höheren Sphären, und sie zeigt ihm noch die gleichfalls dem Kloster entführte Kaiserin Konstanze von Hohenstaufen. Dann wendet Dante sein Auge wieder auf Beatrice.

VIERTER GESANG

Zwei Fragen drängen sich Dante auf und werden ihm von Beatrice beantwortet: die erste nach dem freien Willen beim gewaltsamen Bruch eines Gelübdes, die zweite nach der Lehre Platos von dem Wohnsitz der Seelen auf den Sternen. Beatrice erklärt ihm, daß die Gliederung der Himmel nur ein Mittel ist, um dem menschlichen Geiste das Wirken Gottes vorstellbar zu machen und daß die platonische Lehre des Timäus nicht wörtlich zu nehmen sei. Was die Vergewaltigung des Willens betrifft, so gibt es einen unbedingten Willen, der sich unter allen Umständen durchsetzen kann, und sei es durch das Martyrium; aber er ist ganz selten, und meist mischt sich die Gewalt dem Willen, so wie im Falle der Seelen des Mondhimmels.

FÜNFTER GESANG

Beatrice setzt die Belehrung über die Gelübde fort und erklärt die Willensfreiheit als das höchste Gut, das Gott den vernunftbegabten Wesen verliehen hat. Das Gelübde als freiwilliges Versprechen kann niemals gelöst werden, wohl aber kann mit Einwilligung der Kirche der Gegenstand desselben vertauscht werden; doch soll man nie leichtfertig ein Gelübde tun. Dann fliegt Beatrice mit Dante zur zweiten Sphäre, dem Merkurhimmel, empor und empfindet die wechselseitige Steigerung des himmlischen Lichtes mit den Seelen, denen er begegnet.

SECHSTER GESANG

Im Merkurhimmel berichtet Kaiser Justinianus, wie er nach seiner Bekehrung von der monophysitischen Lehre sein großes

Gesetzeswerk geschaffen hat. Dann entwirft er ein mythisches Bild der römischen Geschichte, indem er den Flug des Kaiseradlers über die Erde schildert, von Äneas über Augustus bis zum mittelalterlichen Kaisertum. Das Geschichtsbild klingt aus in die Mahnung, sich nicht gegen das Kaisertum aufzulehnen oder es zu mißbrauchen. Schließlich erklärt Justinian die Eigenart der Merkurseelen am Beispiel des Romieu von Villeneuve, der in aller Bescheidenheit große Wohltaten an seinem Herrn vollbracht hatte.

SIEBENTER GESANG

Nachdem im Merkurhimmel das Licht des Kaisers Justinian verschwunden ist, entwickelt Beatrice die Lehre von der christlichen Erlösung als Akt der höchsten Güte Gottes und erklärt das Paradox, daß Christus die Strafe für die Erbsünde der Menschen erlitt und die Juden wiederum für die Ausführung dieser Strafe bestraft wurden. Dann erläutert sie die scholastische Lehre von den mittelbaren und unmittelbaren Schöpfungswerken.

ACHTER GESANG

Zum Venushimmel aufgestiegen, befinden sich Dante und Beatrice im Reigentanz der Lichtgeister. Die Seele des Karl Martell, eines Jugendfreundes von Dante, naht sich ihnen und berichtet über das Leuchten der Seelen und ihr Erdenleben, seine Hoffnungen auf die Krone der Provence, Siziliens und Ungarns, und das Unheil, das er hätte verhindern können, wenn er länger gelebt hätte. Endlich beantwortet er Dante die Frage nach dem Grunde der menschlichen Irrwege mit der Erklärung der von der Vorsehung gewollten Verschiedenheit der natürlichen Anlagen der Menschen und ihrer falschen Anwendung.

NEUNTER GESANG

Nachdem im Venushimmel Karl Martell gesprochen hat, erscheint Cunizza, die Schwester des Tyrannen Ezzelino, die ihre irdische Liebe nicht zu bereuen hat und die den Ruin ihrer oberitalienischen Heimat verkündet, die Frechheit des Tyrannen Riccardo da Camino und die Schmach des Bischofs von Feltre. Dann tritt das Licht des Trobadors Folquet von Marseille hervor und erklärt Dante die Einheit von Liebe, Licht und Freude der Seelen dieses Kreises mit Gott selber. Er umschreibt seine Heimat und weist auf Rahab hin, die durch die Gnadenwahl Christi in den Venushimmel erhoben worden ist, um schließlich in eine Strafrede auf die Verweltlichung der Kirche auszubrechen.

ZEHNTER GESANG

Mit tiefster Ehrfurcht vor der Schönheit der Himmelsordnung erreicht Dante mit Beatrice auf dem Schnittpunkt von Himmelsäquator und Tierkreis den Sonnenhimmel. Dort werden sie von einem Reigen von Lichtern umkreist, aus dem Thomas von Aquino hervortritt, um ihm die Weisheitslehre seines Kreises bekannt zu machen: Albertus Magnus, Gratian, Petrus Lombardus Salomo, Dionysius Areopagita, Orosius, Boethius, Isidor von Sevilla, Beda, Richard von St. Victor und Siger von Brabant. Nachdem Thomas alle genannt hat, setzt sich der Reigen singend wieder in Bewegung wie das wunderbare Glockenspiel einer Turmuhr, das den Morgen einläutet.

ELFTER GESANG

Ergriffen von dem Gegensatz des himmlischen Friedens zu der irdischen Unrast der Menschen vernimmt Dante weiter die Stimme des Heiligen Thomas von Aquino, der ihm die Heiligen Franz und Dominikus nennt. Er erzählt das Leben des Hl. Franz von Assisi, seine Hochzeit mit der Armut und seine Ordensgründung. Am Ende kommt er noch auf den Hl. Dominikus zu sprechen und geißelt heftig die Verirrungen des Dominikanerordens, dem er selbst angehörte.

ZWÖLFTER GESANG

Nachdem der Dominikaner Thomas von Aquino den Heiligen Franz gepriesen und seinen eigenen Orden gegeißelt hat, tritt nun aus dem zweiten Reigen der Franziskaner Bonaventura hervor und spricht von dem Heiligen Dominikus, seiner Herkunft und seinem wunderbaren und heiligen Lebenswandel und von seinem Orden, um schließlich die Verirrung seines eigenen Ordens zu geißeln und eine Reihe großer Franziskaner zu nennen.

DREIZEHNTER GESANG

Dante vergleicht die beiden Reigen der Seligen des Sonnenhimmels mit dem Sternbild des Großen und des Kleinen Bären, die um ihn kreisen. Aus ihnen spricht nochmals Thomas von Aquino und erklärt die Weisheit des Salomo, indem er das stufenweise Herabsteigen der göttlichen Weisheit und die Verschiedenheit der menschlichen Geister erläutert. Er schließt mit einer strengen Warnung vor der Überheblichkeit und den Verirrungen des menschlichen Geistes gegenüber der Unergründlichkeit des göttlichen Ratschlusses.

VIERZEHNTER GESANG

Auf Beatrices Bitte erklärt Salomo die Auferstehung und Verklärung des Leibes mit dem Bilde der leuchtenden Kohle im Feuer. Von neuen Lichterscheinungen und von Beatrices Augen geblendet, findet sich Dante in den Marshimmel erhoben und erkennt dort ein strahlendes Kreuz, das von den Märtyrerseelen dieses Himmels gebildet wird und ihn so sehr fesselt, daß er selbst Beatrice einen Augenblick vergißt.

FÜNFZEHNTER GESANG

Zwischen den Lichtgeistern des strahlenden Kreuzes der Glaubenshelden im Marshimmel gleitet eine Seele hernieder, die Dante freudig begrüßt und sich als sein Urahn Cacciaguida zu erkennen gibt. Er berichtet über das glückliche Leben des alten Florenz und seinen Kreuzfahrertod unter Kaiser Konrad.

SECHZEHNTER GESANG

Nach einer Klage über die Nichtigkeit des irdischen Adels nimmt Dante das Gespräch mit dem Urahn Cacciaguida wieder auf und bittet ihn, vom alten Florenz zu erzählen. Cacciaguida schildert die Ursachen des Zerfalls der Stadt, das rasche Anwachsen, die Zuwanderung vom Lande, Hochmut, Verrat und Zwietracht der Geschlechter, insbesondere die Geschichte des Buondelmonte, von dem die Parteispaltung ihren Anfang nahm.

SIEBZEHNTER GESANG

Dante benützt die Gelegenheit, um seinen Urahn Cacciaguida über sein eigenes Schicksal und die gegen ihn ausgesprochenen Prophezeiungen zu befragen. Cacciaguida erklärt ihm das Verhalten Gottes zum Geschehen und enthüllt dann Dante das harte Schicksal, das ihm bevorsteht, die Not seiner Verbannung und die Zuflucht, die er bei den Scaligern in Verona finden wird, wo auch der von Dante hoch verehrte Can Grande aufwächst. Zum Troste über sein Elend verspricht Cacciaguida Dante dauernden Ruhm und ermutigt ihn, allen Feinden zum Trotz die Wahrheiten zu bekennen, die er erfahren hat.

ACHTZEHNTER GESANG

Im Marshimmel zeigt Cacciaguida noch die Seelen der Glaubenskämpfer, die jeweils beim Nennen ihres Namens in dem leuchtenden Kreuze sich bewegen. Dann steigt Dante, in Beatrices Anblick versunken, empor zum Jupiterhimmel. Dort bilden die Seelen wie Vögel im Fluge eine leuchtende Inschrift, um sich dann wieder zum Kopfe eines Adlers umzuformen. Dante schließt den Gesang mit einer Anklage gegen das Unrecht der Päpste, die den Gulden mit dem Bilde des Täufers besser kennen als die Apostel.

NEUNZEHNTER GESANG

Der aus gerechten Fürsten gebildete Adlerkopf im Jupiterhimmel beginnt zu sprechen und beantwortet Dantes Frage nach der Gnade mit dem Hinweis auf die unerforschliche Gerechtigkeit Gottes. Er schließt seine Belehrung mit einer Strafrede auf die schlechten Herrscher der Zeit: Kaiser Albrecht I., Philipp den Schönen von Frankreich, Robert von Schottland

und Eduard I. von England, Ferdinand IV. von Kastilien und
Wenzel IV. von Böhmen, Karl II. von Jerusalem, Friedrich II.
von Sizilien, Jacob von Aragon und Jacob von Mallorca,
Dionys von Portugal und Haakon VII. von Norwegen, Stephan II. von Serbien und Heinrich II. von Cypern.

ZWANZIGSTER GESANG

Nach seinem Gesang beginnt der Fürstenadler im Jupiterhimmel wieder zu sprechen und nennt Dante lobpreisend die
Herrscher, die mit ihrem Lichte seine Augen schmücken:
David, Trajan, Hiskia, Konstantin, Wilhelm II. von Sizilien
und der Trojaner Ripheus. Auf Dantes Staunen über die Erlösung des Trajan und des Ripheus erklärt der Adler ihm das
Geheimnis der göttlichen Gnadenwahl, indessen die beiden
Seelen vor ihm aufleuchten.

EINUNDZWANZIGSTER GESANG

Zum Saturnhimmel emporgestiegen, schaut Dante die goldene
Leiter, auf der die beschaulichen Seelen wie Vogelschwärme
auf- und niedersteigen. Petrus Damianus naht sich Dante und
erklärt ihm auf seine Frage die Strahlung des göttlichen Lichtes und die Unergründlichkeit des göttlichen Ratschlusses; er
preist sein beschauliches Klosterleben und geißelt die Entartung der Geistlichen, worauf die andern Seelen mit Donnerton einstimmen.

ZWEIUNDZWANZIGSTER GESANG

Beatrice richtet nach dem betäubenden Ruf der Seelen im
Saturnhimmel Dante wieder auf und weist ihn auf die Lichtgeister der Himmelsleiter. Da tritt der Heilige Benedikt hervor
und schildert ihm die Gründung seines Ordens und das Geheimnis der Himmelsleiter, um schließlich den Verfall seines
Ordens zu beklagen. Dann wird Dante blitzschnell emporgehoben zum Fixsternhimmel, wo er vom Gestirn der Zwillinge
aus auf die Planeten zurückschaut und die Erde in ihrer lächerlichen Kleinheit erkennen kann.

DREIUNDZWANZIGSTER GESANG

Im Fixsternhimmel, dem Blicke Beatrices nach oben folgend, sieht Dante das Nahen Christi, kann aber seinen Anblick noch nicht ertragen und flüchtet sich deshalb wieder zum Bilde Beatrices. Dann, auf deren Rat wieder aufblickend, erblickt er wie eine Blumenwiese im Sonnenlichte das Bild Marias, umgeben von Aposteln und Heiligen und umkreist vom Engel der Verkündigung, bis diese Lichterscheinung Dantes Blicken wieder entschwindet, um zum Empyreum zurückzukehren.

VIERUNDZWANZIGSTER GESANG

Auf Beatrices Bitte tritt Petrus aus dem Reigen der Seligen im Fixsternhimmel hervor und prüft Dante in den Formen einer scholastischen Prüfung über seinen Glauben. Dante weiß alle Fragen nach dem Wesen und der Quelle des Glaubens zu beantworten und schließt mit einem Glaubensbekenntnis an den dreieinigen Gott, worauf das Licht des Petrus ihn dreimal mit seinem Segen umkreist.

FÜNFUNDZWANZIGSTER GESANG

Nachdem Petrus Dante im Glauben geprüft hat, tritt Jacobus hinzu und prüft Dante über die Hoffnung; Beatrice rühmt seine Hoffnungsfreudigkeit, und er steht Rede und Antwort. Dann gesellt sich Johannes hinzu, von dessen Licht Dante zunächst geblendet wird, weil er vergeblich in ihm den irdischen Leib erkennen möchte.

SECHSUNDZWANZIGSTER GESANG

Während Dante geblendet ist, legt er vor Johannes seine Prüfung über Wesen und Quelle der himmlischen Liebe ab. Dann wird er im Anblick Beatrices wieder sehend und erblickt das Licht Adams, der ihm seine Frage nach dem ersten Aufenthalt im Paradiese und nach der Sprache der ersten Menschen beantwortet.

SIEBENUNDZWANZIGSTER GESANG

Nach dem Jubel der Seligen im Fixsternhimmel rötet sich das Licht des Petrus, und mit ihm der Himmel, und Petrus hält eine Strafrede gegen den Verfall des Papsttums. Dann sieht Dante den Schwarm der Seligen nach oben entschwinden, er schaut noch einmal zurück auf die Erde und, von Beatrices Anblick gestärkt, steigt er zum Kristallhimmel empor, der als letzter das kreisende Weltall umschließt und selbst in die unerforschliche Unendlichkeit Gottes gebettet ist. Dort wurzelt auch die Zeit, die nach Dantes dunkler Prophezeiung eine Gesundung der Menschheit bringen wird.

ACHTUNDZWANZIGSTER GESANG

Wie in einem Spiegel sieht Dante in Beatrices Augen das Licht des Empyreums und wendet sich um. Dort erkennt er die Chöre der Engel, die um die Gottheit wie um einen leuchtenden Punkt kreisen. Beatrice erklärt ihm den Unterschied der irdischen und der himmlischen Sphären und nennt ihm die Stufen der Engelskreise nach der Einteilung des Dionysius Areopagita.

NEUNUNDZWANZIGSTER GESANG

Mit einem Moment der Sonnen- und Mondkonstellation vergleicht Dante den Blick Beatrices in die göttliche Lichtquelle. Sie erklärt ihm das Wesen der Engel, in denen sich Gott für alle Ewigkeit entfaltet hat, den Sturz des Luzifer und die Hierarchien der guten Engel. Daran knüpft sie eine Anklage gegen die Vorwitzigkeit der Irrlehrer und die Eitelkeit der Prediger, die das Evangelium entstellen und Ablässe verkaufen. Dann kehrt sie zurück zur Beschreibung der unübersehbaren Engelscharen, die in der Einheit der göttlichen Liebe erstrahlen.

DREISSIGSTER GESANG

Wie kurz vor Tagesanbruch die Sterne vom Himmel schwinden, so schwindet vor Dantes Augen die Schar der Engel, und sein Blick kehrt zurück zu der unbeschreiblichen Schönheit Beatrices. Indessen wird er aus dem Kristallhimmel zum Licht-

strom des Empyreums emporgehoben, in dem die Engel auf-
und niedertauchen, und er darf die Himmelsrose schauen, die
durch die Rückstrahlung des göttlichen Lichtes vom Kristall-
himmel gebildet wird, und in der die Seligen ihren höchsten
Sitz haben. Dort zeigt ihm Beatrice den künftigen Thron
Kaiser Heinrichs VII., von dem Dante die Rettung Italiens
erwartet hatte, und verkündet ihm den Sturz des Papstes
Clemens V., der Bonifaz VIII. in die Hölle folgen wird.

EINUNDDREISSIGSTER GESANG

Dante betrachtet die Himmelsrose der Seligen und die daran
auf- und niederschwebenden Engel. Als er sich wieder zu Bea-
trice wenden will, antwortet ihm der Heilige Bernhard und
zeigt ihm Beatrice auf ihrem himmlischen Thron, auf den sie
zurückgekehrt ist. Bernhard lenkt Dantes Blicke auf Maria,
die wie die Morgenröte im Osten den übrigen Himmel über-
strahlt.

ZWEIUNDDREISSIGSTER GESANG

Der Hl. Bernhard beschreibt Dante die Himmelsrose und nennt
ihm die Namen und Sitze der Seligen: auf der einen Seite bildet
eine Reihe von Frauen des alten Testaments, mit Eva be-
ginnend, auf der andern Seite eine Reihe von Heiligen eine
Scheidewand zwischen den Seligen des alten und neuen
Bundes. In der unteren Hälfte der Rose ist der Aufenthalt der
Kinder, die entweder vor der Ankunft Christi geboren oder die
getauft sind; Bernhard erläutert das Gesetz der Gnadenwahl
an Kain und Abel. Dann erblickt Dante Maria und den Engel
der Verkündigung, und Bernhard zeigt ihm die nächsten Ge-
stalten, Adam und Moses, Johannes und Petrus, dann Anna,
die Mutter Marias, und Lucia, die Beatrice zu Dantes Rettung
entsandt hat. Schließlich wenden sie den Blick zu Gott selber,
und der Hl. Bernhard spricht sein Gebet.

DREIUNDDREISSIGSTER GESANG

Der Hl. Bernhard betet für Dante zu Maria, und als Dante nach oben blickt, vermag er in das Licht der Gottheit selber zu schauen. Darin dämmert ihm das Geheimnis der Dreieinigkeit und ein Widerschein des Menschenbildes, dann aber wird sein Geist von dem Glanze geblendet und er kehrt zurück in den alten Kreislauf der menschlichen Sehnsucht.